NE TIREZ PAS !

JEAN-LOUIS MORGAN
LINDA SINCLAIR

NE TIREZ PAS !

préface d'Alain Stanké

l'Archipel

www.editionsarchipel.com

Si vous souhaitez recevoir notre catalogue et
être tenu au courant de nos publications,
envoyez vos nom et adresse, en citant ce
livre, aux Éditions de l'Archipel,
34, rue des Bourdonnais 75001 Paris.
Et, pour le Canada, à
Édipresse Inc., 945, avenue Beaumont,
Montréal, Québec, H3N 1W3.

ISBN 978-2-8098-0013-5

« *La guerre est absurde.* »
Peter Heisig

Il faut prononcer cette phrase avec un léger accent français et avec l'assurance d'une douce intonation allemande, légèrement gutturale.

Ne la murmurez pas. Dites-la simplement en regardant votre interlocuteur droit dans les yeux. Inutile d'y mettre de la colère. La colère n'est plus depuis longtemps.

Affirmez-la avec l'assurance de celui qui en a trop vu, mais à qui la vie a donné une seconde naissance le 27 décembre 1944.

Et, lorsque vous plongerez à votre tour dans la bonté de ses yeux bleus rieurs, vous croirez vous aussi en la fraternité humaine.

Et vous direz à votre tour : « La guerre est absurde », avec un léger accent français et l'assurance d'une intonation allemande.

« *La guerre m'a donné mon meilleur ami.* »
Stanislas Déry

Parce que, par un matin gris, froid et pluvieux de décembre 1944, en pleine bataille de l'Atlantique, un marin canadien a fait pencher la balance du côté de la vie. D'une guerre impitoyable naîtra, soudain, la plus inattendue des histoires d'amitié.

Préface

C'était à Paris, en 2005. Deux jours avant Noël, je suis allé voir *Joyeux Noël !*, un film de Christian Carion, une œuvre de fiction inspirée de faits historiques : la trêve de Noël 1914 entre soldats ennemis allemands, écossais et français. Un film de guerre humaniste, touchant, bouleversant, où, pour la première fois, le cinéma nous montrait que la voix de la fraternisation pouvait être plus forte que celle des armes. Un film remarquable où l'on voit des hommes oser transgresser les haines ancestrales ainsi que les normes de la guerre imposée par leur commandement pour se souhaiter *Joyeux Noël ! Merry Christmas ! Frohe Weihnachten !*

Comment résister à la puissance de ces images qui suscitent l'émotion du spectateur ? Comment ne pas être touché par les nobles sentiments de ces militaires qui, au plus profond d'eux-mêmes, l'espace de quelques heures, ont su rester des hommes prêts à mettre la haine de côté pour faire germer la fraternité ?

Les images poignantes de ce grand film m'ont rappelé qu'un jour j'avais eu, moi aussi, le bonheur de rencontrer des gens – comment dire ? – formidables ! Parmi ces êtres qui forcent l'estime, il y eut avant tout un certain Stanislas Déry, croisé par hasard, à Québec, dans un studio de télévision. Avocat de formation,

Stanislas Déry était aussi un loup de mer. Durant la dernière guerre, alors qu'il faisait la chasse aux navires allemands dans les eaux de l'Atlantique Nord (le 27 décembre 1944), ce commandant en second de la corvette *HMCS St Thomas* eut à faire face au sous-marin ennemi U-877. La périlleuse rencontre lui a permis de se glisser dans l'interstice du hasard et de changer en ami un ennemi condamné à une mort certaine. Après avoir coulé le sous-marin de l'Oberleutnant zur See Peter Heisig, Stanislas lui a sauvé la vie, l'a fait prisonnier et... s'en est fait un ami pour la vie !

Les mémoires s'émoussent, vacillent, s'ensablent. Voilà pourquoi, peu de temps avant de mourir, Stanislas Déry a accepté de me raconter, devant une caméra, son extraordinaire aventure. En février 2007, avant qu'il ne soit trop tard, je suis allé trouver Peter Heisig en Bavière. Il avait 85 ans. Peter m'a dit qu'il n'oublierait jamais l'être qui lui a sauvé la vie, celui qui lui a en quelque sorte offert une seconde naissance alors qu'il surnageait avec ses compagnons d'infortune dans la détresse d'une froide journée d'hiver, en plein océan.

Tous deux m'ont raconté ce qu'ils ont vécu durant une guerre où ils ont failli périr à plusieurs reprises. J'ai tiré de leur témoignage un document pour la télévision intitulé *Ne tirez pas !* Puisque les paroles s'envolent souvent dans le zapping de l'actualité et que les écrits ont l'avantage de leur survivre, j'ai cru essentiel d'ajouter à ce film un ouvrage témoin de cet acte lumineux de fraternité sur lequel le rideau ne doit en aucun cas retomber.

Les survivants disparaissent les uns après les autres. Pour lutter contre l'oubli, et les ravages que le temps fait subir aux événements et aux hommes, j'ai choisi de confier cette mission de mémoire à Linda Sinclair, une historienne chevronnée qui a œuvré durant près de vingt ans au sein de la marine canadienne et qui a l'avantage d'avoir côtoyé les deux héros du récit, ainsi qu'à mon fidèle collaborateur, Jean-Louis Morgan, auteur, traducteur et journaliste de grande expérience.

Dans les pages qui suivent, les deux auteurs sont allés beaucoup plus loin que je n'ai pu le faire sur le petit écran et ont réussi à prouver avec brio que les plus grandes victoires sont bien celles qui se gagnent sans qu'une goutte de sang soit versée.

Alain Stanké

Avant-propos

Décembre 1944. La guerre est à bout de souffle. Les Alliés ont débarqué en Normandie le 6 juin précédent et, depuis, leur progression n'a qu'un seul but : Berlin. Traqué sur tous les fronts, le IIIe Reich chancelle et, alors que Hitler croit encore en une victoire largement hypothétique, ses généraux les plus raisonnables espèrent déjà une capitulation honorable.

Le grand amiral Karl Dönitz, chef de la Kriegsmarine, ordonne la poursuite des attaques contre les convois maritimes. Empêcher le ravitaillement des Alliés reste le leitmotiv de ce stratège qui, en 1940, devenait chef de l'U-Bootwaffe – la flotte de sous-marins allemands, les « Loups gris » –, mais surtout celui qui élaborait, à peine un an plus tard, les attaques en « meutes » (*wolf packs*), d'une efficacité impitoyable contre les convois transatlantiques.

Nous sommes le 27 décembre 1944, deux jours après Noël. Les « meutes de loups » se sont dispersées ; les U-Boote travaillent désormais en solitaires. La récente installation de schnorchels (renifleurs) à bord des sous-marins leur permet quelques victoires certaines, et le moral des sous-mariniers demeure intact.

La machine de guerre alliée fonctionne à plein régime. Les convois ravitailleurs traversent l'Atlantique Nord sans relâche, et les Canadiens font belle figure.

Aux côtés des Britanniques, la marine canadienne fournit son effort de guerre et, sans relâche, ses escorteurs veillent à la sécurité des convois.

Le lieutenant RCNVR[1] Stanislas Déry connaît bien les convois. Depuis cinq ans, il escorte les cargos qui ravitaillent en hommes et en denrées les forces alliées en Europe. Il adore la mer. Commandant en second de la corvette HMCS[2] *St Thomas* depuis quelques mois, navigateur hors pair et leader apprécié de ses hommes, il est l'officier de service à l'aube ce jour-là. Le convoi a quitté la côte est du Canada il y a quatre jours et, déjà, il se trouve au nord-ouest des Açores.

Pour sa part, l'U-877 a connu quelques avaries depuis son départ. Non seulement son schnorchel ne fonctionne plus, mais il ignore si le commandement de la Kriegsmarine reçoit toujours ses messages en raison d'une défaillance de son antenne radio. Mais il est encore en possession de toutes ses torpilles. Il tente donc une sortie de sa zone, se dirigeant vers l'ouest, vers la côte américaine, à la recherche de convois avant de rejoindre son port d'attache. Sur la ligne d'horizon, un convoi se profile. Le lieutenant Peter Heisig, commandant en second de l'U-877, ne fait que son devoir, soit « couler du tonnage ». Et les sous-mariniers allemands, stimulés par l'adrénaline, sont à leurs postes, furtifs.

Comme au début d'une partie d'échecs, les pièces sont en place pour l'affrontement. Deux hommes se toiseront et mettront toute leur stratégie et leur savoir-faire à rude épreuve.

Mais d'une guerre au visage impitoyable naîtra soudain, par un matin froid et gris, ce 27 décembre, l'histoire d'amitié la plus inattendue.

---

1. Royal Canadian Naval Volunteer Reserve.
2. *His Majesty's Canadian Ship*.

Ce témoignage a été rendu possible grâce à des interviews de MM. Déry et Heisig et des autres survivants – effectuées au Canada et en Allemagne par le journaliste-cinéaste Alain Stanké et l'historienne Linda Sinclair – et à la consultation de la correspondance de guerre de Stanislas Déry, gracieusement fournie par le Musée naval de Québec.

Avertissement

Afin d'alléger les témoignages qui suivent, la partie purement historique de ce livre a été placée à la fin du récit. Étant donné qu'elle est indissociable de celui-ci, certains lecteurs trouveront sûrement utile d'en prendre connaissance en priorité. Il s'agit notamment des annexes « L'enfer atlantique », p. 217, « La Marine royale du Canada dans la bataille de l'Atlantique », p. 245, et « L'esprit U-Boot », p. 259. Ces chapitres informatifs permettront de situer dans une trame historique plus large la portée des faits et gestes du lieutenant Déry et de l'Oberleutnant zur See Heisig et répondront, nous l'espérons, à nombre de questions que le lecteur sera susceptible de se poser.

L'APPEL DU LARGE

Lorsqu'on se tient debout sur la véranda blanche du chalet de la grève principale de Trois-Pistoles, dans le Bas-Saint-Laurent, les yeux tournés vers la côte nord, on discerne la chaîne des Laurentides sur l'autre rive du fleuve. Au loin, les montagnes sont souvent nimbées d'un léger brouillard causé par la vapeur qui s'élève de l'immense réservoir d'eau que le fleuve forme à cette hauteur. On distingue, à 30 kilomètres devant soi, le phare du Cap-de-Bon-Désir et, un peu à droite de celui-ci, le phare des Escoumins et la station de pilotage d'où les pilotes du Saint-Laurent rejoignent les navires qu'ils accompagnent et dirigent en eaux sûres jusqu'aux ports de Cacouna, Québec et Montréal et les Grands Lacs.

Un peu à gauche sur la ligne du paysage, l'embouchure du Saguenay déverse son eau douce et crée des remous d'eau saumâtre au pied de l'immense phare rouge et blanc, haut de 25 mètres, qui se dresse sur le haut-fond Prince. La nuit de Noël 1964, lors d'une des plus terribles tempêtes que le Bas-Saint-Laurent ait connues, les vagues et le vent arrachèrent la porte d'acier, s'engouffrèrent à l'intérieur avec violence, firent éclater les vitres et endommagèrent la station où vivaient les deux gardiens, terrifiés, tous deux convaincus que leur dernière heure était arrivée. Aujourd'hui, comme les autres phares qui bordent le Saint-Laurent, celui-ci est automatisé.

L'île aux Basques s'étire d'ouest en est sur deux kilomètres, juste devant l'horizon. Plus bas se trouvent les Razades et, plus haut, l'île aux Pommes et l'île Verte. Au-delà du chapelet d'îles, à mi-chemin de la côte nord, dans les bas-fonds du fleuve, qui atteignent à cette hauteur près de 1 000 mètres, des rorquals – communs ou petits –, des baleines bleues, parfois des baleines à bosse et des cachalots viennent au mois d'août se nourrir du krill, transporté en abondance par les courants. Les bélugas blancs créent des reflets nacrés à fleur d'eau et chantent par temps clair lorsque le fleuve ressemble à une nappe d'huile bleu pâle. L'air qu'on y respire est « grand », comme disent les vieux, leurs yeux portés vers le large lorsque le nordet remonte de l'estuaire.

Une enfance en étoffe du pays

Comme tous ceux qui vivent dans le Bas-Saint-Laurent, comme son père et son grand-père avant lui, Stanislas Déry l'appelle « la mer ». C'est que l'estuaire du Saint-Laurent ne ressemble pas aux autres. Surtout pas aux fleuves et aux estuaires européens, qui font figure de ruisselets à côté de cette étendue d'eau déferlante qui nous pousse à saluer la témérité des pionniers de ce pays, qui, les premiers, eurent à l'affronter sur leurs petits navires de bois et à le parcourir en canot d'écorce. Stanislas Déry est né à Québec, dans la haute ville, mais son cœur et son âme restent liés au bas du fleuve, et surtout à la mer. Sa vie durant, Stanislas reviendra tous les étés dans son chalet de la berge de Trois-Pistoles, s'ancrer sur les grandes roches grises de son enfance.

Stanislas Déry naît le 17 juillet 1912 dans une famille d'amoureux de la mer et de passionnés de la nature. Son grand-père David Déry, capitaine de goélette à Trois-Pistoles, embarque ses enfants puis ses petits-enfants et les emmène avec lui lorsqu'il cabote d'une rive à l'autre du fleuve. Son père, David-Alexis Déry, devient dentiste. Après des études classiques au séminaire de Rimouski, il reçoit son doctorat en art dentaire à l'université Laval. Pendant plus de trente ans, il dirige le service d'odontologie de l'hôpital Laval de Québec, enseigne à la faculté de médecine de l'université Laval dès 1931, préside la Société de stomatologie de Québec et, toute sa vie, se rend régulièrement à l'orphelinat de Giffard, en banlieue de Québec, prodiguer des soins aux enfants.

Mais la passion de cet homme, pourtant éminemment urbain et moderne, reste la nature. Dans son camp d'été en bois, le Bocage, dans la forêt du Cap-Marteau, qui surplombe la région de Trois-Pistoles, il fait inscrire sur une grande planche de bois, taillée au couteau et suspendue à la mezzanine : « *Rapprochez-vous de la nature, car elle ne ment jamais.* »

En 1927, il acquiert l'île aux Pommes[1] – une île de 1,6 km² recouverte d'un petit fruit rouge acidulé que les gens de la région appellent « petite pomme de terre[2] » –, afin de la préserver et d'offrir une aire de nidification à la colonie de canard eiders de l'estuaire du Saint-Laurent. Cet amour de la mer et de la nature, et surtout le respect qu'on doit lui accorder, David-Alexis Déry la transmet à ses trois fils, Stanislas, Alphonse et Noël. Chaque été, il emmène toute la

---

1. L'île appartient désormais à son petit-fils Gaston Déry.
2. Il s'agit de l'airelle vigne d'Ida, *Vaccinium vitis-idaea*, de la famille de l'atoca.

famille au Bocage, où les vacances des enfants se passent en excursions dans la forêt, en bateau – sur le yacht de l'oncle Gaudreau, *La Sémillante* – sur les eaux du fleuve, ou en canot sur les lacs et les rivières avoisinants.

Si Alphonse et Noël préfèrent « prendre le bois », s'enfoncer à l'intérieur des terres en haut de Trois-Pistoles, dans le Témiscouata, pour chasser la perdrix et pêcher la truite mouchetée, Stanislas Déry montre dès son plus jeune âge un net penchant pour la mer et la navigation. Il ne sera d'ailleurs jamais plus heureux que lorsqu'il pourra poser le pied sur le pont d'un bateau et humer le vent chargé d'embruns.

Stanislas Déry est très proche de ses parents. Blanche Gagnon-Déry n'a de cesse d'entourer ses trois fils et de prendre soin d'eux. Elle adore son mari qu'elle suit dans ses expéditions : rassemblant chien, chat et, bien sûr, ses garçons turbulents, elle emmène son monde avec le sourire dans la forêt du Bocage. On peut les voir, avec parents et amis, riant aux pique-niques dans les hautes herbes du bord du fleuve, habits du dimanche pour les hommes, casquettes et cravates pour les garçons, grandes robes blanches à manches gigot pour les dames. Et, tout au long de la guerre, Blanche enverra presque rituellement à Stanislas des colis emplis de biscuits, de gâteaux et de tire Sainte-Catherine, ces bonbons à la mélasse que l'on étire dans les cuisines québécoises le 25 novembre de chaque année.

Lorsqu'il demeure à Québec, le docteur Déry emmène son fils aîné sur les quais après la messe dominicale ; ensemble, ils hèlent les capitaines des goélettes et des navires. Québec n'est plus la ville maritime qu'elle a été : les cargos remontent le fleuve jusqu'à Montréal et les péniches atteignent les

Grands Lacs par un réseau de canaux[1]. Désormais, les caboteurs et les goélettes à voiles du Saint-Laurent qui transportent la *pitoune* (billes de quatre pieds[2] de bois brut) de la côte Nord au moulin à papier Anglo-Canadian Pulp and Paper Company représentent les principaux visiteurs du port de Québec. À maintes reprises, Stanislas Déry descendra le fleuve jusqu'à Trois-Pistoles à bord des goélettes. Il verra d'ailleurs les dernières quitter le port en 1922.

Des temps moroses

Stanislas suit son cours classique au petit séminaire de Québec, une institution séculaire où il côtoie Jean Lesage, qui sera Premier ministre du Québec de 1960 à 1966 et instigateur de la « révolution tranquille », et Renault Saint-Laurent, fils de Louis Saint-Laurent, Premier ministre du Canada de 1948 à 1957[3]. Plus que tout, il désire faire carrière dans le domaine maritime, mais le krach de 1929 vient briser ses rêves. Néanmoins, les vacances estivales lui permettent de vivre sa passion de la mer. En 1930, on le nomme capitaine du petit bateau de la station biologique de Trois-Pistoles et, l'été suivant, d'un bateau patrouilleur de la gendarmerie royale du Canada.

À cette époque, au Québec, le cours classique mène à six professions libérales : le droit, le notariat, l'agronomie, la médecine, la médecine dentaire et la prêtrise. Stanislas Déry entre donc en droit à l'université Laval en 1932. Il devient bientôt clerc d'avocat

---

1. Car la voie maritime du Saint-Laurent, qui ouvrira ses portes en 1959 aux navires de gros tonnage, n'existe pas encore.
2. 1,22 mètre.
3. Ces deux derniers seront d'ailleurs admis au barreau de Québec en même temps que Stanislas Déry.

pour le cabinet Galipeault & Galipeault et obtient son « brevet de cléricature » devant notaire le 4 juin 1935.

Mais les temps sont moroses et, même pour un jeune avocat fraîchement admis au barreau, les perspectives de carrière demeurent minces. Stanislas rejoint les rangs de la Royal Canadian Naval Volunteer Reserve[1] (RCNVR) comme élève officier en 1934 et est affecté au *HMCS*[2] *Montcalm*. Il suit la formation hivernale, principalement théorique, à Québec et la poursuit à Halifax durant l'été de 1935. Lorsqu'ils sont appelés en service journalier, les officiers gagnent quatre dollars par jour. Stanislas n'est pas peu fier de faire enfin partie de la Marine royale du Canada. Beau garçon, élégant et racé, il porte avec fierté les insignes de son arme, surtout l'uniforme blanc d'été, qu'il affectionne particulièrement. Il se rend parfois, malgré la tristesse de la Grande Dépression, au Château Frontenac, où, pour 1,75 $, on peut savourer la meilleure cuisine de Québec, au rythme d'un orchestre de style « big band » américain.

À l'automne 1935, il participe à la croisière d'entraînement hivernale regroupant les officiers et matelots issus des différentes unités canadiennes de réservistes, entraînés sur les quelques navires canadiens ou sur des bâtiments de la Royal Navy. Stanislas Déry embarque en tant qu'officier de pont à bord du *HMS*[3] *Dundee*. À l'occasion d'une interview conduite en 1992, lorsqu'on lui demandera en quoi consistait cette fonction, il répondra avec humour : « [L'officier

---

1. La réserve navale de la Marine royale du Canada. On notera au cours de ce récit que, tout au long de la guerre, la marine emploiera des termes et des grades anglais. En effet, la refrancisation de certaines unités des forces canadiennes ne s'est manifestée plus intensément qu'à partir des années 1980.
2. *His Majesty's Canadian Ship*.
3. *His Majesty's Ship*.

de pont] fait tout, et je voulais tout faire pour apprendre… » Il se rend dans le golfe du Mexique, aux Bermudes, où, pour la première fois, il rencontre la « vraie », la haute mer. Il se rappellera ce moment toute sa vie et en parlera les yeux emplis d'espace bleu et vert. Pourtant, c'est aussi à bord de ce navire qu'il connaît son premier épisode de mal de mer. Mais, philosophe et surtout réaliste, il confiera plus tard qu'il lui était bien plus facile de guérir sa naupathie que d'abandonner sa passion. Il y parviendra d'ailleurs ; très peu de gens se souviennent d'avoir vu Stanislas Déry aux prises avec des nausées sur un navire.

Une marine à petit budget

Mais, même dans la Marine royale du Canada ou la Royal Navy, la crise économique sévit. Aux Antilles, les navires restent parfois à quai quatre ou cinq jours afin d'économiser le fioul avant de reprendre la mer pour l'entraînement. C'est là que Stanislas exécute une tâche des plus inattendues et, à l'en croire, cocasses : la récupération des torpilles d'exercice qui, une fois lancées, remontent flotter à la surface. Il décroche son *Watchkeeping Certificate*, ou brevet d'officier de quart, en 1936 ; il est l'un des premiers membres de la Royal Canadian Naval Volunteer Reserve à l'obtenir. L'entraînement prend fin en 1937 et, redevenu juriste, Me Stanislas Déry se joint à un cabinet d'avocats de la rue de la Couronne, à Québec. Mais les occupations de paix ne durent guère.

Il apprend l'entrée en guerre du Canada le dimanche 10 septembre 1939 en rendant visite à sa fiancée, Cécile Brassard, à Roberval. C'est dans l'église de Sainte-Hedwidge que le curé, après son prône, annonce la nouvelle aux fidèles. Certains sont stupéfaits mais, pour Stanislas Déry, il n'y a pas de surprise : « Ma génération sentait ça venir », confiera-t-il plus tard.

Il se présente au bureau de la Marine royale du Canada, 10, rue Dauphine à Québec, pour accomplir son devoir. Pour lui, être appelé sous les drapeaux va de soi. « On n'est pas pompier toute la semaine pour refuser d'aller au feu le dimanche… », devait-il faire remarquer par la suite. Toutefois, en 1939, au début de la guerre, la Marine royale du Canada se résume à six destroyers de classe River et quatre dragueurs de mines. Le nombre de réservistes dépasse largement les postes disponibles à bord de ces navires. Par conséquent, dans l'attente de ces emplois en mer, la MRC envoie ses marins, officiers et matelots, suivre des formations dans ses diverses bases secondaires. Ainsi, de la fin de 1939 à octobre 1940, soit pendant près d'un an, le lieutenant Déry travaille à Saint-Jean, île d'Orléans, en face de Québec, où une base de communication surveille le trafic maritime du Saint-Laurent.

Une rencontre fortuite permettra au lieutenant Déry de se trouver enfin dans le feu de l'action. De passage à Québec, l'amiral Cossette, qui a déjà vu Stanislas à l'œuvre, apprend avec surprise le contre-emploi auquel on occupe le jeune homme. Il trouve aberrant que l'on utilise un officier de navigation, qualifié officier de quart, lieutenant par surcroît, à des travaux de second ordre au lieu de tirer profit de son expérience. L'amiral intervient et, vingt-quatre heures plus tard, un appel lancé à la station de l'île d'Orléans informe le lieutenant Déry qu'il est muté sur le *Prince Henry*, un des paquebots de luxe que la Marine royale du Canada vient de convertir en croiseur de commerce armé.

CHASSEUR ALPIN AU FOND DES MERS

L'Oberleutnant zur See Peter Heisig adore la mer. Pourtant, rien, à première vue, ne laissait présager que cet Allemand, né sur les hauts plateaux du nord de l'Allemagne d'alors, troquerait son poste de chasseur alpin pour plonger au plus profond des océans...

Peter Heisig naît le 5 avril 1921, à Breslau[1] en Silésie[2]. Son père, Alfred Heisig, directeur des services douaniers allemands, déménage régulièrement. Il est profondément opposé au national-socialisme, et sa position contre la guerre lui vaut quelques accrochages avec les autorités nazies, celles-ci le mutant régulièrement. Peter Heisig adore son père. Très proche de lui, il dira de ce dernier, un homme intelligent et sensible, qu'il a transmis à ses enfants des valeurs humaines, voire humanistes, de respect et d'écoute de l'autre. Peter Heisig, ainsi que tous les membres de la famille, appuiera d'ailleurs la position de son père : tous s'opposent au régime nazi, comme plusieurs de leurs amis et connaissances.

Peter Heisig connaît une enfance heureuse, où les rires et la joie de vivre sont communicatifs au sein

---

1. Aujourd'hui Wroclaw, en Pologne.
2. La Silésie fait alors partie de l'Allemagne.

d'une famille soudée et aimante, composée, outre de son père, de sa mère, Elizabeth, de son frère, Donatus, et de ses sœurs, Barbara et Beate. Durant la guerre, Peter et Donatus, qui se battaient sur le front de l'Est, planifiaient leurs permissions ensemble afin de se retrouver en famille à la maison.

Peter suit des études sans anicroches dans des collèges classiques en Allemagne, en Autriche, en Pologne. Dès sa plus tendre enfance, ses excursions et ses aventures tournent autour de l'eau et, à 13 ans, il fabrique de ses propres mains une chaloupe, avec laquelle il pêche l'été, sur les lacs polonais. En 1936, il passe la période estivale à Berlin. Sous les yeux du jeune garçon fasciné, la ville déploie ses richesses et ses grandeurs. La capitale allemande s'est relevée des astreignantes sanctions économiques imposées par les Alliés lors du traité de Versailles. Et, plus encore, du krach de 1929 qui frappa l'économie internationale. Depuis, elle est devenue une mégapole où culture et architecture monumentale se côtoient. La tante de Peter, pharmacienne, lui donne de l'argent de poche pour sillonner et visiter la ville, ses musées et… assister aux jeux Olympiques.

Car, l'été 1936, c'est aussi les jeux de la XIe olympiade d'été. Présidée par Adolf Hitler, la cérémonie d'ouverture voit défiler les 4 066 athlètes des 49 nations représentées. Le Führer veut montrer au monde entier que l'Allemagne est redevenue une puissance économique, un acteur majeur sur l'échiquier mondial. Par-dessus tout, il veut exposer sa théorie de la suprématie aryenne, une des clés de voûte de la propagande national-socialiste. Le spectacle est grandiose, comme l'atteste le film de la cinéaste Leni Riefenstahl *Les Dieux du stade*, et nombre des traditions de l'olympisme moderne voient le jour à cette occasion, telle la flamme olympique, relayée d'Olympie jusqu'au site des Jeux. Outil de propagande pour le pouvoir nazi, les Jeux sont retransmis sur 25 grands écrans disséminés dans la ville. Mais deux hommes mettent à mal le mythe de la suprématie raciale aryenne devant le monde entier. Le sauteur afro-américain Cornelius Johnson décroche une médaille d'or et son compatriote Jesse Owens, d'ascendance africaine lui aussi, quatre autres en course et saut en longueur[1]. Une chose est certaine : Owens fut adulé de la foule, étrangère et allemande, qui le proclama héros des Jeux de Berlin. C'est dans cette effervescence que le garçon de 15 ans s'ouvrit sur la « grand-ville » marquée par le modernisme, et il en parle encore aujourd'hui, les yeux pleins de souvenirs.

La marine dans le sang

Le 26 août 1939, Peter Heisig rejoint les rangs de l'armée allemande. Bien que son premier choix se porte sur la marine et plus précisément sur son corps d'élite, l'U-Bootwaffe, la division sous-marine, les besoins en fantassins de l'armée viennent contrecarrer ses désirs. Il devient alors chasseur alpin et surveille la frontière yougoslave pendant un an. Mais il persiste et dépose une seconde demande d'admission dans la Kriegsmarine, acceptée cette fois. Le 20 septembre 1940, en tant qu'élève officier, il entame un entraînement empreint de traditions à l'école navale de Mürwik.

Le programme mis au point par la Kriegsmarine exige des postulants une compréhension et une maîtrise complète de l'arme qu'est l'U-Boot, et ce au cours d'un apprentissage accéléré, aux limites de la résistance humaine. Peter Heisig s'astreint alors,

---

1. La tradition rapporte qu'Adolf Hitler refusa de lui serrer la main et quitta précipitamment le stade.

comme ses collègues, à un entraînement excessivement exigeant où de longues journées d'études et d'exercices succèdent à quelques heures de repos. Au programme, une formation intensive en navigation, communication, artillerie, armes, balistique et torpilles, survie en mer, sans compter l'apprentissage spécifique aux futurs sous-mariniers. De cette période, Peter Heisig dira qu'elle fut terriblement difficile. La guerre déchirait l'Europe et, bien que le temps ait atténué la grisaille des souvenirs qu'il garde de cette époque, ceux-ci ne sont pas précisément riants. Seuls ses premiers épisodes de mal de mer semblent lui tirer quelques rires sincères et, là encore, pour rien au monde, il n'aurait laissé sa place. Il était fier de devenir enfin sous-marinier, de porter l'uniforme bleu de la marine et d'arborer, sur son côté gauche, la dague attribut de sa fonction[1].

Lorsque enfin il accède au grade de Fähnrich zur See, l'année suivante, le commandement l'affecte sur un dragueur de mines. Alors qu'il n'aspire qu'à embarquer à bord des sous-marins, le sort semble, encore une fois, se jouer de lui. Mais la chance lui sourit, et ce ne sera pas la dernière fois dans sa carrière de sous-marinier. Un de ses collègues de l'Académie, désigné pour servir sur les U-Boote, échange avec lui son poste sur les dragueurs de mines[2]. Le directeur de l'école navale accepte la proposition et, en décembre 1941, le F.z.S. Heisig est affecté à l'Unterseebootsflottille à Pillau. Il embarque, enfin, sur l'U-21, un des sous-marins d'entraînement de la 21e flottille, rattachée à Pillau. Il apprend alors les techniques d'attaque de convois en « meutes de

---

1. Entrevue avec Peter Heisig, 30 août 2007.
2. Ce collègue perdra d'ailleurs la vie lors d'un combat durant la guerre.

loups » consistant à contourner les navires d'escorte alliés qui surveillent les alentours, se placer de manière stratégique devant le convoi, plonger et attendre la nuit pour surgir au centre du groupe de cargos afin de torpiller les navires marchands... en espérant toutefois que le convoi ne modifie pas sa trajectoire sur ces entrefaites et qu'on ne soit pas détecté[1]...

Contrairement à une idée répandue qui veut qu'un commandant fasse cavalier seul ou directement avec les autres membres de la meute, les stratégies sont en réalité élaborées par les autorités. Les attaques contre les convois sont de fait coordonnées par le BdU (Befehlshaber der Unterseeboote), le quartier général de la flotte de sous-marins qui dirige à la fois les opérations et l'entraînement du personnel sous-marinier[2].

Lorsqu'un sous-marin, appartenant à une meute ou non, ou un avion de reconnaissance rencontre un convoi, il signale aussitôt sa position au quartier général, qui indique à chaque U-Boot quel navire marchand couler. Le F.z.S. Heisig participe à plusieurs attaques en mer du Nord. Il prend part au sabordage de quatre navires marchands et subit ses premières attaques aux grenades sous-marines. En décembre 1942, maintenant Leutnant zur See, Peter Heisig est muté à bord de l'U-232, armé le 28 novembre et basé à Saint-Nazaire, avec lequel il effectue plusieurs missions contre les convois en mer du Nord et en mer Baltique.

Il est à bord de l'U-232 le 24 février 1943, lors du tragique accident avec l'U-649. Alors que l'U-232

---

1. Entrevue avec Peter Heisig, 3 janvier 1996.
2. Installé à l'origine en Allemagne, le BdU sera transféré successivement à Paris, 18, boulevard Suchet, puis à Lorient, avant de déménager à nouveau en Allemagne, à Berlin, en mars 1943.

attaque un convoi dans la baie de Dantzig, en mer Baltique, l'U-649, en maraude tous feux éteints, se faufile devant la proue de l'U-232 et se fait éperonner par ce dernier. La collision est fatale pour 35 membres d'équipage du sous-marin ; seuls ceux qui se trouvent dans le kiosque parviennent à plonger dans les eaux glaciales et sont sauvés par l'U-232. Après enquête, les autorités concluent à un accident. Bien qu'il soit blanchi, ainsi que tout le commandement de l'U-232, pour le L.z.S. Heisig, la perte d'amis à bord de l'U-649 demeure une erreur triste et stupide. Peu de temps après, le L.z.S. Heisig est transféré sur l'U-977, juste avant la fin de la courte carrière de l'U-232. Ce dernier est coulé le 8 juillet 1943, à l'ouest de Porto, par les grenades sous-marines d'un avion Liberator américain. Il n'y aura aucun survivant.

L'U-977, sur lequel embarque le L.z.S. Heisig, a été armé le 6 mai 1943. Heisig se perfectionne, monte en grade et devient Oberleutnant zur See. L'U-977 ne fera qu'une seule patrouille et n'arborera jamais les pavillons que les commandants font flotter au mât du kiosque lorsqu'ils coulent des navires, car ce sous-marin ne fera aucune victime alliée au cours de sa carrière.

Dans le collimateur de la Gestapo

En septembre 1944, le débarquement allié en Normandie remonte déjà à plus de trois mois ; celui de Provence date du 15 août. L'avance constante des troupes alliées sur le sol européen commence à faire trembler le IIIe Reich. L'Olt.z.S. Heisig écrit une lettre à un ami, officier de marine tout comme lui, où il lui dit que, d'après lui – et il n'est pas le seul à penser ainsi –, l'Allemagne est en passe de perdre la guerre. Cette lettre se retrouve malencontreusement dans les bureaux de la Gestapo! Dans l'Allemagne nazie, douter, c'est trahir.

La Gestapo informe alors le commandant de la 21ᵉ flottille, le Korvettenkapitän Otto Schuhart, qui porte à son cou la Ritterkreuz[1] au ruban rouge, blanc et noir, couleurs du Reich, de l'intérêt qu'elle porte à l'Olt.z.S. Heisig. Les agents expliquent au commandant Schuhart qu'ils aimeraient interroger son subordonné. Or, à ce moment-là, l'Olt.z.S. Heisig se trouve en mission en mer à bord de l'U-977. Les agents demandent alors au K.K. Schuhart de leur signaler la présence de l'Olt.z.S. Heisig dès son retour à la base.

Le Korvettenkapitän Otto Schuhart fait partie du cercle très restreint des « as » des U-Boote. Élève officier de l'Académie navale de l'« équipage de l'U-29 », il a coulé 12 navires marchands pour un total de 83 700 tonnes et le porte-avions britannique HMS *Courageous* aux premiers mois de la guerre. Il est relativement jeune – né en 1909 –, et les sous-mariniers le respectent au plus haut point. De même, la Ritterkreuz, troisième niveau de la Eisernes Kreuz[2], remise à l'ensemble des forces armées allemandes, est tenue en haute estime par plusieurs militaires. Au sein de la force des sous-marins, cette décoration est considérée comme l'honneur ultime auquel peut aspirer un marin. L'équipage d'un U-Boot ressentait une grande fierté lorsque son commandant recevait cette distinction[3].

C'est donc un homme estimé et décoré qui fait parvenir un message urgent à l'U-977 aussitôt que ce dernier accoste aux quais de Pillau : l'Olt.z.S. Heisig

---

1. Croix de fer de chevalier.
2. Croix de fer.
3. Environ 7 300 Croix de fer de chevalier furent décernées ; parmi celles-ci, 144 furent remises à la force sous-marine.

est immédiatement mandé par le commandant de flottille. Là encore, la chance veille sur lui. C'est un ami qui l'accueille : le K.K. Schuhart apprécie son jeune Oberleutnant. Après avoir été l'objet d'une réprimande amicale pour avoir eu la fâcheuse idée d'écrire de tels propos dans une lettre, Peter Heisig apprend de son chef que la Gestapo désire le questionner et que Schuhart veut le muter à l'U-877, qui appareille le jour même en mission[1].

Malgré l'estime que l'Allemagne porte au K.K. Schuhart, ce dernier prend un risque réel en soustrayant ainsi l'Olt.z.S. Heisig aux interrogatoires de la Gestapo. Un tel geste peut mener directement en cour martiale. D'un autre côté, des raisons pratiques empêchent la Gestapo de sévir contre le K.K. Schuhart. Nous sommes dans les derniers mois de la guerre : remplacer un homme aussi expérimenté que le commandant de flottille pourrait non seulement provoquer des réactions négatives au sein de la force sous-marine, mais toutes les compétences sont désormais requises pour mener les derniers affrontements contre les forces alliées en marche. Cela dit, il ne fait aucun doute qu'Otto Schuhart sauve son jeune Olt.z.S. d'une mort certaine qu'on aurait, au mieux, pris soin de maquiller en suicide.

C'est donc par un étrange détour du destin que l'Olt.z.S. Heisig embarque en tant que premier lieutenant à bord de l'U-877. Et le destin n'a pas encore dit son dernier mot…

---

1. Peter Heisig se souvient d'Otto Schuhart comme d'un homme d'honneur et un chef remarquable.

L'ÉTRANGE DESTIN DE L'U-977

L'U-977 connaîtra une des destinées les plus curieuses de la Seconde Guerre mondiale. Le 10 mai 1945, lorsque l'Allemagne capitule et que l'amiral Dönitz envoie son message de reddition à ses chers sous-mariniers, le commandant Heinz Schäffer, alors en patrouille dans les eaux norvégiennes, décide de mettre le cap sur l'Argentine. Il laisse à terre les hommes mariés et tous ceux qui désirent rentrer en Allemagne – 16 en tout – et navigue au schnorchel en plongée continue pendant soixante-six jours. Après un court arrêt dans les îles du Cap-Vert, il arrive à Mar del Plata, en Argentine, le 17 août, 108 jours après la reddition de l'Allemagne. Il se livre aux Américains le 13 novembre 1945, tout près de Boston. Son sous-marin sera coulé lors d'exercices militaires au large du Massachusetts. Une fois libéré, Heinz Schäffer, que l'on a accusé sans preuve d'avoir fait fuir des criminels de guerre en Argentine et torpillé des navires après l'armistice, ira s'établir dans ce pays. Le moins que l'on puisse dire est que cet homme avait de la suite dans les idées et une autorité incontestée. Il écrira un livre qui raconte son aventure : *U-Boot 977*.

L'ENTRÉE EN GUERRE SUR LE *HMCS PRINCE HENRY*

En 1940, la Marine royale du Canada achète trois paquebots du Canadien National – le *Prince Robert*, le *Prince David* et le *Prince Henry* – afin de les transformer en croiseurs de commerce armés. Alors qu'il était d'abord prévu de les affecter à la défense de la côte du Pacifique, le commandant en chef de l'Amérique et des Antilles occidentales propose de les assigner à une mission plus internationale : des « visites surprises périodiques sur la côte ouest de l'Amérique du Sud afin de décourager la circulation de bâtiments hostiles et d'intercepter les navires de commerce ennemis quand ils quittaient le sanctuaire des ports des pays neutres[1] ». Comme le disait le chef d'état-major de la marine au sous-ministre le 7 septembre 1940 : « La présence du drapeau canadien dans les eaux de l'Amérique Centrale et de l'Amérique du Sud est dans l'intérêt du Canada. En effet, tout navire ennemi capable de s'armer ou d'aider des corsaires armés qui se seraient échappés d'Allemagne poserait immédiatement un danger pour le commerce côtier de la Colombie-Britannique et, évidemment, pour

---

1. Douglas W. A. B., Sarty Roger, Whitby Michael, *Rien de plus noble*, Vanwell Publishing Limited, St. Catharines, 2003, p. 364.

celui de la côte ouest à destination du canal de Panamá[1]. »

« L'interception de navires de commerce allemands prit une grande importance en juillet 1940 quand l'Amirauté reçut les premiers rapports indiquant la présence dans le centre de l'Atlantique de corsaires de commerce armés de nationalité allemande. Il s'agissait de navires de 7 000 ou 8 000 tonnes, armés de six à huit canons modernes de 5,9 pouces, en plus de lance-torpilles et, dans la plupart des cas, d'un ou deux avions. Leurs réserves en carburant et en vivres leur permettaient de faire de longues croisières, et ils étaient astucieusement maquillés, dont faux bastingages, roufs et marchandises qui dissimulaient leurs armes principales », précise-t-on.

« Empruntant les routes de navigation de l'Atlantique Sud et des océans Indien et Pacifique, ils comptaient souvent pour se ravitailler sur les navires-citernes et les cargos qui s'étaient réfugiés dans les ports des pays neutres au moment du déclenchement des hostilités. À la suite de rapports faisant état de "signes d'agitation parmi les navires allemands" abrités dans les divers ports de la côte mexicaine et de la côte sud-américaine, le Quartier général du Service naval canadien (QGSN) et le commandant en chef de l'Amérique et des Antilles se mirent d'accord pour augmenter la présence canadienne au sein du blocus de la Royal Navy au large de la côte mexicaine[2]. »

Le *Prince Robert* fut le premier croiseur de commerce armé canadien à prendre la direction du Mexique le 12 septembre au matin. Le *Prince Henry* et le *Prince David* entrèrent en service en décembre 1940 à Montréal et à Halifax. Le lieutenant

---

1. *Ibid.*
2. *Ibid.*

Stanislas Déry embarque à bord du *Prince Henry* le 8 novembre 1940 à Montréal. Le croiseur part le 2 décembre et prend la direction de Halifax, où sont prévus des exercices en mer ainsi que les radoubs qui viendront compléter la transformation du paquebot de luxe en bâtiment armé de Sa Majesté. Près de 400 hommes, officiers et marins, forment alors l'équipage du croiseur.

Pour le lieutenant Déry, Halifax ne ressemble en rien à la paisible ville de la Nouvelle-Écosse qu'il a connue en 1936. « Il faut venir ici pour voir la guerre dans son agitation, avec les navires entrant et sortant sans cesse et les avions sur nos têtes, puis les *search lights* [projecteurs] les couvrant[1]. » Il sort peu, ne boit pas et, chaque soir, marche « trois gros milles » pour acheter le journal anglais de Montréal et revient au navire vers 22 heures. Ce mois de décembre se révèle particulièrement doux, un « temps de septembre » qui n'exige pas de paletot le jour et où, « le soir, la gabardine fait très bien l'affaire[2] ». Il suit un cours sur une toute nouvelle invention : le radar. Le 20 décembre, il écrit à ses parents : « J'aimerais que vous voyiez ma cabine et que vous vous rendiez compte que je ne fais pas pitié[3]. » En revanche, il maugrée contre l'horaire des vacances des fêtes, car « une partie de l'équipage a une semaine de congé pour se rendre dans leurs familles respectives. Quant à nous [les officiers], nous aurons chacun deux jours qui seront inutiles pour ceux demeurant loin, comme c'est le cas pour la plupart[4] ». Il leur téléphone le même jour et mentionne dans sa lettre qu'il est heureux d'avoir pu

---

1. Lettre du 12 décembre 1940.
2. Lettre du 16 décembre 1940.
3. Lettre du 20 décembre 1940.
4. *Ibid.*

parler à tous et qu'il a obtenu la ligne téléphonique en deux minutes à peine, en appelant de « station à station » (de poste à poste, sans préavis). À Noël, il écrit pendant la messe de minuit alors que : « Tout est d'une tranquillité de mort, sur le bateau ; sur 19 officiers, nous ne sommes que 3, soit le docteur, l'autre officier non marié, et moi ; tous les autres sont dans leur famille[1]... » Mais les paquets acheminés par la Navy League à l'occasion de Noël réconfortent grandement les marins. Il s'agit de colis que de bonnes dames préparent, à leur guise, les remplissant de diverses denrées dans le but de réconforter et de soutenir les combattants. La Navy League, un organisme de soutien charitable, veille à la distribution de ces cadeaux : « Nous avons eu bien du plaisir ici aujourd'hui à déballer ces cadeaux de la Navy League. Tout le monde sur le bateau, officiers et hommes, a reçu un colis gros comme un petit sac à linge, rempli de différentes choses utiles. Pour ma part, je suis tombé sur un bon. Voici le résumé du contenu : serviette, savon, brosse à dents, dentifrice, papier à lettres, livres, jeux de société, cigarettes, pipe et tabac, sans compter un morceau de gâteau, avec un mot de la bienfaitrice précisant "que tout était impeccable et qu'il n'y avait aucun danger avec le gâteau[2]". »

Les maux d'estomac le tenaillent ; il prend de l'Anacin et du sel de fruits Eno matin et soir sur les conseils du médecin de bord et reçoit ses vaccins. Les matelots montent le vendredi soir un petit orchestre : il s'y rend, seul officier, à la plus grande satisfaction des hommes. Bien que d'un naturel réservé, voire

---

1. Lettre du 25 décembre 1940.
2. *Ibid.*

froid pour certains, Stanislas Déry a toujours montré beaucoup de reconnaissance et de politesse envers les différents corps de métier et les hommes qui travaillaient sous ses ordres. Le docteur Déry et sa femme, Blanche, enverront à leur fils, et ce, tout au long de la guerre, de multiples colis renfermant bien sûr des lettres, mais aussi des vêtements chauds, des journaux et, surtout, des plats préparés par Blanche. Ainsi, pour la plus grande joie de Stanislas, les bonbons et chocolats, les biscuits, les macarons se succèdent dans les colis qui quittent Québec en direction de Halifax. Pour ce qui est des journaux qu'il reçoit, son seul commentaire est de dire : « Bien content de savoir ce qui se passe à Québec[1]. »

La censure

En janvier 1941, les préparatifs du départ vont bon train : « 18 000 livres de viande et de provisions sont embarqués à bord du *Prince Henry*, ce qui représente une somme de 10 000 dollars[2]. » Quant au lieutenant Déry, il nous dit : « Gros programme pour le reste de la journée, car je dois aller à la banque, à confesse, à la poste pour certains paquets que vous recevrez et dont vous saurez quoi faire[3]. » Car, si le lieutenant reçoit énormément de colis, il en expédie tout autant. Il s'agit alors soit de cadeaux, souvent des vêtements ou des mouchoirs de qualité pour les membres de sa famille, soit des objets et des souvenirs qu'il se procure et entrepose chez lui en attendant la fin de la guerre. Et, pour rassurer ses parents, il affirme : « Ne soyez pas inquiets pour moi car je ne serai pas le

---

1. *Ibid.*
2. Lettre du 10 janvier 1941.
3. *Ibid.*

premier à prendre des risques non nécessaires[1]. » Prévoyant tout de même, il fait parvenir à son frère Noël, major dans l'armée, son testament ainsi qu'un code de communication bien détaillé.

Dès les premiers jours de la guerre, un système de censure est instauré au sein des divers corps des forces armées canadiennes. Les mentions des destinations, des voyages, des dates et de toute autre information tactique qui pourraient renseigner l'ennemi sur les manœuvres et les stratégies utilisées par les navires canadiens sont interdites. Par conséquent, à bord des navires, chaque lettre écrite par les membres d'équipage est lue et vérifiée par l'officier responsable de la censure. À bord du *Prince Henry*, cette tâche incombe au lieutenant Déry. « C'est moi qui pratique la majeure partie de la censure sur le bateau, environ 100 lettres par jour, que je révise en moins de vingt minutes. C'est dire si je suis devenu expert dans la matière[2]. » Il écrit donc ce qui suit à son frère Noël à l'intention de toute sa famille : « Dans chacune de mes lettres, vous trouverez la phrase suivante ou quelque chose de semblable suivant les circonstances : "J'écrirai à X d'ici quatre ou cinq jours." "J'ai reçu une lettre de X il y a tant de jours", et ainsi de suite. Le nom propre dans cette phrase remplacera celui de l'endroit dont il est question, et le nombre de jours correspondra à la durée de notre séjour. Par exemple : "J'avais une lettre de Paul hier et lui écrirai dans une semaine" voudra dire "je suis arrivé à l'endroit correspondant sur la liste et nous y demeurons une semaine". Voici quelques équivalences :

---

1. *Ibid.*
2. *Ibid.*

Bermudes : Robert.
Barbade : Paul.
Bahamas : André.
Haïti : Louis.
La Havane : Lucien.
Trinidad : Charles.
Jamaïque : Albert.
Sainte-Lucie : Georges.
Saint-Kitts : Camille.
Panamá : René.
Porto Rico : Maurice.
Saint-Vincent : Raymond.
Dominique : Gustave.
Rio de Janeiro : Thomas.
Buenos Aires : Oscar.
Mexique : Arthur.
Yucatán : Philippe.
Curaçao : Antoine. »

Non seulement cette liste nous fournit toutes les destinations prévues pour la mission du *Prince Henry*, mais on peut supposer que le lieutenant Déry a pris des libertés avec son rôle de censeur dans cette missive… Mais, finalement, il ne mettra jamais en pratique ce code établi avec soin et utilisera nommément les appellations officielles des destinations. La guerre semble, à la lecture des lettres de cette époque, quelque chose d'éloigné, d'un peu surréaliste, qui risque de se terminer bientôt. Cela fait penser à la « drôle de guerre » qu'a connue la France au début du conflit. Au fil des lettres, cependant, avec le temps qui passe, on observe l'évolution du ton et des figures de style employées, et des sous-entendus de plus en plus fréquents. Mais être responsable de la censure des lettres des matelots peut avoir du bon, puisqu'il écrit : « J'ai lu ce que l'un d'eux disait de moi et je voudrais vous voir lire cela. Il disait que c'est une chance de m'avoir, que j'étais bon avocat, etc. Il est vrai que l'occasion se présente souvent de régler de petits cas pour eux[1]. » Par ailleurs, Stanislas mentionne à son frère Alphonse ce qui suit : « J'ai même, en certains cas, l'avantage de connaître les histoires grivoises de certains gars qui se défoulent par écrit. Pas besoin de te dire que nous laissons passer ces expressions de sentiments bien humains qui ne sont d'aucune utilité pour l'ennemi[2]. »

Le baptême de la « grosse » mer

Enfin, le *Prince Henry* reçoit ses ordres de mission, quitte sont port d'attache et se rend en zone opérationnelle. Destination : les Caraïbes. Mais le voyage, même pour un marin passionné et expérimenté comme le lieutenant Déry, se révèle particulièrement houleux.

« Le voyage de Halifax a été assez mouvementé. Grosse brise tout le trajet, assez forte pour endommager un bateau de la Grace Line arrivé ici ; nous avons aussi dû, à la demande du *Prince David*, qui faisait route avec nous, changer de cap pour lui donner une chance, chose très rare dans la Navy ; c'est dire si nous nous sommes fait brasser. Dès la sortie du port là-bas, un vent de terre nous a rendu la nuit très désagréable, et ce fut ensuite une grosse brise la majeure partie du trajet. »

« Environ 90 % de l'équipage s'est trouvé malade et presque tous les officiers l'ont été aussi ; pour ma part je n'ai pas fait exception à la règle et, durant la

---

1. Lettre du 21 janvier 1941.
2. Lettre à Alphonse du 23 janvier 1941.

nuit de lundi à mardi, je crois avoir gagné un mois de salaire, tellement ce fut dur. Tout était à l'abandon sur le bateau, des matelots à demi inconscients dans tous les coins, etc. Le bateau n'a certainement rien perdu de la réputation qu'il s'était faite d'être un "rouleux". Le capitaine, avec qui je jasais amicalement mardi matin, m'avouait qu'il en était pas mal découragé et que nous roulions deux fois comme sur le *HMCS Saguenay*, ce qui n'est pas peu dire. Néanmoins, j'ai pu garder tous mes quarts, quoique à certains moments je n'étais pas riche. Imaginez : soixante-douze heures sans une bouchée de nourriture, après avoir vomi douze heures, plus des quarts de quatre heures, où cela prenait toute la force d'un homme pour se tenir debout et vous aurez une idée de ce par quoi nous sommes passés. Une demi-heure après l'arrivée ici, tout était déjà pardonné, sinon oublié, tellement nous avons trouvé l'endroit tel que nous l'espérions. Tout est en effet, plus beau que je me le rappelais, d'un beau vert et bleu pâle, et une chaleur juste agréable. Dans la seule journée d'hier, en faisant mon ouvrage, j'ai pris un beau coup de soleil[1]. »

Une singulière « croisière »

« Ce soir, première visite à Hamilton, à cinq milles d'où nous sommes. J'ai trouvé la ville assez exactement comme je me la rappelais et m'y suis vite retrouvé. La ville est cependant déserte de touristes depuis la guerre ; les bateaux qui faisaient le service ont été convertis en bateaux de guerre ; de plus, deux des plus gros hôtels ont été réquisitionnés par les autorités militaires pour y abriter 700 personnes chargées de la censure du courrier en provenance des

---

1. Lettre du 17 janvier 1941.

États-Unis. C'est dire que l'on se ressent de la guerre ici, et que l'on en souhaite la fin prochaine, quoique nous soyons portés à croire qu'elle durera long-temps[1]. »

Commencent alors les exercices de déploiement pour les deux croiseurs. Ils consistent pour les navires en diverses mises en situation, attaques, abordage, incendies, contrôle des avaries, navigation de nuit et aux instruments, dont le sextant, évacuation de blessés et ainsi de suite. Les commentaires du lieutenant Déry, bien que personnels, nous renseignent sur les exercices et le comportement de l'équipage. On apprend que « plusieurs officiers sont des jeunes qui en sont à leur première expérience et que les choses sont bien compliquées pour eux. [...] Cela fait certainement changement avec les destroyers où l'on marchait d'un signe du doigt[2] ». Ou encore cet exercice de tir au canon : « J'ai eu l'occasion de tester mes yeux à mon goût et je ne les changerai avec personne. Il s'agissait de vérifier les secondes pendant lesquelles le projectile demeurait en l'air. Dans la plupart des cas, il s'agissait d'une période de trente à trente-cinq secondes ; c'est dire que l'éclaboussement des 100 pieds de haut était juste visible à l'horizon. Et, dans plusieurs cas, on n'aurait pu rien enregistrer si je n'avais pas été là, car j'étais le seul à voir si loin. Inutile de vous décrire le bruit que peuvent faire ces pièces d'artillerie et le frisson qui vous passe sur le corps à penser à la sensation que l'on peut ressentir à en recevoir les obus[3]. »

---

1. *Ibid.*
2. *Ibid.*
3. *Ibid.*

Mais le mécontentement gronde sur les navires canadiens. On peut imaginer la solitude et le chagrin que vivent ces hommes loin de leur foyer et qui n'ont comme seul lien avec le pays que le courrier et les lettres de leurs proches. Régulièrement, le lieutenant Déry aborde ce sujet en remerciant pour les dernières lettres reçues ou en énumérant les amis et parents à qui il a fait parvenir un mot. Ainsi, lors de ce déploiement, le courrier, seul moyen pour l'équipage du *Prince Henry* de communiquer avec ses proches, est particulièrement déficient. Depuis leur départ, les marins n'ont reçu que quelques arrivages de lettres. Le lieutenant Déry nous raconte : « Le service de poste est bien mal organisé pour nous. Deux bateaux sont arrivés venant de Halifax ces jours derniers, et l'on n'avait pas cru bon de leur confier notre courrier là-bas. En plus, dès notre arrivée ici, on nous apprend que nous avons l'autorisation d'envoyer des cartes postales. [...] Pour ma part, j'en avais envoyé à tous les amis. Cet après-midi, nous apprenons qu'elles ont été détruites dès leur arrivée là-bas [à Halifax]. Vous auriez dû voir combien l'équipage était révolté en sachant cela et en voyant arriver les deux navires sans courrier pour lui[1]. » Cette situation devient même assez délicate, comme l'explique plus loin le lieutenant Déry : « On n'a qu'à commettre ce genre d'erreur deux fois et le moral de nos hommes est fini ; j'en parle en connaissance de cause. Pour ma part, je trouve révoltante cette attitude des gens qui sont bien assis à Halifax[2]. » Et, quelques jours plus tard : « J'espère toujours recevoir d'autre courrier et vous engage à ne pas vous gêner pour écrire tous les détails qui vous passent par la tête. Il semble que sitôt le départ

---

1. Lettre du 30 janvier 1941.
2. *Ibid.*

d'ici, ce sera la fin du service de poste pour nous, et vous devinez avec quelle appréhension nous envisageons cela[1]. »

Le 9 février 1941, le *Prince Henry* revient de deux semaines d'exercices en mer où les tempêtes et les vents violents ont rendu la tâche difficile à l'équipage : « Ici, il vente depuis deux semaines, des tempêtes qui retardent tout. Nous avons passé plusieurs jours à l'ancre, [...] et j'aurais aimé que vous puissiez voir ces petits ouragans qui se suivent à quelques minutes d'intervalle. Nous avons aussi eu de ces orages tropicaux, qui amènent, en quelques minutes, autant de pluie que douze mois à Québec. [...] Le voyage, à ce jour, ne ressemble guère aux croisières du temps de paix. Nous sommes toujours en mouvement, comme des pompiers, constamment en alerte, et le sommeil est la dernière chose qui compte sur le bateau. Je trouve malgré tout le voyage bien intéressant, et profite de cette occasion unique pour être témoin de tant de choses, et en apprendre d'autres que je ne savais pas, et Dieu sait s'il s'en trouve[2]. » En escale à Hamilton, le lieutenant Déry en profite pour faire ses courses. Il s'achète une gabardine à cinq dollars, envoie des photos à ses parents et leur demande « de ne pas en faire cadeau » ; on apprend qu'il a écouté le programme commandité par Ford la semaine dernière et qu'il a apprécié le violon de l'orchestre en se demandant si sa famille était aussi à l'écoute. Il semble préférer rester à bord le soir à écouter son récepteur de radio tout neuf au lieu d'aller à terre. Le dimanche, les équipages des différents navires se rendent en défilé aux églises. Il confie

---

1. Lettre du 9 février 1941.
2. *Ibid.*

à sa famille qu'il est conscient d'être à la hauteur de la situation : « En retour, je crois avoir toute la considération possible du capitaine. Encore ce matin, c'est à moi qu'il confiait la parade d'église pour tous les bateaux qui mouillent actuellement dans le port, ce qui représentait un nombre assez élevé d'hommes. Je n'avais pu aller à la messe depuis plusieurs semaines et n'étais pas fâché d'assister à l'office. La chapelle est bien petite, très propice au recueillement, et peut-être un soir de cette semaine, m'y rendrai-je en prenant une marche de santé[1]. »

Mais les marins s'ennuient car les distractions à bord font défaut : « Si au moins nous avions une petite salle de gymnastique sur le bateau, ou quelques jeux. Mais non, pas une paire de gants de boxe, pas un magazine. C'est à peine si nous avons cinq ou six jeux de cartes et un piano. » Instinctivement, il met ses parents en garde : « Évidemment, je vous parle de tout cela avec l'entente que vous n'en disiez mot. » De toute évidence, il y a de la grogne à bord, mais il ne s'agit pas de répandre ces plaintes de militaires dans le civil.

Et surtout, ce temps de mission en mer permet de mettre de l'argent de côté : « Pour le présent, je fais ce qu'il y a à faire et profite de cette occasion unique pour mettre à l'abri un peu d'argent pour les jours sombres qui suivront ; j'ai envoyé à la banque cette semaine la somme de 170 dollars, et suis assuré de mettre au moins 100 dollars par mois, le temps que je serai ici[2]. Nous sommes en effet, pour le temps

---

1. *Ibid.*
2. Pour donner une idée de la valeur du dollar de cette époque, il faut multiplier ce chiffre par au moins 14 pour obtenir des dollars de 2007 : donc 170 $ = 2 380 $ (1 500 €) et 100 $ = 1 400 $ (880 €).

que nous servons en mer, exemptés de tout impôt sur le revenu, d'après un règlement passé ces jours derniers, une décision qui a reçu notre approbation, cela va sans dire[1]. »

« Après une période de préparation aux Bermudes sous le commandement du capitaine de frégate R. I. Agnew, de la Marine royale du Canada, le *Prince Henry* a reçu l'ordre de se joindre au croiseur britannique *Diomede*, en patrouille au large de la côte ouest de l'Amérique du Sud. Après avoir traversé le 26 février 1941 le canal de Panamá et rejoint le *Diomede*, le navire canadien a effectué trois semaines de patrouille dans le Pacifique. Le 16 mars, le *Diomede* a été appelé vers d'autres missions, laissant le *Prince Henry* seul responsable de celle-ci[2]. Le 19 mars, le *Prince Henry* se dirige vers le port de Callao, au Pérou, pour surveiller quatre navires allemands qui y ont été repérés[3]. »

Dans la fournaise

Les responsabilités du lieutenant Déry à bord du *Prince Henry* sont les suivantes[4] : « [...] En charge du *forecastle* [gaillard d'avant], des ancres, etc. En charge de la malle [courrier] ; en charge de la consommation des boissons dans le mess, soit un *stack* [somme d'argent, caisse du mess] de 2 000 dollars ; en charge du canon "A" situé à l'avant du bateau. » Le lieutenant précise : « En plus, s'il nous arrive de saisir

---

1. Lettre du 9 février 1941.
2. SCHULL Joseph, *Lointains navires, compte rendu officiel des opérations de la marine canadienne au cours de la seconde Grande Guerre*, Ottawa, Imprimeur de la Reine, 1953.
3. DOUGLAS W. A. B. *et al.*, *Rien de plus noble, op. cit.*, p. 366.
4. Selon la terminologie anglaise qui a cours dans la Marine royale du Canada.

un bateau marchand ennemi, il est entendu que je prends le commandement du premier *boarding party* [équipe d'abordage], ce qui est beaucoup[1]... » Bref, il doit mener l'abordage, mission qu'il espère bien accomplir avec tout le zèle nécessaire.

Tant dans ses lettres que lors de ses témoignages, le lieutenant Déry raconte avec insistance le tourment que leur a infligé le soleil de l'équateur. Comme il le déplore dans sa lettre du 12 mars 1941, « il n'y a pas un pouce carré pour s'en préserver ». Et la nuit, en raison de l'espionnage et de l'observation des mouvements des bateaux allemands, toutes les cloisons sont fermées afin de ne pas laisser la lumière filtrer à l'extérieur. La température s'élève alors pour atteindre des valeurs de l'ordre de 45-50 °C (110-125 °F), et même 125 degrés Fahrenheit (de 43,3 ° à 51,6 °C). Cette chaleur écrase l'équipage ; deux marins s'évanouissent sur le pont durant le quart de Déry lorsque le mercure atteint le record de 59,4 °C (139 °F). Il remonte le moral des jeunes matelots de 18 et 19 ans qui n'ont jamais vécu dans des conditions semblables. Le jour, ils restent en mer, assez loin de la terre, presque arrêtés afin d'éviter d'être aperçus, mais, dès le crépuscule, le *Prince Henry* se dirige vers la terre à pleine vitesse, procurant une brise fraîche aux marins. « Une autre chose à laquelle j'ai pris du temps à m'habituer, c'est de marcher la nuit sans lumière, en pensant que les autres navires en font autant. J'avoue, cependant, que l'on s'habitue assez vite, et que je vois maintenant dans la nuit comme un chat[2]. [...] Nos heures de travail ont quelque peu été changées depuis dimanche dernier, et nous

---

1. Lettre du 21 février 1941.
2. Lettre du 21 mars 1941.

pouvons maintenant prendre six heures de sommeil tous les trois jours[1]. »

Bien que le croiseur soit en mission d'observation, il y a peu à faire à bord. Les hommes nettoient, ils ont reçu la permission de se laisser pousser la barbe. Ils observent les dauphins et les requins, les courlis, les *boatswain birds*, ou phaétons, et la cinquantaine de pétrels continuellement à l'arrière du bateau, volant très bas, jour et nuit. Mais s'ils nettoient le bateau, en revanche, les marins peuvent difficilement faire leur lessive : il n'y a qu'une seule machine à laver pour tous ! « Nous ne portons rien d'autre que nos shorts et chemises. Ici mon habit blanc ne m'a servi qu'en une occasion et les chances de l'user semblent peu probables. Le lavage se fait à bord, avec une laveuse qui sert pour toute la *ship's company* [l'équipage] avec l'inconvénient, pour qui n'est pas pourvu, qu'il lui faut attendre et porter du linge sale. Ce n'est pas mon cas, car j'avais prévu le coup et m'étais approvisionné aux *naval stores*[2] là-bas [aux Bermudes][3]. » Le lieutenant Déry s'est montré prévoyant et s'est acheté des vêtements supplémentaires. Tenir un journal personnel en temps de guerre est strictement prohibé : « Je fais chaque jour un résumé de ce qui se passe de marquant dans ces lettres, tout en faisant attention de ne rien mentionner de répréhensible[4]. » À la demande des marins québécois, il donne des cours d'anglais.

Le 24 mars, le *Prince Henry* entre dans le port de Bahía del Callao, au Pérou, dans le but d'obtenir davantage d'informations sur les intentions des cargos

---

1. *Ibid.*
2. *Naval store* : magasin naval, « garde-mites ».
3. Lettre du 21 mars 1941.
4. Lettre du 12 mars 1941.

allemands[1]. « Hier matin, au lever et après une autre de ces nuits, nous apprenions qu'un message arrivé par W/T[2] nous ordonnait de changer de cap. Il était temps, car deux de nos hommes venaient justement de tomber sur le pont, écrasés par la chaleur. Nous sommes donc en route depuis hier matin, à 20 nœuds, ce qui nous assure de la fraîcheur pour les trois jours que nous allons marcher. Avec cela, nous sortons de la fournaise pour nous diriger là où nous étions avant de venir ici il y a deux semaines, et nous avons au moins la perspective de courir au-devant de l'automne qui arrive là-bas. Là, nous irons aussi à terre, pour la première fois en quatre semaines, et ce sera à une grande ville qui faisait parler d'elle il y a un peu plus d'un an pour une grande conférence internationale qui y fut tenue. Inutile de vous dire que les vingt-quatre heures que nous aurons là seront occupées à autre chose qu'à courir les clubs de nuit, et que je me propose de visiter en quelques heures cette civilisation ancienne. J'irai même voir la fameuse cathédrale, avec la lampe du sanctuaire qui pourrait contenir 12 personnes. J'ai tout à coup pensé que c'était bientôt Pâques, et me propose de profiter de cette visite pour faire mes pâques[3]. »

L'accueil fait au navire canadien semble mémorable : « Chaude réception ici ce matin par les autorités britanniques, qui ne savent quoi faire pour nous distraire[4]. » « Depuis le matin je parle le français à tour de bras avec tous les gens d'ici, entre autres le consul

---

1. Schull Joseph, *Far Distant Ships*, version anglaise originale de *Lointains navires, op. cit.*, p. 62.
2. *Wireless Telegraphy*, la « télégraphie sans fil ». Il s'agit en général d'émissions codées en morse.
3. Lettre du samedi 22 mars 1941, à midi.
4. *Ibid.*

britannique, natif d'Argentine, qui a voyagé un peu partout, a appris le français à Genève et est surtout étonné par le mien. Il me prend demain matin à 7 h 30 avec son auto et nous visitons les alentours en vitesse, pour revenir ici pour le départ fixé pour 11 heures[1]. »

Dans son témoignage, Stanislas Déry explique que les ordres venaient de terre, plus précisément des services de renseignement britanniques, qui surveillaient étroitement les manœuvres des bateaux allemands. De fait, on apprend dans le rapport d'activités « Lettre de procédures, du dimanche 23 au lundi 31 mars 1941 et du 2 avril de la même année du capitaine de frégate R. I. Agnew au commandant en chef de l'Amérique et des Antilles occidentales[2] », que le *Prince Henry* jette l'ancre à « deux encablures environ sous le vent de la ligne de mouillage des quatre navires allemands *Muenchen*, *Hermonthis*, *Leipzig* et *Monserrate*. » Un officier britannique explique au capitaine de frégate Agnew que : « Le transbordement de mazout d'un navire à un autre dans le port était tout à fait possible, voire probable et que, par conséquent, les quatre navires avaient probablement assez de fuel pour s'échapper, qu'ils étaient tous les quatre destinés à être canonnés et démolis ; qu'à cause de l'encrassement, il était probable que la vitesse maximale des navires ne soit que de neuf nœuds. Mes propres observations ne me permettent pas de confirmer cette remarque au sujet de la vitesse. Les navires ont été carénés à mouillage, frottés, et leur ligne de flottaison peinte. Je crois personnellement que les quatre navires peuvent probablement atteindre une vitesse de 11 nœuds dans une échappée. »

---

1. Lettre du 24 mars 1941.
2. Douglas W. A. B. *et al.*, *Rien de plus noble*, *op. cit.*, p. 366.

« J'en suis venu à penser qu'au moins deux navires, voire probablement les quatre, sortiront. Qu'ils partiront aussitôt que possible après la tombée de la nuit et navigueront à la vitesse maximale dans des directions différentes [...] pour pouvoir traverser la route commerciale et s'éloigner dès l'aube. »

Navire en feu sur l'équateur

La réception donnée en l'honneur des Canadiens est-elle prétexte à recueillir des renseignements ? On en doute, mais il demeure néanmoins que les officiers reviennent avec suffisamment d'informations pour quitter le port et laisser croire à leur départ définitif. En fait, le *Prince Henry* dessine un arc de cercle assez loin au-delà de l'horizon pour éviter d'être repéré et se positionne, en attente d'un geste de la part des Allemands. La ruse fonctionne et, le 31 mars, à 19 h 15, les services de renseignement britanniques informent le croiseur que le *Muenchen* et le *Hermonthis* ont demandé la permission de prendre la mer. Vingt minutes plus tard, un message radio signale que « les deux vaisseaux ont quitté Callao ». Le *Prince Henry* se trouve alors à quelque 70 milles au sud du port, mais il augmente vite la vapeur pour atteindre 18 nœuds. À 21 h 30, le navire de guerre canadien aperçoit les lumières de la côte et entreprend une recherche en forme de courbe vers le nord, en fonction « d'une vitesse de progression de l'ennemi de 11 nœuds ». Le jeu du chat et de la souris se poursuivra jusqu'aux petites heures du matin du 1er avril. À 6 h 22, à l'aube naissante, un navire se profile au loin et change aussitôt de cap lorsqu'il aperçoit le croiseur canadien. Lorsqu'à 6 h 29 le croiseur se rapproche au point de pouvoir reconnaître un des cargos allemands, l'ordre est donné d'envoyer le détachement de visite.

« À 6 h 45, nous avons envoyé le signal international "Arrêtez immédiatement ou nous ouvrons le feu" au moyen d'un projecteur de signalement de 10 pouces. Nous avons répété le message durant quinze minutes. À 7 heures, nous avons effectué un tir de pratique d'une distance de 12 000 yards. Il était censé tomber en avant de la cible. Nous ne l'avons pas vu choir mais, à 7 h 01, un petit nuage de cordite coloré a éclaté à l'arrière de la superstructure. En une minute ou deux, une traînée basse de fumée noire et dense a couru de l'arrière vers l'avant tout le long du navire et des flammes se sont élevées. À 7 h 03, le navire était couvert d'un voile de fumée et un feu vif illuminait la superstructure et tous les couvercles d'écoutille. Nous avons aperçu à ce moment-là le premier canot de sauvetage allemand à la mer, puis trois autres à 7 h 15. À 7 h 30, le *Prince Henry* passait à environ deux encablures contre le vent et identifiait le bâtiment comme étant le *Muenchen*. J'en suis venu à la conclusion que le feu était trop avancé pour descendre dans l'entrepont et que le sauvetage serait par conséquent une tâche longue et probablement impossible[1]. »

« Le *Prince Henry* abandonna le vaisseau allemand et ses matelots à leur sort et se dirigea vers le sud, à la recherche du *Hermonthis*. Après cinq heures de poursuite, le navire de guerre canadien a aperçu à 12 h 25 un deuxième navire marchand. Le vaisseau s'éloigna aussitôt des Canadiens. On a vu alors qu'il était en feu et que les canots de sauvetage étaient parés au-dehors. À l'approche du *Prince Henry*, l'équipage du navire de commerce allemand se mit à abandonner le vaisseau, mais ordre lui fut donné de

---

1. Rapport du capitaine de frégate R. I. Agnew. Lettre de procédures, période du lundi 31 mars au mardi 2 avril 1941.

retourner sur le navire en compagnie d'un détachement de visite canadien. À 14 heures, une partie de l'équipage allemand et le détachement de visite étaient à bord du *Hermonthis*[1]. »

Tel que prévu, le lieutenant Déry dirige l'équipe d'abordage. À bord d'une chaloupe, il se dirige vers le *Hermonthis*, le réquisitionne et constitue l'équipage prisonnier. Chargé de coton, le navire brûle intensément. Pendant vingt-quatre heures, le détachement canadien tente d'éteindre l'incendie[2].

« Un examen rapide de la situation permit de conclure que le feu à l'avant était hors de contrôle. À sa troisième tentative, le capitaine Agnew réussit à placer son navire le long du vaisseau allemand et, à 14 h 50, des lances d'incendie avaient été installées pour tenter de sauver le navire et le confisquer. En dépit des vaillants efforts de l'équipe d'abordage, qui lutta contre l'incendie pendant plus d'une heure, il fallut se rendre à l'évidence : le *Hermonthis* ne pouvait être sauvé. Entre-temps, le navire de guerre canadien avait été "sérieusement malmené", car les deux bâtiments s'étaient cognés à plusieurs reprises dans le vent et la houle[3]. »

Comme l'explique Stanislas Déry, lorsque le *Prince Henry* aborde le *Hermonthis*, les vagues frappent de plein fouet les deux bateaux, qui se heurtent sans arrêt. À court de moyens, on utilise des matelas pour protéger la coque du navire canadien, mais ils se désagrègent rapidement[4].

Au cours de leurs efforts, les Canadiens ont perdu ce qui suit : « [...] Dix tuyaux, la moitié de nos

---

1. Douglas W. A. B *et al.*, *Rien de plus noble*, *op. cit.*, p. 367.
2. Témoignage de S. Déry, 22 janvier 1992.
3. Douglas W. A. B *et al.*, *Rien de plus noble*, *op. cit.*, p. 367.
4. *Ibid.*

cordages en manille et de nos défenses à câble. Pas moins de huit lignes de tuyaux dont plus de douze ont été utilisées entre 15 h 40 et 17 heures et il n'y en avait plus de disponibles. Le feu était hors contrôle en avant dans la cargaison de coton ; le bois imprégné de mazout et l'espace isolé du réfrigérateur ont pris feu dès que le *Prince Henry* s'est éloigné à 17 h 11. On se rendit compte que le sinistre serait total[1]. » Après avoir rassemblé le reste de l'équipage allemand, qui se trouvait alors à 15 milles de voile des côtes péruviennes, le *Prince Henry* coula le navire de commerce à coups de canon.

Stanislas Déry raconte ainsi l'événement : « Le commandant envoie un message à Ottawa pour recevoir des directives, expliquant que le navire marchand allemand est désormais hors d'usage en raison de l'incendie. Au bout de quelques heures, la réponse arrive : *She is to be sunk by gunfire*[2]. Les canonniers prennent position aux quatre pièces de six pouces, deux à l'avant et deux en poupe, mais les hommes ne possèdent pas encore l'expérience et l'habileté nécessaire ; ils ne tirent pas moins de 35 obus pendant les vingt-quatre heures suivantes. Finalement, probablement davantage en raison des avaries causées par l'incendie que par l'impact des obus, le *Hermonthis* sombre enfin.

« L'équipage du navire ennemi monte à bord du *Prince Henry,* qui tourne ensuite vers le nord en direction du point corrigé du *Muenchen,* mais il ne peut trouver trace ni de ce navire ni de son équipage. Le mystère est résolu le 2 avril à midi, lorsque le *Prince Henry* s'approche du croiseur *Almirante Grau* ; les Péruviens informent alors le capitaine canadien

---

1. *Ibid.*
2. « Le navire doit être coulé par canonnage. »

qu'ils ont coulé le *Muenchen* à coups de canon et sauvé ses hommes[1]. »

Le *Prince Henry* patrouille encore trois semaines en compagnie de l'escadron britannique des Bermudes avant de remonter vers le nord, en longeant la côte du Pacifique, pour enfin revenir au pays, à la base d'Esquimalt, en Colombie-Britannique.

« Nous ne serons pas fâchés de toucher terre, surtout après les dernières semaines passées sans provisions appréciables ; il y aura en effet un mois que nous sommes à court de patates, de savon, de lames de rasoir et autres commodités ; quand je dis à court, je veux dire que nous n'en avons plus. Encore chanceux d'avoir eu ma réserve de petits savons d'hôtel que j'aurais pu vendre à grand prix, si je n'avais tant tenu à être propre[2]. »

Le lieutenant Déry résume ainsi son retour : « D'abord nous sommes en mer pour la 75e journée consécutive, sans aller à terre, sans envoyer de courrier ; en plus nous sommes en route pour le Canada à raison de 20 nœuds depuis près de trois semaines, ce qui vous donne une idée de la distance parcourue. C'est vous dire le grand désir que nous avons tous d'arriver... Nous avons couvert quelque 40 000 milles de mer depuis cinq mois, avec quelque deux jours à terre pour toute distraction. Valparaíso a été notre point le plus éloigné, avec patrouilles au large de Lima, Antofagasta, Coquimbo, etc. [...] Nous avons 53 prisonniers depuis le 1er avril, dont nous serons contents de nous débarrasser, car leur présence a nécessité une infinité de précautions et a augmenté le rationnement. N'eût été leur présence et les

---

1. SCHULL J., *Lointains navires, op. cit.*, p. 71-72, ou DOUGLAS W. A. B. *et al.*, *Rien de plus noble, op. cit.*, p. 368-369.
2. Lettre du 29 avril 1941.

dommages au bateau, nous étions apparemment *cedulés*[1] pour un voyage en Australie et à Fidji pour chercher un convoi[2]. »

De cette mission, le lieutenant Déry a rapporté quelques pièces que l'on peut qualifier de trophées de guerre. Ainsi, une fois à bord du *Hermonthis*, alors qu'il monte dans la timonerie, il prend les deux sextants, une longue-vue, une bouée de sauvetage mais, surtout, trouve le pavillon à croix gammée de l'Allemagne nazie. Il le saisit et l'enroule autour de sa taille, sous son uniforme, afin de le dissimuler aux regards, car il se doute bien qu'on risque de le lui confisquer. D'ailleurs, il mentionne à cet effet : « Mieux vaudra cependant éviter que le tout vienne aux oreilles de quelque personne appartenant au service naval, car ce que j'ai fait et que je ne regrette pas encore ne devait pas arriver et le bateau devait normalement couler au fond avec tout son équipement[3]. »

Quant à l'avenir, voici comment le lieutenant Déry le décrit : « Nous sommes ici pour réparer les dommages causés [à notre bâtiment] en combattant le feu sur le *Hermonthis*, et les apparences sont que ce sera un ouvrage d'au moins six semaines, plus peut-être. Quant à la date de notre départ et à la direction que nous prendrons alors, rien à savoir, quoique les apparences soient en faveur de l'est, notre présence n'étant plus requise là où nous étions, par suite du changement de conditions dans cette région du globe. »

---

1. Anglicisme. De *to schedule*, « mettre au programme ».
2. Exceptionnellement, cette lettre n'est pas datée. Elle précède de quelques jours l'arrivée à Esquimalt, dans la première semaine de mai 1941.
3. Lettre du 29 avril 1941. Ces objets font désormais honneur au Musée naval de Québec.

Mariés de guerre

Si Stanislas Déry n'est heureux qu'à bord d'un navire et dans le feu de l'action, de mai 1941 à l'automne 1944, le destin s'amuse à l'en éloigner. Lorsque le *Prince Henry* touche enfin terre à la base d'Esquimalt, en Colombie-Britannique, l'équipage entier pousse un soupir de soulagement. Les prisonniers allemands sont remis aux autorités canadiennes, et le navire entre en radoub. Les collisions répétées avec le *Hermonthis* ont lourdement endommagé sa coque, et plusieurs semaines sont nécessaires pour remettre le navire en état et le rendre de nouveau opérationnel.

Le commandant accorde deux semaines de vacances à son lieutenant. Celui-ci, fort amoureux de sa fiancée, Cécile, l'appelle et la demande en mariage. En fait, deux autres officiers se marient à la chapelle d'Esquimalt, et Stanislas aimerait bien imiter ses amis et collègues. Mais le père de sa fiancée, le docteur Hubert Brassard, considère qu'il serait préférable que son futur gendre vienne à Roberval pour se marier, entouré des siens.

Stanislas entreprend donc un voyage de 5 000 kilomètres, de quatre jours et quatre nuits en train, presque d'un océan à l'autre. En discutant avec d'autres officiers à bord du train, le 24 mai, il apprend que le navire amiral britannique *HMS Hood* a été coulé dans l'Atlantique Nord et qu'on déplore la perte de quelque 1 400 hommes et officiers. Il arrive enfin à Roberval le jeudi et se marie le samedi 31 mai. Après un court voyage de noces à Ottawa et les visites d'usage à la parenté, le lieutenant Déry reprend le train pour la côte Ouest.

On l'informe que les dégâts subis par le *Prince Henry* sont plus importants qu'on ne le croyait et que la période de carénage dépassera les délais prévus. Il loue alors un bel appartement dans une résidence bordée de jardins luxuriants en banlieue de Victoria et invite son épouse à venir le rejoindre. Néanmoins, malgré la beauté des paysages environnants et de l'océan Pacifique qui borde la capitale de la Colombie-Britannique, l'ennui de « sa » mer se fait sentir dans sa lettre du 19 juin : « J'aimerais encore mieux passer l'été sur la côte du Saint-Laurent, pour ensuite me caser à terre, si seulement il y avait moyen d'aller là où je voudrais. » Et, de même, le 9 juillet suivant, il renchérit : « Dois-je vous dire toute l'envie qu'a suscitée chez nous [Cécile et Stanislas] le récit du voyage en yacht pour descendre à Trois-Pistoles. Même si nous faisons la plus belle vie imaginable ici, le fait demeure que nous aimerions encore mieux naviguer dans les eaux du Saint-Laurent. »

C'est durant cette période que, peu à peu, le ton change dans les lettres, et on peut lire, le 21 juin, lorsqu'il avise ses parents : « La censure est devenue plus stricte dernièrement, et je devrai m'en tenir à la consigne. Faites de même, pour éviter les ennuis. »

Stanislas et Cécile coulent des jours heureux ; leur vie sociale est remplie de rencontres et d'activités diverses où les cocktails, les soirées et les promenades entre amis alternent au fil des jours. D'ailleurs, Cécile Déry dira tout simplement que ces quelques semaines à Victoria furent parmi les plus belles de sa vie. Mais c'est la guerre, et les retrouvailles sont toujours de courte durée. Lorsqu'il se présente un matin pour son quart de travail d'officier du jour, il apprend que le *Prince Henry* appareille le midi même pour une destination inconnue ! Lui qui avait donné rendez-vous à Cécile pour dîner en ville se voit forcé de lui annoncer au téléphone qu'il ne rentrera pas ce soir-là ! Celle-ci ne sachant que faire, puisque la date de retour du *Prince Henry* est inconnue, Stanislas lui suggère de communiquer avec l'épouse de l'amiral, qui peut-être pourrait la renseigner. Cette dernière, bien au fait de la situation, lui conseille simplement de retourner à Roberval chez les siens.

Trop loin de l'action

Le *Prince Henry* descend le long de la côte ouest américaine, traverse le canal de Panamá et se rend à Halifax. Le navire effectue alors des patrouilles dans le port et ses alentours. Ces patrouilles, plus près des routes des convois, nécessitent davantage de mesures de prudence : « Le fait de nous trouver dans cette sphère nous a obligés à plusieurs précautions additionnelles, tel le port de nos nouvelles ceintures de sauvetage Mae West qui ne nous quittaient jamais, ni le jour ni la nuit ; ensuite nous gardions constamment 12 *look-outs*[1] au lieu de 3 comme habituellement. Pour compléter le tout, nous pratiquions *abandon ship*[2] plus souvent que d'habitude. Je vous avoue que tout cela me tombait passablement sur les nerfs au début, et que j'en ai été empêché de dormir les deux premières nuits[3]. »

Peu de temps après, le lieutenant Déry est muté à Ottawa, au service de contre-espionnage, où il occupe le poste de *watch keeper*[4] à la section *Routing and convoy*[5]. Il surveille les départs et les itinéraires des convois et si, grâce aux informations reçues de diverses sources, une menace telle que la présence d'U-Boote se fait sentir, il modifie leur trajectoire.

---

1. Corvée de vigie.
2. Exercice d'abandon du navire en cas de détresse.
3. Lettre du 18 octobre 1941.
4. Superviseur des veilles.
5. Acheminement des convois.

Bien qu'appréciant ce poste stratégique et intéressant, le lieutenant Déry demande à être réaffecté à bord d'un navire.

Il retourne donc à Halifax en septembre 1942 sur le *HMCS Chambly*. Jusqu'au 26 novembre, cette corvette escorte les navires marchands jusqu'au point de rencontre de l'océan Atlantique, là où le convoi prend sa forme finale et cingle vers la Grande-Bretagne. Puis le *Chambly* entre à son tour en radoub, à Liverpool, en Nouvelle-Écosse.

Les autorités de la marine envoient alors le lieutenant Déry à l'École des signaleurs de Saint-Hyacinthe en tant qu'officier d'administration. On y enseigne le morse, le sémaphore et le langage des drapeaux. Malheureusement pour lui, il est affecté à un poste administratif. En fait, Stanislas Déry racontera, avec un brin de cynisme, que la MRC avait besoin d'un officier canadien-français pour répondre au téléphone et que cette affectation fut pour lui une des périodes les plus ennuyeuses de la guerre. Si loin de l'action, il se sentait totalement inutile[1]. En juillet 1943, on le transfère sur le *Prince Rupert*. Le navire patrouille sur les côtes de la Nouvelle-Écosse et, au mois de janvier 1944, se joint au groupe d'escorte C-3 et devient *Senior Officer's Ship* – le vaisseau à bord duquel se trouvent les officiers supérieurs. Au mois d'août 1944 et jusqu'à la fin de la guerre, il est enfin nommé commandant en second à bord d'une des toutes nouvelles corvettes de classe Castle, le *HMCS St Thomas*.

De toute la période où il est, en quelque sorte, éloigné du front, des « premières lignes », Stanislas Déry ne dit que peu de chose. En fait, l'action lui manque. Si bien des hommes, dans toutes les armées du monde, tentent de sortir indemnes de la guerre en

---

1. Témoignage de S. Déry, 22 janvier 1992.

« se planquant » dans quelque poste bureaucratique, pour lui, il s'agit d'un non-sens. Il se juge plus utile à son pays en risquant sa vie sur les flots qu'en noircissant du papier à Saint-Hyacinthe, en plein pays agricole québécois.

Lorsque enfin il remet les pieds sur un navire, le *Prince Rupert*, voici ce qu'il écrit à ses parents : « Rien de bien spécial à vous raconter sur notre voyage, qui fut dépourvu de toute excitation. Dieu merci, il s'est effectué dans des circonstances pour le moins passables, température, etc. Il va sans dire qu'après seize mois à terre, je n'ai pas manqué de ne pas me sentir tout à fait à mon aise[1]. » Et, peu de temps avant le jour J, le débarquement en Normandie, alors que la censure est particulièrement stricte, il ne se montre guère disert : « Pas grand-chose dont je puisse vous parler par les temps qui courent ; il est assez facile de garder le silence recommandé, car nous ne savons rien, et attendons, avec le reste du monde, les développements prévus... Je ne perds pas espérance d'un retour pas trop éloigné au Canada avant longtemps. En attendant, je m'arrange à tout point de vue aussi bien qu'on puisse le désirer, et vous engage à ne pas vous tracasser à mon sujet. Il sera toujours temps, s'il y a lieu de le faire[2]. »

Peu à peu, la fin de la guerre semble se profiler à un horizon plus ou moins lointain ; du moins, c'est ce que Stanislas suggère dans ses lettres. Mais, même une fois à bord du *Prince Rupert*, l'ennui et la routine semblent poursuivre le lieutenant Déry ; c'est à croire que la guerre risque de se terminer sans qu'il ait eu l'occasion de faire face à l'ennemi

---

1. Lettre du 15 mai 1944.
2. Lettre du 17 mai 1944, fort probablement envoyée de Grande-Bretagne.

allemand. Et pourtant, l'avenir lui réserve encore quelques surprises.

Quant à son épouse, Cécile, elle rejoint enfin son mari, d'abord à Ottawa puis à Saint-Hyacinthe, où ils vivent ensemble. Mais, comme toutes les épouses et les femmes de militaires, elle a vu son mari la quitter pour « aller faire son devoir ». À deux reprises, pendant plus de sept mois, elle est retournée vivre dans sa famille, à Roberval, ou encore à Québec, dans la famille du docteur David-Alexis Déry. Jour après jour, elle s'est inquiétée et a craint de recevoir par courrier un avis de décès sur le papier à en-tête de la Marine royale du Canada. Cécile Brassard-Déry se plaira à dire qu'elle a vécu la guerre « dans ses valises ». Lorsque son mari naviguait sur le *HMCS Chambly* ou le *Prince Rupert*, sur la côte est canadienne, le lieutenant Déry appelait sa femme à Roberval ou à Québec, et lui disait que, dans quelques jours, il serait à Halifax de retour de mission. Elle sautait alors dans le premier train en direction de la Nouvelle-Écosse, pour quelques heures de bonheur, comme toutes ces femmes qui, en temps de guerre, espèrent voir leur homme au moins une fois encore.

La bataille du Saint-Laurent : des U-Boote en plein territoire canadien

Au printemps de 1942, alors qu'il est en poste au bureau du contre-espionnage, à la section *Routing and convoy*, à Ottawa, le lieutenant Déry s'ennuie. Certes, il apprécie son poste et se sent particulièrement utile, mais l'action et la mer lui manquent. Lors d'une rencontre avec son supérieur, le capitaine Farmer, il lui suggère de faire patrouiller dans les eaux du Saint-Laurent. « Je connais le fleuve comme le fond de ma poche. J'ai l'impression qu'il y a des endroits où les U-Boote pourraient se cacher[1]. » Dubitatif, son supérieur lui aurait rétorqué : « Il n'y a pas encore d'organisation et on ne s'attend pas à ce qu'il y en ait… » En bref, même les autorités concernées hésitaient à croire que les U-Boote s'aventureraient à l'intérieur des eaux canadiennes. Elles considéraient du moins que les mesures alors prises seraient suffisantes pour contrecarrer toute attaque sous-marine allemande. Trois ou quatre semaines plus tard, alors que Déry arrive au bureau du contre-espionnage, le capitaine Farmer vient le voir, le visage défait : « Tu te rappelles ce que je t'avais dit ? Eh bien, nous pensions

---

1. Témoignage du 22 janvier 1992.

que ça n'arriverait pas. Voilà, c'est arrivé. Ils ont coulé deux bateaux la nuit passée[1]. » Se sentant indirectement engagé dans cette affaire, Stanislas Déry fait cette remarque : « Il est probable que je n'aurais pas réussi à empêcher le coulage des deux navires marchands, mais sait-on jamais… » En fait, il aurait alors eu le sentiment profond de protéger « son coin de pays », « ses racines », dont il est si fier et qu'il aime tant.

Malgré ce questionnement très légitime de la part d'un officier consciencieux, il ne faudrait pas en déduire que les autorités n'avaient pas évoqué la possibilité de l'incursion de sous-marins ennemis, mais plutôt qu'elles en avaient sous-estimé l'urgence. Dès la saison de navigation de 1940, quelques navires de guerre effectuent des patrouilles dans les eaux du fleuve de façon sporadique. En juillet 1940, une patrouille est aussi constituée à partir des quartiers généraux de Rivière-du-Loup. Celle-ci couvre de l'île aux Coudres jusqu'à la pointe ouest de l'île d'Anticosti et comprend les navires suivants : *Ambler*, *Eileen*, *Cleopatra* et *Anna Mildred*.

Ainsi, le *HMCS Bras d'Or* est rattaché à la base de Rimouski comme démineur de juin à la mi-octobre 1940. En octobre 1940, le HMCS *Vison* est le premier navire rattaché à la base de Gaspé ; il retournera à Halifax en novembre 1940 lors de la fermeture du fleuve pour la période hivernale.

À l'ouverture de la saison de navigation de 1941, quatre yachts armés sont rattachés à Gaspé : *HMCS Reeinder*, *HMCS Raccoon*, *HMCS Lynx* et *HMCS Vison*. C'est le 1er mai 1942 qu'on inaugure officiellement la base navale HMCS Fort-Ramsay à Gaspé. Elle est située à l'intérieur de la pointe de terre de Sandy

---

1. *Ibid.*

Beach, sur les rives de la baie, à proximité de Gaspé. On y trouve des défenses maritimes, des soutes à mazout, des jetées, des soutes à munitions, des ateliers d'entretien, un ber roulant, des installations de communication ainsi qu'un hangar avec contre-étrave pour les hydravions. Un seul navire y est alors stationné, le *Venning*.

À la suite des premiers torpillages dans le fleuve Saint-Laurent, les autorités militaires décident de renforcer les défenses gaspésiennes en créant la Force d'escorte du golfe et en y affectant sept corvettes, cinq dragueurs de mines Bangor, trois vedettes à moteur Fairmile, qui s'ajoutent aux trois vedettes de même type déjà présentes, et un yacht armé. Le total des navires affectés à la base de Gaspé est alors de 19. En plus de patrouiller et d'escorter les convois, ces navires récupèrent les survivants des torpillages.

C'est le Service de contrôle naval situé à Québec qui a la tâche d'organiser les convois dans le fleuve Saint-Laurent, qui partent des îles du Bic et qui se dirigent vers Sydney, Nouvelle-Écosse. En août 1942, une base de détection radar est aussi installée à Rimouski et deux navires y sont rattachés, le *HMCS Madawaska* et le *CGS* – Canadian Government Ship – *Jalobert*, qui effectuent aussi l'escorte de convois. En 1943, le fleuve étant fermé à la navigation transatlantique, les effectifs sont réduits à la base de Gaspé : diminution des dragueurs de mines et des vedettes à moteur Fairmile et réduction des militaires affectés.

Il y aura un regain d'activité au cours de la saison de navigation 1944, lorsque les U-Boote reviendront hanter le golfe du Saint-Laurent, mais, faute de menace pressante et suite aux besoins en navires pour les opérations outre-Atlantique de la fin de la guerre, on décidera de fermer graduellement les installations.

Porte d'entrée vers les ports et les centres industriels intérieurs de l'Amérique du Nord, d'une longueur de 1 197 kilomètres, le Saint-Laurent comprend un réseau hydrographique d'environ 3 790 kilomètres à l'intérieur du continent. En aval de Québec, il se divise pour embrasser l'île d'Orléans. Il s'élargit graduellement pour atteindre 15 kilomètres de large au cap Tourmente. Près de l'embouchure de la rivière Saguenay, il atteint déjà 350 mètres de profondeur et s'élargit progressivement jusqu'à atteindre une largeur de 100 kilomètres à l'embouchure de la rivière Moisie. Au large de Sept-Îles se trouve une titanesque vallée sous-marine où les eaux du fleuve se mélangent avec les eaux de la mer, dans le sens contraire des aiguilles d'une montre – 10 000 mètres cubes d'eau douce par seconde. Le golfe, un bassin hydrographique de 250 000 kilomètres carrés, en raison de sa superficie et de sa profondeur, est difficile à protéger. De nombreux navires marchands descendent le majestueux cours d'eau. Aucun ne se doute qu'il peut se faire attaquer au sein du continent nord-américain.

On s'imagine qu'au cours de la Seconde Guerre mondiale, le Canada était très loin des théâtres du conflit et que les seuls effets de celui-ci se faisaient sentir sur les familles de ceux qui combattaient « outre-mer ». L'Europe était une sorte d'entité abstraite dont les Nord-Américains avaient appris à se passer depuis le XVIIIe siècle et parfois plus. Ainsi, pour les Canadiens de culture anglo-saxonne, l'Angleterre représentait une référence solidement établie, notamment grâce à la royauté, constamment rappelée dans les documents officiels et juridiques, le papier-monnaie et les timbres-poste. Pour ceux qu'on appelait alors les Canadiens français, le mot « France » évoquait tout au plus des réminiscences, une manière de vivre transmise par la tradition familiale et les élites. Les raisons de combattre pouvaient donc être patriotiques, culturelles mais aussi pratiques, car s'engager assurait un revenu à une époque difficile. Ce fut notamment le cas pour le jeune avocat Stanislas Déry. Et puis, il y avait le simple goût de l'aventure, qui animait nombre de jeunes. Ces raisons sont secondaires, car ces combattants, qui n'avaient pas hésité à s'enrôler pour aller défendre les vieux pays de l'« autre bord », auraient été doublement motivés s'ils avaient su que, chez eux, l'ennemi était aux portes.

On a oublié que, grâce à leurs sous-marins, à l'issue d'une opération appelée *Paukenschlag* (« Roulement de tambour »), lancée le 13 janvier 1942, les Allemands avaient pénétré profondément dans l'estuaire du Saint-Laurent, cette embouchure aux dimensions inimaginables, et y avaient torpillé à partir de mai près de 30 bâtiments. Les nazis s'y étaient préparés dès la fin des années 1930, lorsque des agents, soi-disant « immobiliers », avaient été envoyés au Canada pour acheter l'île d'Anticosti – 8 400 kilomètres carrés –, ancienne propriété du roi du chocolat français Henri Menier. Cet immense domaine était passé aux mains de compagnies forestières en 1926, mais personne n'eut heureusement la funeste idée de la vendre, car alors, selon une rumeur qui circule toujours, les nazis se seraient implantés au seuil même de la porte du Canada.

En fait, la Consolidated Paper Corporation Limited avait déjà refusé des offres provenant du Canada, des États-Unis, de l'Angleterre, de la France et de la Belgique lorsque, le 29 juillet 1937, un financier de Montréal prit une option d'achat pour un groupe prétendument néerlandais. Mais, le 29 novembre, une délégation de 14 Allemands, dont faisaient partie des professeurs, des ingénieurs, un capitaine au long cours, un capitaine de l'aviation, un colonel de l'armée et un lieutenant, se présenta à Montréal. Nul Néerlandais ne se trouvait parmi eux. *La Gazette* de Montréal publia la nouvelle le 2 décembre. « Des Allemands négocient l'achat de l'île d'Anticosti », titra ce quotidien. Les acheteurs prévoyaient, soutenait-on, d'y construire une « usine de pâte à papier ».

Un éditorial clairvoyant dans le *Quebec Chronicle-Telegraph* demandait à ses lecteurs de « s'opposer à tout prix à la vente d'Anticosti à des intérêts à la botte d'Adolf Hitler ». Le printemps suivant, le Premier ministre québécois Maurice Duplessis déclara qu'il ne permettrait pas à des capitaux étrangers de mettre la main sur Anticosti. Son gouvernement s'inquiétait du fait qu'en effectuant des coupes claires dans les bois de l'île, cela ne cause une concurrence déloyale envers l'industrie canadienne des pâtes et papiers. À Ottawa, le chef de l'opposition officielle, R. B. Bennett, fit remarquer à bon escient que, si l'objectif principal des Allemands était de couper du bois, on pouvait se demander pourquoi leur aréopage d'experts comprenait plus de hauts gradés des forces de terre, de l'air et de mer allemandes que de spécialistes en foresterie. Il proposa que le gouvernement canadien fasse l'acquisition de l'île d'Anticosti aux termes de la loi sur les expropriations. Le Premier ministre Mackenzie King mit un terme aux débats en déclarant au parlement qu'il était heureux d'annoncer que le gouvernement du Québec, de concert avec le gouvernement du Canada, partageait le même souci de conserver l'île pour en faire profiter des intérêts canadiens et qu'aucun pays étranger ne devrait en prendre le contrôle de manière à porter préjudice au Canada ou au Québec. L'offre tomba. Lorsque la Seconde Guerre mondiale débuta, Georges Martin-Zédé, l'ancien directeur général d'Anticosti, alors à la retraite en France, écrivit au gouvernement canadien pour l'exhorter à protéger l'île, tout particulièrement contre les raids des sous-marins, comme cela avait été fait au cours de la Première Guerre mondiale. Le ministère de la Défense nationale reçut aussi quelques lettres de résidents du golfe du Saint-Laurent mettant les autorités en garde contre une telle éventualité. Certaines d'entre elles mentionnaient la présence d'étranges lumières sur les eaux du golfe mais, apparemment, les forces armées canadiennes ne s'inquiétèrent guère[1].

La série noire fut ouverte dans la nuit du 11 au 12 mai 1942, lorsque deux navires furent envoyés par le fond dans l'estuaire du Saint-Laurent par l'U-553 de l'as Karl Thurmann : un navire marchand britannique, le *SS – steam ship – Nicoya*, et un néerlandais, le *SS Leto*. Les Gaspésiens de L'Anse-à-Valleau et de Cloridorme aidèrent à évacuer les rescapés. Pour la première fois depuis 1812, le Canada était attaqué sur son propre territoire. Bien que ces événements aient souvent fait les premières pages des journaux, aujourd'hui encore on ne semble plus guère s'en souvenir. Comment cela est-il possible ? Pour une foule de raisons, dont l'intervention du gouvernement. Dès le 12 mai, Angus MacDonald, le ministre de la Marine, avait décidé que ce que la population ne connaissait pas ne lui faisait pas de mal. Pour en rajouter à cette politique de l'autruche, l'idée était que moins on parlait des exploits des Allemands, moins on divulguait d'informations importantes à l'ennemi. Rapidement, les autorités canadiennes ont voulu faire taire les rumeurs en provenance des villages côtiers et transmises par les médias.

---

1. MacKay Donald, *Anticosti, The Untamed Island*, McGraw-Hill Ryerson Ltd, Toronto, 1979, p. 103-106.

Enhardi, le BdU envoya les U-Boote U-132 et U-165, mais surtout le redoutable U-517 durant l'été 1942. L'U-517, qu'aperçurent de nombreux bateaux de pêche (qui ne furent aucunement importunés, puisqu'ils étaient sans importance stratégique), était commandé par l'as sous-marinier Paul Hartwig qui, comme ses camarades naufrageurs du milieu de l'Atlantique Nord, se paya un généreux tableau de chasse aux dépens des Alliés. Le 27 août, l'U-517 régla le sort du navire américain SS *Chatham*, ce qui causa la mort de plusieurs dizaines de soldats. Le même jour, il torpilla le SS *Arlyn* et, le 3 septembre, un navire canadien, le SS *Donald Stewart*. On raconte que, tout comme en Europe, la population devait se soumettre à un « black-out », occulter les lumières et placer des tentures opaques aux fenêtres tout le long des rives du fleuve.

C'est à cette même période que l'U-165 attaqua le SS *Laramie*, mais ne le coula pas. Puis l'U-517 torpilla un navire grec, le SS *Aeas*, dans la région de Cap-Chat. Le 7 septembre, le navire canadien HMCS *Raccoon* coula de manière mystérieuse. Le U-517 exerça une fois de plus des ravages le même jour en torpillant les SS *Mount Pindus*, *Mount Taygetus* et *Oakton* et torpilla le 11 septembre la corvette canadienne *HMCS Charlottetown*. Le 16 septembre, ce fut au tour des SS *Saturnus*, *Inger Elizabeth* et *Joannis* d'être coulés par les U-517 et U-165. Après y avoir opéré comme chez lui, Hartwig quitta le lieu de ses exploits. Il fut reçu à Lorient sous les ovations et décoré. Il avait coulé 31 000 tonnes de fret et fait près de 300 victimes. (Curieux retournement du sort : après la guerre, Paul Hartwig deviendra vice-amiral de la marine d'Allemagne fédérale. Non seulement il avait réussi à survivre, mais il était devenu un allié du Canada dans le cadre des accords de l'Otan.)

Début octobre, l'U-69 détruisit le navire britannique *SS Carolus*.

En octobre, le ferry *Caribou*, qui assurait la liaison entre Sydney et Port-aux-Basques, fut attaqué, et 137 personnes périrent. L'opinion publique réagissant, c'est non sans jouer sur l'émotion que le ministre MacDonald décida d'utiliser cette tragédie pour mobiliser la population. Si les activités des sous-marins furent inexistantes au cours de 1943, vu que les « beaux jours », ou *happy time*, évoqués par le grand amiral Dönitz étaient terminés pour les sous-mariniers, ceux-ci n'en installèrent pas moins une station météorologique à Martin Bay, sur la côte du Labrador. Elle fonctionna trois mois. (Elle ne devait être découverte qu'à la fin du siècle dernier.) Ils tentèrent aussi de faire évader des prisonniers de guerre allemands à l'île du Prince-Édouard et au Nouveau-Brunswick, déposèrent des espions sur les côtes et mouillèrent des mines au large de Halifax et de Saint-Jean. En 1944, les sous-marins allemands mirent fin à la carrière de la frégate HMCS *Magog* et de la corvette HMCS *Shawinigan*. La dernière victime des U-Boote dans l'estuaire du grand fleuve fut le dragueur de mines HMCS *Esquimalt*, près de Halifax, en avril 1945.

Le bilan de la bataille du Saint-Laurent se solda par quelque 28 navires coulés, des centaines de victimes, et l'on se demande encore aujourd'hui comment il se fait que, malgré la reconnaissance des attaques par le gouvernement canadien, la population n'en ait pas gardé grand souvenir, pas plus d'ailleurs que des batteries de DCA installées en Gaspésie ou des installations de radars mobiles. En 1942, les autorités installèrent en effet une dizaine de GLC mark 3 entre Matane et Gaspé, mais cet équipement ne fut jamais utilisé, car les attaques des sous-marins avaient considérablement diminué. Chaque groupe de radars utilisait trois remorques. Une trentaine de celles-ci ne pouvaient donc passer inaperçues. Amnésie due au choc ou simple oubli de faits divers n'ayant pas marqué profondément la mémoire collective ? On ne sait. Toujours est-il que très peu de gens s'en souviennent.

On parla aussi beaucoup de « propagande », mot passe-partout utilisé par les adversaires de la conscription, un sujet qui envenima les rapports entre Québec et Ottawa. Les « anticonscriptions » se demandaient ce que les Canadiens français pouvaient bien avoir à faire dans une guerre d'« Anglais » et d'Européens chicaniers. Nombre de personnes qui avaient assisté à des naufrages pensèrent qu'il s'agissait de « propagande » des forces armées et que l'on tournait un film.

Ce dont on se souvient le plus, ce sont surtout les histoires de pêcheurs ayant souvent aperçu des « tuyaux de poêle » dans l'eau, c'est-à-dire des périscopes, et s'étant fait déchirer leurs filets. Ces apparitions furtives donnèrent lieu à bien des contes. Le vaisseau fantôme n'est jamais bien loin dans l'imaginaire des gens de mer. Au début, le gouvernement enregistra ces témoignages en se gardant de les commenter. Non contents de leurs exploits, les capitaines des U-Boote en profitèrent pour déposer deux espions sur les rives canadiennes. Toutefois, ce genre d'opération ne se révéla pas un franc succès. Parmi les débarqués des sous-marins, l'un réussit à s'installer en Ontario, puis, après avoir mené grand train grâce à l'argent des services secrets allemands, décida que, pour lui, la guerre était finie et se rendit à la gendarmerie royale du Canada (GRC). L'autre, un dénommé Werner von Janowski, débarqua le 9 novembre 1942 de l'U-518 et se présenta à l'hôtel de New Carlisle. Le personnel, qui ne voyait guère d'étrangers sinon de classiques commis voyageurs, remarqua que l'homme dégageait une forte odeur de carburant diesel, ce qui était courant pour ceux qui vivaient dans l'espace confiné d'un sous-marin. De plus, ce personnage payait avec des devises canadiennes qui n'avaient pratiquement plus cours et avait laissé traîner un paquet d'allumettes belges sur une table. Il n'en fallut pas plus pour aviser les autorités, et l'espion se fit cueillir le lendemain matin dans le train. Il ne sembla pas déçu et l'on supposa qu'il s'était montré maladroit dans le dessein de se faire prendre et de passer la guerre au chaud. Nul ne le saura jamais, mais les services de renseignement parvinrent à le « retourner », puisqu'il devint probablement agent double au profit de la GRC, qu'on appelait alors la police montée.

Depuis Jacques Cartier, le Saint-Laurent et son golfe ont eu leur lot d'histoires maritimes, de naufrages par milliers de tonnes, de collisions, de fantômes. La région est tout à tour grandiose et inhumaine, à l'échelle d'une géographie démesurée. Les habitants qui vivent autour du fleuve en sont très fiers. Ils cohabitent avec une immense force de la nature, l'un des cours d'eau les plus difficiles au monde à naviguer. Les intrusions de sous-marins ennemis, les histoires d'étranges personnages faisant soudainement leur apparition dans ces régions isolées alimentèrent longtemps les veillées dans les chaumières du bas du fleuve. On ne sait toujours pas si, détachées en quelque sorte de la grande histoire, elles n'ont pas rejoint, avec les attaques de sous-marins allemands, les nombreuses légendes de la mer dont les populations maritimes sont volontiers friandes.

De cette bataille du Saint-Laurent naquit une des rumeurs les plus persistantes et inattendues. Pendant des décennies, des habitants des villages de la côte gaspé-sienne jurèrent, la main sur le cœur, que des sous-mariniers allemands avaient délaissé leur submersible un soir pour venir danser au village avec les jeunes Québécoises du cru. Rumeur romanesque s'il en est. Peut-on vraiment s'imaginer les sous-mariniers barbus, aux vêtements maculés, empes-tant le carburant diesel, ne parlant pas, pour la plupart, un traître mot de français, débarquer sur la terre ferme un samedi soir pour faire danser les jeunes filles ? De plus, malgré le relatif isolement des Gaspésiens et leur sens de l'hospitalité, il est douteux qu'ils aient accueilli à bras ouverts d'étranges étrangers aux intonations germaniques alors que le pays était en guerre. Lorsque Linda Sinclair a raconté l'anecdote à Peter Heisig, celui-ci a ri de bon cœur avant de reconnaître candi-dement : « Hé ! Hé ! Nous aurions aimé ça ! »

Faut-il s'étonner de ces contes ? Une légende québé-coise très connue raconte l'histoire de cette jeune femme charmée dans un bal par un séduisant danseur, qui, en fin de compte, l'emporte on ne sait où. Il s'agissait rien moins que du diable... Dans une situation de conflit, la diabolisa-tion teintée de fascination que suscite l'ennemi n'est jamais loin.

LE LABORIEUX PÉRIPLE DE L'U-BOOT 877,
LE LOUP SOLITAIRE

Le Kapitänleutnant, ou « Kaleunt », Eberhard Findeisen voit d'un bon œil l'arrivée de son nouveau second. Commandant d'un dragueur de mines, il met les pieds sur un U-Boot pour la première fois au printemps 1944, lorsque l'U-877 prend son premier commandement. Âgé de quelques années de plus que son second, il reconnaît l'expérience de l'Oberleutnant zur See Heisig en matière de sous-marins ainsi que ses qualités de leader. Il sait qu'ils formeront une excellente équipe.

Fabriqué par les chantiers maritimes AG Weser à Brême, l'U-877 présente les derniers développements technologiques en fait d'ingénierie allemande. De type IXC/40, 67e de 87 armés en tout, il s'agit d'un sous-marin à grand rayon d'action présentant de légères modifications par rapport au type IXC, soit principalement : une augmentation de l'autonomie de 13 450 milles (à 10 nœuds) à 13 850 milles (passant ainsi de 208 tonnes à 260 tonnes de diesel) et de la vitesse de croisière, passant de 18,3 nœuds (en surface) à 19 nœuds et conservant la même vitesse immergé, soit 7,3[1]. Pour le reste, l'U-877 reste l'arme offensive parfaite avec ses 22 torpilles, ses 4 000 chevaux-vapeur en surface, ses 54 hommes d'équipage aguerris et fiers et, surtout, la technologie la plus récente, le schnorchel.

Le matelot Karl-Heinz Risse[2], technicien de plongée, est affecté au département sous-marinier au chantier AG Weser de Brême de janvier au 24 mars, date à laquelle il embarque sur l'U-877. Il nous raconte ainsi les premières manœuvres d'exercice alors que commence une série de tests répartis sur plusieurs mois. C'est d'abord à Kiel que s'effectuent les premiers tests techniques de fonctionnement et de plongée du chantier maritime, avant la livraison du submersible à la Kriegsmarine, puis les premiers exercices d'entraînement ont lieu à Hela[3]. Les mois d'avril et mai se passent en mer Baltique avec les premiers tests de navigabilité de la marine. Ces exercices d'entraînement tactiques se font sous la supervision d'officiers provenant du front. Le 24 mai, cette première phase terminée, on arme l'U-Boot de torpilles à blanc. L'U-877 se rend alors à Libau et entreprend les exercices de balistique. Les différentes techniques d'attaque, soit de jour, submergé, ou de nuit, en

---

1. À en croire Peter Heisig ces chiffres sont plutôt 20 nœuds en surface et 6 nœuds immergé. Dans le même ordre d'idées, toujours aux dires d'Heisig, le temps de plongée passe de trente-cinq secondes à vingt-sept.
2. Le matelot Karl-Heinz Risse donna un jour un document dactylographié à son commandant en second, Peter Heisig. Ce document (de six pages, à simple interligne) commence par la phrase suivante : « Moi, Karl-Heinz Risse, né le 29 juin 1923 à Hohenlimburg, je veux mettre sur papier mon expérience sur le U-877. » Peter Heisig nous confia ce document dont certains extraits enrichiront les chapitres à venir.
3. Péninsule de la Baltique située près de Dantzig.

surface, se déroulent promptement. Le matelot Risse nous dit d'ailleurs que lui et tous les hommes sont très fiers de leur commandant, le Kapitänleutnant Findeisen, qui, sur 100 torpilles, obtient un taux de réussite de 90 %.

De retour d'entraînement, l'U-877 rentre à nouveau en cale sèche, le 29 juin, à Stettin, où diverses modifications sont apportées au bâtiment. Entre autres, on modifie les moteurs diesel ; on ne pourra plus les inverser : seule la propulsion avant est conservée, la propulsion arrière, qui permet d'inverser le pas des hélices, étant éliminée. Ce changement permet au submersible d'augmenter sa vitesse en surface de deux nœuds. Enfin, le dernier cri du développement technologique, le schnorchel, est installé à bord.

Une technologie et ses failles

Au cours de l'été 1943, lorsque l'U-Bootwaffe commença à éprouver de sérieux revers, elle adopta une technologie néerlandaise permettant aux sous-marins de circuler immergés tout en continuant à faire fonctionner leurs moteurs Diesel. Cette technique, relativement simple, n'était rien d'autre que celle du tuba qu'utilisent les observateurs de la flore et de la faune sous-marines : une sorte de « tube respiratoire » muni d'une soupape empêchant l'eau d'y entrer et de submerger les moteurs. Les schnorchels devinrent opérationnels au début de 1944 et, vers juin, la moitié de la flotte d'U-Boote des bases atlantiques de la France occupée était équipée de ce dispositif. Selon les types de sous-marins, le schnorchel se repliait vers l'avant dans un logement situé à bâbord ou à tribord, dispositif qui avait tendance à se rabattre sous l'effet des vagues, ou se présentait sous la forme d'un mât télescopique proche du périscope. Lorsqu'on l'utilisait, la vitesse du submersible se limitait à environ six nœuds, comme nous l'indique Karl-Heinz Risse. Le dispositif, très bruyant, gênait les délicates opérations de radiodétection. Autre inconvénient : son sillage signalait le sous-marin aux avions alliés. Enfin, son défaut majeur était que, lorsque la soupape se fermait, les moteurs, qui continuaient à tourner, consommaient l'air ambiant, ce qui empêchait les hommes de respirer et leur causait d'horribles douleurs dans les sinus et les tympans. Parfois, ces derniers étaient même perforés. On perfectionna finalement le dispositif des soupapes en y adjoignant un coupe-circuit électrique qui arrêtait temporairement les moteurs, mais, là encore, il fallait composer avec les aléas des éléments.

L'Olt.z.S. Heisig embarque à bord de l'U-877 aux premiers jours de l'automne 1944. De par sa position de commandant en second, Peter Heisig possède presque une petite chambre : deux armoires où il range ses affaires bordent les extrémités de sa couchette, qui donne sur le couloir du sous-marin ; la petite table du carré des officiers lui fait face avec la lampe suspendue au-dessus. À sa gauche, sur le montant de l'armoire, une photo de Dönitz est accrochée ; à droite, une photo du Führer[1]. Sur les planches de l'armoire située à la tête de sa couchette, le jeune officier accroche la petite médaille de Notre-Dame que lui a donnée l'abbé du cloître de son enfance en Silésie lorsqu'il lui avait annoncé son

---

1. La photo d'Adolf Hitler est prohibée en Allemagne depuis la fin de la guerre. Ceci est vrai même à l'intérieur de la reconstitution historique du sous-marin du célèbre film *Das Boot* ; ce qui constitue une exception dans un décor où pourtant tout a été reproduit avec rigueur et précision.

engagement dans la marine. L'abbé lui a dit qu'elle le protégerait durant les batailles.

Mais, tandis que la mission est prévue pour octobre, un bombardement allié dévaste en partie le chantier maritime de Stettin et endommage l'U-877. Les autorités envoient alors l'équipage dans des retraites de vacances, une première moitié à Wiesen, en Bavière, et l'autre à Weilerbach, au Luxembourg. Enfin, le départ de la mission est prévu à Kiel pour le 10 novembre à 22 heures.

Comme nous le raconte le matelot Risse, les marins sont des gens extrêmement superstitieux, et on ne provoque surtout pas la mer. Le 10 novembre tombe un vendredi, et il est de fort mauvais augure de quitter le port ce jour-là de la semaine. Alors, de connivence avec le commandant, des mécaniciens et des techniciens prétextent quelque défectuosité à corriger mais assurent que tout devrait rentrer dans l'ordre rapidement, et qu'il en ont pour à peine plus de deux heures, et le commandement de la flottille n'a d'autre choix que de s'incliner. À 0 h 10 le samedi 11 novembre 1944, le sort déjoué, l'U-877 prend enfin la mer pour sa première mission, prévue pour durer cent vingt jours.

L'U-877 laisse derrière lui le port de Kiel, sur la mer Baltique. Sa mission consiste à transmettre au BdU des rapports météorologiques cruciaux, nécessaires au haut-commandement dans la préparation de l'offensive allemande des Ardennes, prévue pour la mi-décembre, et à attaquer les convois sillonnant l'Atlantique Nord. Il remonte vers le nord, dans le détroit de Kattegat, entre le Jütland (Danemark) et la Suède. Le mauvais temps qui y sévit oblige le Kapitänleutnant Findeisen à se réfugier dans un port. Il s'amarre tout juste à côté du yacht de la famille royale de Norvège, que l'Allemagne a réquisitionné.

L'U-877 entreprend à nouveau une série d'exercices de rodage de plongées au schnorchel et de tests à une profondeur de 200 mètres et plus ; il emprunte le détroit de Skagerrak et parvient à Kristiansand, à la pointe sud-ouest de la Norvège, le 25 novembre. Le lendemain, leurs ordres de mission leur parviennent enfin du BdU ; départ le même jour à 16 heures.

L'U-877 rejoint alors un groupe de trois sous-marins et de quelques dragueurs de mines derrière un *Sperrbrecher*, un navire d'escorte conçu tout spécialement pour ouvrir un passage sûr dans un secteur miné[1]. Le matelot Risse, qui est de quart, prend son poste de vigie sur le pont, secteur tribord air, c'est-à-dire qu'il garde les yeux sur l'horizon afin de signaler toute attaque aérienne. Un message du navire de tête leur signale l'approche d'avions ennemis. Risse court prendre position sur le canon Dopellafette 3,7 cm de tribord. Le commandant est aux aguets et attend la permission du navire précédent avant d'ouvrir le feu. Finalement, les avions semblent s'être repliés. Mais, à 21 heures, deux messages radio parviennent à l'U-877 : avions à 100 kilomètres. Le petit convoi poursuit sa route mais, rapidement, essuie les tirs de deux Beaufighters du Coastal Command de la RAF, forçant le Kaleunt Findeisen à manœuvrer promptement dans les profondeurs de la mer du Nord. Lors d'une attaque, lorsque le sous-marin doit disparaître rapidement hors de la zone dangereuse, les sous-mariniers se précipitent à l'avant du submersible afin

---

1. Ces navires, habituellement de vieux cargos d'environ 5 000 tonnes, disposaient d'une coque renforcée et d'un système VES, un générateur de champ magnétique permettant de faire exploser à bonne distance les mines magnétiques. Celles-ci, larguées par la défense aérienne alliée dans les différents détroits et passages, représentaient la plus grande menace pour les navires quittant leur base ou y entrant.

d'accélérer la plongée. C'est donc au son de l'alarme, sous les ordres des maîtres, des « *Schnell ! Schnell !* », que les marins du U-877 qui ne sont pas au quart de travail, foncent dans la coursive, tête baissée, se heurtant au métal, et dans une fin de course presque brutale où ceux qui sont au bout absorbent les corps de ceux qui arrivent, s'agglutinent dans le compartiment avant, générant ainsi un poids supplémentaire à la poupe. L'U-877 parvient à s'esquiver mais, dans cette manœuvre, le submersible plonge beaucoup trop rapidement, endommageant l'antenne radio ; celle-ci fléchit à la base en raison de la forte pression aquatique. Un peu plus tard, en eau sûre, les techniciens essaient de la réparer, mais en vain. On tente même de la redresser en la faisant pivoter et en plongeant à nouveau à grande vitesse. Peine perdue : désormais, l'U-877 n'entre plus en contact avec le BdU. En revanche, il reçoit toujours les messages entrants de ce dernier. Le quartier général suppose alors, avec justesse, que, dans le meilleur des cas, seule l'antenne est défectueuse. Ordre leur est donc donné de poursuivre leur mission et d'opérer à la discrétion du commandant Findeisen[1].

L'U-877 ne répond plus

En immersion le jour, naviguant à peine à trois nœuds en raison du constant harcèlement des couvertures aériennes britanniques et remontant à profondeur périscopique la nuit, à six nœuds, afin de permettre la ventilation du sous-marin et la recharge des batteries, Findeisen se rend compte rapidement qu'il ne peut rester en surface plus de trente minutes sans être détecté par les radars des avions britanniques. Il quitte

---

1. Cela dit, dans le doute, le BdU fera parvenir aux familles des marins de l'U-877 des avis de décès de ces derniers.

les côtes européennes et se dirige vers l'ouest, vers l'Atlantique Nord et, à l'aide du schnorchel, parcourt la majeure partie de cette distance au ras des flots, à peine immergé, espérant ne pas être détecté par ces appareils alliés qui fouillent inlassablement, par quadrillage, les immensités de l'océan.

Un long périple sous-marin de dix-sept jours débute et s'organise alors au sein du submersible, une vie claustrée, amalgame de stricte obéissance et de petits moments très humains que nous raconte non sans humour le matelot Risse.

À bord des U-Boote, la promiscuité va de soi : l'espace vital de chacun se résume au strict nécessaire, à ses vêtements, qu'on ne peut laver, à un livre, à quelques photos ! Il existe avant tout l'espace du groupe, où chacun doit évoluer dans une harmonie quelque peu mécanique. D'abord, à bord de l'U-877, le matelot Risse partage, avec deux autres marins, deux couchettes qu'ils occupent en alternance selon le quart de travail de chacun. L'utilisation des toilettes, possible seulement à 20 mètres de profondeur et moins, se fait par réservation. Et, lorsque votre tour arrive, l'étroitesse de ces lieux d'aisance exige, pour ces grands gaillards, la souplesse d'un gymnaste. De la même façon, la réservation est nécessaire pour la douche. On utilise alors l'eau salée chaude qui a servi à refroidir les moteurs diesel au préalable, imprégnée comme le reste d'une forte odeur de plomberie surchauffée et de fioul. Et, le reste du temps, le matelot Risse, comme ses confrères, se lave le visage et le cou avec de l'eau de toilette. Un réservoir d'eau potable est situé dans le compartiment des torpilles. Il est alimenté par un système de distillation qui produit neuf litres d'eau à l'heure lorsque l'U-Boot est propulsé par les moteurs diesel, et six litres si les batteries prennent le relais.

Attentif aux détails techniques, le technicien Risse nous explique aussi comment on élimine les déchets domestiques pendant les traversées en immersion. Ainsi, les boîtes de conserve et autres petits objets semblables sont écrasés afin de ne pas remonter à la surface et mêlés aux ordures ménagères : pelures de pommes de terre, d'oignons, de fruits, etc. Par la suite, ces détritus sont compactés dans des sacs, dans un sas de torpille, et le piston expulse le tout à l'extérieur du submersible ; la forte pression des 1 200 litres d'eau pénétrant soudainement à l'intérieur du sas repousse le piston à sa position initiale. Cette procédure fut suivie deux fois entre le 27 novembre et le 13 décembre. Malheureusement pour le technicien aux torpilles, lors de la seconde éjection des déchets, un des sacs reste coincé ; l'amas obstrue le sas et l'homme doit se faufiler à l'intérieur pour en récurer les parois. Il s'agit apparemment là d'une corvée particulièrement repoussante qui fait baisser d'un cran le prestige lié au métier de technicien aux torpilles.

Parmi ses tâches journalières de premier officier, l'Olt.z.S. Heisig reçoit les messages radio que le BdU fait parvenir à sa flotte d'U-Boote déployée en mission, encodés sur la machine Enigma, et les décrypte. Il veille aussi sur le fonctionnement interne et opérationnel du submersible. Afin de garder l'esprit de corps et la motivation de chacun, une fois par semaine, Peter Heisig organise une réunion d'une heure avec ses hommes. De même, il veille au respect des ordres du quartier général et fait tout son possible pour maintenir la combativité de l'équipage. Le Kaleunt Findeisen a d'ailleurs désigné son commandant en second pour ce poste ; ni l'un ni l'autre n'ont d'affinité nazie. Pour l'Olt.z.S. Heisig, l'équipage de l'U-877 ressemble à une grande famille où les hommes s'entraident et se respectent. Comme il le dit : « Toutes les mains, à bord d'un U-Boot, ont leur raison d'être et sont primordiales. »

Le dimanche 3 décembre, il organise un petit concert où chacun s'avance et chante un *lied*, un chant populaire (comme le précise le matelot Risse : un seul chant chacun). Le Kaleunt Findeisen s'adresse à ses hommes et les encourage à poursuivre leur travail.

Enfin, le 13 décembre, l'U-877 fait surface, exactement dans le secteur prévu. Le navigateur Brüren est félicité par Findeisen et Heisig ; en immersion, il a réussi, par ses calculs de course, de vitesse et de temps, à atteindre son objectif dans l'Atlantique Nord. Cette réussite lui vaut d'ailleurs un grand respect de la part de l'équipage, comme en témoigne Risse. Le sous-marin parvient en effet à naviguer en surface et à y demeurer souvent jusqu'à trois jours. Malgré les risques de détection radio et l'espoir qu'un message sera capté par un des leurs ou par le BdU, l'U-877 ne cesse de transmettre, tel que prévu dans ses ordres de mission, les rapports météorologiques essentiels à la prochaine offensive terrestre allemande à Bastogne, en Belgique[1]. Sans arrêt, le technicien radio envoie, vainement, des messages codés, alors qu'à sa grande lassitude le BdU demande à l'U-877 de donner sa position.

À nouveau, l'U-877 est détecté par des avions, qui l'obligent à s'esquiver rapidement et à plonger. Devant cette situation, incapable d'accomplir sa mission et de communiquer les rapports météorologiques prévus, Findeisen, dans un choix que d'aucuns peuvent qualifier de suicidaire, décide de se rendre sur la côte est américaine, à l'embouchure du port de

---

1. McKee Fraser et Darlington Robert, *The Canadian Naval Chronicle 1939-1945*, Vanwell Publishing Limited, St. Catharines, Canada, 1998.

New York, et d'y attaquer les convois ravitailleurs qui en partent en direction de l'Europe.

Quelques jours plus tard, le périscope reste coincé ; la pompe du système hydraulique semble brisée. Les techniciens déposent le mécanisme et tentent de réparer le tout, mais un tuyau lâche, et les 70 litres d'huile du système hydraulique « explosent », selon les mots du matelot Risse, alors à son poste à la plongée. Ce déversement huileux asperge tous ceux qui se tenaient dans le central et surtout lui, qui porte alors sa belle veste de cuir gris ! Non seulement, il est furieux d'être souillé et de ne pouvoir se laver, mais de plus, puisque toute l'huile a été expulsée, il faut la récupérer et la remettre dans le système hydraulique afin de rendre le périscope à nouveau opérationnel. On imagine les dégâts. Ce faisant, on découvre, coincé dans le mécanisme, un grand morceau de tissu, un torchon que, spécule Risse, un « saboteur » aurait placé là à dessein. Cette paranoïa s'explique dans de telles circonstances, quand il n'existe plus que le destin à blâmer. Néanmoins, après vingt-quatre heures de travail acharné, les techniciens remettent en état le périscope. Mais, vraiment, la guigne semble les poursuivre ; tout paraît aller de travers. Pas de convois, pas d'attaques, aucune torpille lancée, les réservoirs remplis aux trois quarts de carburant diesel et le temps qui passe. La nourriture se gâte ; les marins ouvrent les conserves et mangent le centre du pain rassis. Pour blaguer, les sous-mariniers donnent le nom de *Kaninchen*, c'est-à-dire « lapin » à ce pain couvert de moisissures velues[1].

---

1. Lorsque Linda Sinclair a demandé à Peter Heisig ce qu'il avait mangé à compter de ce moment-là à bord du sous-marin, il me répondit, d'un ton laconique qui avait clos la discussion : « *Grün Brot*. Nous étions rendus au pain vert… »

Le 25 décembre 1944 l'U-877 se trouve dans le Gulf Stream, et comme nous l'apprend le matelot Risse la température de l'eau est de 16 °C. Les sous-mariniers ont amené avec eux, malgré les restrictions d'espace, quelques petits sapins de Noël. Ils en installent deux : un à l'avant, l'autre à l'arrière du submersible ; même le central est décoré. Tous ceux qui ne sont pas de service participent à une petite soirée où le Kaleunt Findeisen prononce une prière et une petite allocution de circonstance. Un souper de Noël est servi : on a prévu le coup, les cuisiniers ont gardé quelques bonnes provisions et conserves qu'ils tentent d'apprêter en repas de fête mais, surtout, le Kaleunt offre de l'alcool à son équipage pour ce soir-là : une bouteille de vin pour trois hommes. Et voilà que, malgré la guerre au-dessus d'eux et leur mission suicidaire, pour quelques heures, ces hommes s'arrêtent et fêtent Noël. Avec ses phrases empreintes de simplicité et de dépouillement, le matelot Risse nous transporte avec lui à bord d'un engin de mort un peu perdu, décoré de sapins, où des marins chantent des cantiques de Noël.

Dans la nuit du 26 décembre, en plein milieu de l'Atlantique, le schnorchel, à son tour, commence à faire des siennes et déclare forfait. Le sort s'acharne sur l'U-877 ! Le clapet d'échange d'air ne fonctionne plus : l'eau pénètre dans le système et les hommes s'intoxiquent peu à peu.

Nous sommes au matin du 27 décembre, vers 6 heures. Le commandant Findeisen remonte l'U-877 en surface pour respirer, naviguer à l'air libre et tenter de réparer le schnorchel. Juste devant, il regarde dans l'œilleton du périscope. La surprise est totale à bord : il aperçoit à 1 000 mètres deux navires de marchandises, probablement un convoi. Le

Kaleunt Findeisen et l'Oberleutnant Heisig n'en croient pas leurs yeux. L'U-Boot plonge en vitesse et se prépare à attaquer, mais les manœuvres prennent quelques minutes de trop...

LA CORVETTE *ST THOMAS*

*« Je n'ai jamais eu peur.
J'avais hâte d'un voyage à l'autre... »*
Stanislas Déry, 22 janvier 1992

Automne 1944

Enfin commandant en second ! En approchant sur le quai, à Saint-Jean de Terre-Neuve, le lieutenant Stanislas Déry observe avec satisfaction la *St Thomas*, la toute nouvelle corvette de classe Castle. Lancé sous le nom de *HMS Sandgate Castle*, le *St Thomas* a été remis à la Marine royale du Canada et armé à Middlesbrough le 4 mai 1944. En juin, il a été mis à l'épreuve à Tobermory, avant de rejoindre Londonderry pour y retrouver à son premier groupe d'escorte, le C3. Le 3 août, il a pris la mer pour accompagner son premier convoi[1]. Il fait partie de l'échange qu'effectue la Grande-Bretagne à la veille du débarquement en Normandie. Contre 12 corvettes[2] flambant neuves, dotées des technologies les plus récentes, la Marine royale du Canada

---

1. MACPHERSON Ken et BURGEN John, *The Ships of Canada's Naval Forces 1910-1981*, Collins, Toronto, 1981.
2. Certaines sources mentionnent 10 corvettes.

91

cède 12 dragueurs de mines à faible tirant d'eau qui seront utilisés sur les côtes normandes le jour J.

Stanislas Déry dira d'ailleurs de son type de bâtiment : « À mon avis, c'est cette rapide corvette Castle qui a permis de remporter la bataille de l'Atlantique contre les submersibles allemands... Les corvettes ordinaires étaient trop petites et donnaient le mal de mer. Les frégates étaient trop grosses et constituaient une cible trop facile pour les torpilles des U-Boote. » Le 14 mars 1945, il ajoutera : « Ce sont certainement les meilleurs bateaux de la marine canadienne et à tout point de vue : les succès que nous avons remportés en sont la meilleure preuve ; le confort y est aussi pour beaucoup et l'équipement, ce qu'il y a de mieux sur le marché. »

Nommée en l'honneur de la ville de St Thomas, en Ontario, la corvette reçoit d'ailleurs plusieurs présents et articles des différents organismes de cette municipalité, des objets d'une valeur de 3 000 dollars, qui rendent la vie des marins plus douce à bord. C'est ainsi qu'ils bénéficient de machines à laver, de grille-pain, de postes de radio et de jeux, commodités accueillies avec beaucoup d'enthousiasme par l'équipage[1].

Le lieutenant Déry a plusieurs raisons d'être heureux. D'abord, il embarque sur un bâtiment rutilant qui représente l'arme ultime des marines alliées pour contrer la menace sous-marine, mais, surtout, il est enfin de retour au front, les deux pieds sur le pont d'un navire, et d'importantes et nouvelles responsabilités reposent désormais sur ses épaules ; il dirige un

---

1. En remerciement, le lieutenant Déry fera parvenir à la mairie de St Thomas un radeau de sauvetage allemand au printemps 1945.

équipage de 120 hommes formé de jeunes *killicks*[1] et
de maîtres expérimentés. Et il n'en est pas peu fier !
Comme il le dira en blaguant cinquante ans plus
tard : « Le commandant en second est prêt à tout,
tout, tout à quelques minutes du préavis[2]. » Dans sa
lettre du 7 octobre 1944, il décrit ainsi son poste de
« premier officier » comme on dit alors : « C'est un
cumul des rôles de commandant en second en plus
de celui d'adjudant dans l'armée. L'ouvrage ne
manque pas, loin de là… » En fait, le commandant en
second est responsable de l'efficacité au combat du
navire, que les Anglais appellent *« fighting efficiency
of ship »*. Il travaille sous les ordres du lieutenant-
commandant L. P. Denny, RCNR (Royal Canadian
Naval Reserve), ancien officier dans la marine marchande. Lors de l'entrée en guerre du Canada, ce
dernier commandait des navires d'installation de
câbles transatlantiques. Le 13 mai 1943, alors qu'il
était commandant de la corvette de classe Flower
HMCS Drumheller, il avait coulé l'U-Boot U-753 dans
l'Atlantique Nord lors d'une attaque aux grenades
sous-marines concertée avec la frégate britannique
HMS Lagan et un avion Sunderland canadien. L'U-753
avait coulé à pic, et son équipage de 47 hommes
n'avait pas survécu.

Parallèlement, alors que l'automne 1944 avance,
qu'il participe à plusieurs *North Atlantic runs*, comme
les hommes appellent les traversées de l'Atlantique
Nord[3], le lieutenant Déry se prépare avec réalisme au

1. Matelot de première classe, ou *leading seaman*. Nom gaélique
signifiant « ancre ». Surnom donné en raison de l'ancre qui sym-
bolisait ce grade.
2. Témoignage du 22 janvier 1992.
3. Ce qui donnera une gaillarde chanson que tous les anciens
marins (et aviateurs) canadiens de la Seconde Guerre mondiale
connaissent : *In the North Atlantic Squadron.*

retour à la vie civile. L'avancée des Alliés en terre européenne laisse à penser que l'issue de la guerre est imminente, et de nombreux marins parlent déjà de démobilisation, bien que l'effort de guerre soit toujours soutenu. À vrai dire, les dernières années passées à terre ont fait naître de l'amertume chez Stanislas Déry. Comme il le dira : « La marine m'a découvert sur le tard » et, bien qu'heureux de son poste de commandant en second, il est prêt à entamer une nouvelle vie. C'est pourquoi il écrit à ses parents : « Pour ma part, il est entendu que sitôt que l'on commence à démobiliser, je serai le *marker* [« balise »] sur qui tous les autres démobilisés s'aligneront[1]. » Depuis le début de la guerre, il s'est donné à fond, pour son pays, pour faire son devoir, sur les navires et à terre, mais il a 32 ans et il s'ennuie terriblement de son épouse. Aussi lui écrit-il : « Ma chère Cécile, je donnerais je ne sais quoi pour pouvoir te dire ce soir de quel bonheur, de quelle joie tes dernières lettres sont venues remplir tout mon être, et j'hésite presque à te confesser les émotions provoquées par la seule vue des photos que tu incluais. [...] Je t'aime. Stan[2]. » Il n'a pas encore fondé de famille et ce, délibérément. Il ne veut pas mettre au monde des enfants qui risquent de devenir orphelins, et puis il a avancé en âge et en maturité : « Je me rends compte que le métier me rentre dans le corps. Et, malgré tout, je suis en forme comme jamais, Dieu merci grâce à l'esprit de fatalisme mitigé que j'ai emprunté aux Anglais[3]. » Pour garder le moral, il demande d'ailleurs

---

1. Lettre du 10 novembre 1944.
2. Lettre à Cécile Brassard-Déry, du 14 mars 1945. Cécile Brassard-Déry conserva ces lettres d'amour toute sa vie et ne les confia à son fils Gaston que quelques mois avant sa mort, en 1999.
3. Lettre du 14 mars 1945.

à ses parents de ne pas lui envoyer de lettres contenant de tristes nouvelles[1].

C'est donc habité de sentiments partagés que Stanislas s'installe dans sa cabine de commandant en second, un espace assez spacieux pour un bâtiment de guerre : couchette à droite en entrant, avec des tiroirs au-dessous où il dépose affaires personnelles et souvenirs et, à gauche, un bureau où il installe le récepteur de radio que Cécile lui a offert lors de son départ pour Saint-Jean et sa machine à écrire portative. Il se plaira à dire avec le sourire qu'il occupait la plus belle cabine et que tous la lui enviaient. Par discipline militaire et habitude acquise dès son plus jeune âge à la maison familiale, habitude dont il est fier, il la garde impeccablement rangée en permanence et y reçoit les hommes sous ses ordres.

La vie s'organise à bord du *St Thomas*, et la toute nouvelle corvette rend l'existence un peu plus agréable aux marins. Il y a un piano à bord et, tous les soirs, les hommes chantent dans le carré des officiers. Stanislas possède une belle voix de ténor et partage avec joie ses quelques talents de pianiste avec ses compagnons d'armes en entonnant, fort à propos, *Sur le grand mât d'une corvette*, un chant marin connu. Et, modernité oblige, Stanislas Déry signale sur le bâtiment la présence d'une distraction non négligeable. « Il y a une machine à vues [projecteur de cinéma] pour les hommes, dont nous nous servons trois ou quatre fois par traversée ; nous sommes rendus à nous passer les films, en pleine mer, d'un bateau à l'autre[2] »,

---

1. Lettre du 14 octobre 1944.
2. Lettre du 10 novembre 1944. Cette opération se fait encore de nos jours, grâce à un filin tendu entre deux navires qui avancent à la même vitesse, le long duquel on transfère objets et personnel – habituellement un médecin ou un technicien spécialisé dont un des navires exige la présence.

explique-t-il. Les convois se suivent et se ressemblent. Dans ses lettres, Stanislas Déry ne peut mentionner aucune ville, aucune date. La censure devient des plus sévères, et nul n'ose contrevenir aux règles. Pour l'essentiel, Stanislas rassure ses parents sur sa santé et s'enquiert de sa famille. À nouveau, sa mère lui envoie des colis remplis de gâteaux et de sucreries. D'ailleurs, dans le post-scriptum d'une lettre, il mentionne, à l'intention de sa mère : « J'ai encore de la tire. Merci[1]. » Cette abondance de douceurs surprend presque lorsqu'on sait que, tout comme en Europe mais de manière moins sévère, le gouvernement canadien avait instauré un système de rationnement de certains biens de consommation courants. Sucre, farine, viande, beurre, conserves, thé, café et essence s'obtiennent contre des coupons de rationnement distribués aux familles selon leur composition : enfants, adultes, vieillards, etc. On paye normalement pour se procurer ces denrées chez les commerçants, mais le système des coupons permet une répartition équitable. Une fois les coupons épuisés, on attend l'émission suivante.

Cela dit, comme partout, une forme de marché noir s'installe, principalement dans les villes où, de bien des manières, les coupons sont trafiqués et recyclés. Ceux qui sont inutilisés sont souvent revendus. Plusieurs transactions, tel le paiement d'un loyer, s'effectuent en produits rationnés. La population canadienne étant alors principalement rurale, les familles vivant à la campagne font parvenir à leur parenté de la ville des œufs, du beurre et de la viande. La production canadienne tourne à plein régime, et les besoins de la population canadienne comme des populations amies outre-mer sont entièrement

---

1. Lettre du 7 octobre 1944.

comblés, sinon dépassés. En tant que grand producteur agricole, le Canada approvisionne avec régularité une Angleterre et des Alliés affamés.

Les convois de cet automne 1944 semblent particulièrement ennuyeux ; à quelques reprises, Stanislas Déry l'explique : « Un autre voyage dépourvu de tout incident que nous sommes actuellement en train de terminer[1]... » Le mauvais temps leur a fait prendre du retard. Il précise à sa mère qu'il vient de terminer son dernier gâteau. Le mois de novembre se déroule donc dans le train-train habituel. Le 15 décembre 1944, le lieutenant Déry est en route vers le Canada. Une fois de plus, c'est un convoi sans histoire, mais il déplore de ne pouvoir écrire plus souvent ; le bateau trace sa route à quelque 35-40 degrés sans arrêt depuis le départ. Des paquets l'attendent à la poste de Saint-Jean de Terre-Neuve. Pour Noël, il reçoit une boîte de chocolats Laura Secord et, surtout, deux gros colis de gâteaux aux fruits que Blanche a préparés pour son fils.

Déjà, le 17 décembre, le *St Thomas* se prépare pour un autre convoi et, puisque son départ est prévu pour le 23 décembre, l'équipage fêtera Noël le 21 décembre à quai, à Saint-Jean. Une des traditions de la Marine royale du Canada, qui a encore cours de nos jours, consiste à faire du plus jeune matelot de l'équipage le « commandant » du navire pour le jour de Noël. De la même façon, le commandant en second et le *coxswain*, le premier maître d'équipage, s'échangent leurs attributions respectives. On découvre alors nos jeunes matelots, flottant dans des habits en général trop grands, faire une inspection de routine assez joyeuse dans les

---

1. Lettre du 24 novembre 1944.

quartiers du navire décorés pour la circonstance. S'ensuit enfin le repas de l'équipage, où dinde, pommes de terre, canneberges et bûches de Noël sont servies en abondance ainsi que du rhum ou de l'*eggnog*, ou lait de poule, ce breuvage traditionnel de Noël fait de lait, d'œufs et de rhum préparé par un premier maître expérimenté. Voici comment Stanislas nous raconte cette journée : « Le deuxième plus jeune matelot devenant le premier lieutenant, il y a ensuite une "tournée du capitaine" par le capitaine temporaire, avec notre commandant agissant à titre de *coxswain*. Pour ma part, j'hérite dans les circonstances de la situation de quartier-maître à la passerelle et dois présenter les armes. Il va sans dire que nous échangeons nos uniformes. Je vous réserve mon portrait en matelot. Le tout se termine par une tournée générale à nos frais dans le mess. » Malgré ces joyeuses libations, Stanislas aurait préféré, comme il l'avoue à ses parents, passer Noël à terre.

Escort group C-3

L'Atlantique est quadrillé en secteurs d'opérations : la Grande-Bretagne, le Canada et les États-Unis détiennent, en quelque sorte, leur territoire respectif où ils escortent les convois sous leur responsabilité. Ils sont identifiés par un code : « A » pour les États-Unis, « B » pour la Grande-Bretagne et « C » pour le Canada. Chaque marine procède alors à l'élaboration de ses groupes d'organisation de convois, et chacun de ceux-ci veille à la préparation et à la composition des convois qui lui sont dévolus. Par conséquent, chacun possède ses escorteurs, qui travaillent ensemble et restent, d'une mission à l'autre et selon les aléas, plus ou moins les mêmes.

En cas de perte d'un navire d'escorte, celui-ci est remplacé soit par un navire endommagé lors d'une mission précédente (et qui sort de radoub), soit par un nouveau navire fraîchement armé. Cela dit, des navires des deux autres nations sont prêtés à une autre lors de certaines opérations ou pour suppléer l'absence d'escorteurs.

Chaque convoi est dirigé par un officier supérieur, habituellement un commandant de la Royal Navy ou de la Marine royale du Canada de grande expérience ou, à la limite, à la retraite. On lui donne alors le titre de «commodore» du convoi. Il voyage à bord d'un des navires d'escorte, généralement une frégate, et coordonne toutes les opérations de convoyage et de protection. Les cargos prennent position selon les paramètres qu'on leur assigne, formant un immense rectangle. Le navire du commodore se place au milieu du convoi, en première ligne, et devient en quelque sorte la proue de l'ensemble. Les escorteurs ceinturent le convoi et gardent une position précise afin de protéger une zone donnée de l'immense caravane maritime.

Les convois doivent voyager à la vitesse du navire marchand le plus lent – fréquemment un vieux pétrolier – aussi existe-t-il deux types de convois, les rapides et les lents, auxquels les cargos sont assignés en fonction de leur vitesse. La marine crée donc plusieurs codes de référence et abréviations pour reconnaître les différents types de convois selon leur vitesse et leur destination. Un convoi HX est par exemple un convoi rapide, en partance de la côte canadienne et en direction de la Grande-Bretagne, et un convoi ON, un convoi rapide de Grande-Bretagne en direction du Canada.

Les différents navires de marchandises qui forment les convois quittent les ports de la façade est du continent nord-américain – principalement ceux de la côte canadienne, mais des bateaux provenant des ports états-uniens peuvent se joindre au convoi le cas échéant. En attendant leur cargaison et leur départ, ils jettent l'ancre à l'abri, dans des havres avoisinants, comme le bassin Bedford à Halifax, en Nouvelle-Écosse. En groupe, accompagnés de quelques navires d'escorte, ils se rendent ensuite vers le point de rencontre, l'OMP, l'*Ocean Meeting Point*. Un premier de ces points, l'HOMP, au large de Halifax, permet aux cargos des ports de la côte est des États-Unis et à ceux en partance de Halifax de se regrouper. Poursuivant leur route vers le nord, longeant la côte, ils parviennent au point de rencontre suivant (le *Westomp* ou *West Ocean Meeting Point*), à environ 250 milles au large de Saint-Jean de Terre-Neuve. En raison de la proximité de la côte, ces points de rassemblement se situent sous la limite de la couverture aérienne, cette dernière se trouvant à 400 milles de la côte. En route, les différents groupes communiquent par radio et modifient leur vitesse afin de coordonner l'heure de rencontre.

Le trajet s'effectue en lignes brisées, dessinant sur l'océan d'immenses zigzags. Le commodore fait transmettre régulièrement aux navires des ordres de changement de cap afin de dérouter les U-Boote. Un trajet en ligne droite deviendrait un voyage suicide pour tout convoi, qui tomberait alors immanquablement dans une meute de sous-marins allemands. Tous les navires composant le convoi, dans un immense mouvement synchronisé, prennent un nouveau relevé et modifient leur route. Il va de soi que la durée du voyage s'accroît d'autant ; un voyage rapide s'effectue alors sur une moyenne de douze jours au lieu de cinq jours dans un trajet en ligne droite pour un bâtiment rapide.

Le convoi HX-327

Heureux le convoi sans histoire... (Anonyme)

... Mais il y a de belles histoires

Le 23 décembre au matin, le lieutenant Déry s'affaire. Le commandant Denny vérifie les ordres d'opérations puis laisse à son commandant en second la responsabilité de veiller à ce que la *St Thomas* soit prête à appareiller. Au quart de 8 heures, tout l'équipage est à bord et prêt à entreprendre une nouvelle traversée. Stanislas Déry a donné ses dernières instructions à ses hommes. Alors qu'officiers et hommes de quart sont à leurs postes respectifs, les autres procèdent aux dernières vérifications : moteurs calibrés et réservoirs emplis de fioul ; systèmes anti-sous-marins (dont la version la plus récente de l'asdic, le modèle 147) inspectés et opérationnels ; grenades sous-marines et *Squids* parés. Sur le quai, des camions pleins à craquer déchargent à la dernière minute les denrées périssables que les marins embarquent en faisant la chaîne. L'ambiance est fébrile, mais chacun vaque à ses occupations avec diligence. L'escorteur, une fois de plus, se prépare pour une autre *North Atlantic run*.

13 heures. Le *St Thomas* est fin prêt à quitter le port, et le lieutenant Déry en informe son commandant. Le lieutenant-commandant Denny, sur le pont supérieur, ordonne de larguer les amarres. Les corvettes *HMCS St Thomas* et *Trillium*, du Mid-Ocean Escort Group C-3, quittent Saint-Jean de Terre-Neuve pour une nouvelle mission, avec le convoi HX-327, plus précisément une section de ce convoi composée de trois bateaux, dont le bateau de sauvetage *Dewsbury*. Le *Group Senior Officer*, le commandant Clarence King, DSC[1], RCNR, également désigné

commodore du convoi, voyage à bord de la frégate *HMCS Kokanee*, qui quitte Saint-Jean à son tour, en compagnie de la corvette *HMCS Edmundston* à 17 heures. Les messages reçus indiquent que la frégate *HMCS Seacliff* fait face à certains ennuis mécaniques ; son heure de départ est d'autant retardée.

Le 24 décembre, aux petites heures du matin, la *Seacliff* a rattrapé son retard et se joint aux autres escorteurs. Enfin, à 18 h 10, les escorteurs canadiens rencontrent la section du HX-327 en provenance des ports de New York et de Halifax, et prennent la relève du groupe d'escorte W-4. Le convoi est à l'origine formé de 48 bateaux, et 45 se présentent au Westomp ; 3 cargos ont dû rebrousser chemin vers leur port de départ : un vers New York et les deux autres vers Halifax. Le même jour, les marins apprennent que le swing est en deuil. Le créateur de *In the Mood*, Glenn Miller, qui dirigeait l'orchestre de l'armée de l'air américaine, est porté disparu. Son avion n'est jamais parvenu à Paris où son big band devait jouer pour les troupes alliées.

Le 24 décembre, à 19 h 40, la *St Thomas* informe le commodore du convoi que l'asdic ne répond pas. Il semble que son oscillateur ait été déréglé. À son tour, à 21 heures, l'asdic du *Kokanee*, le navire du commodore, tombe en panne. Des engrenages du dispositif de télémétrie ont été faussés. Le commodore King s'impatiente ; pour la troisième fois en trois traversées, le même bris mécanique se répète. Et voilà qu'à son tour, la *Trillium* signale un problème de matériel : le câble de haute tension de son radar est hors d'usage. Quatre heures sont nécessaires pour le remettre en état. L'ambiance à bord du *St Thomas* est tristounette ; après tout, c'est Noël. Officier de quart

---

1. *Distinguished Service Cross*, médaille militaire.

depuis 20 heures, le lieutenant Déry se tient dehors sur le pont supérieur, d'où il dirige les manœuvres. Le matelot Charles Bernier, qui fait office de steward, lui monte un chocolat chaud. Le commandant en second se tourne vers lui et lui sourit en lui disant : « C'est l'heure de la messe », en français. Tous deux pensent au *Minuit chrétien* entonné par un ténor ou un baryton qui termine la messe, juste avant que leurs parents et leurs proches se réunissent pour le réveillon, bien au chaud dans les maisons couvertes de neige. Comme le lieutenant Déry l'écrit à sa famille : « Inutile de vous dire que je pense à vous tous, et que je vous suis en cette nuit de Noël, me demandant où vous réveillonnez, qui est de la partie, et où se trouve un tel ou une telle. »

Le 25 décembre, au point du jour, le commodore communique avec le *St Thomas* : en raison de son asdic défectueux, celui-ci est transféré à l'arrière, en position dite « Sugar », pendant que la *Trillium* vient prendre la position avant, dite « Charlie ». Un peu plus tard, le lieutenant Déry sourit à la lecture des derniers messages, internes au convoi. L'un d'entre eux, en provenance du commodore, est acheminé à tous les bateaux. Il relaie des messages des escorteurs arrière signalant que le convoi est illuminé « comme un sapin de Noël[1] ». En revanche, les bateaux semblent bien tenir leur position au sein de l'ensemble et demeurent équidistants. Quand à la fumée émise par les cheminées, la consigne est respectée : tous les bateaux tentent d'en produire le moins possible afin d'éviter d'être détectés.

---

1. *« [...] was lighted-up like a Christmas tree. »* Section 4, *Report of proceedings*. La présence de cette expression, d'ailleurs de circonstance, dans le rapport officiel ne peut que faire sourire.

À 19 h 30, Le lieutenant-commandant Denny et le lieutenant Déry se tiennent sur le pont supérieur. Le temps grisâtre semble bien installé pour la durée du voyage, mais un temps gris vaut mieux que de la neige et de la pluie verglaçante, qui s'accumulent en agrégats de glace sur la superstructure du navire. Les deux hommes observent le Liberator canadien survoler une dernière fois le convoi avant de rebrousser chemin vers sa base. Un dernier message de sa part : « Bonne chance ! » Désormais, le HX-327 poursuit sa route dans le *black pit*, le « trou noir », ou *air gap*, cette zone floue située à l'extérieur des limites de protection aérienne, où les convois se retrouvent seuls face à la menace silencieuse des Loups gris, et, bien malgré eux, les deux officiers regardent vers l'est avec appréhension.

Le 26 décembre, enfin, un message encourageant parvient au commodore King : à 00 h 10, l'asdic du *St Thomas* redevient opérationnel. Le lieutenant Déry est soulagé et remercie ses hommes de l'équipe anti-sous-marine ; ils ont travaillé d'arrache-pied pour remettre tout le système en marche. Le commodore déplace à nouveau le *St Thomas* ; cette fois, il prend la position dite « George », en arrière de l'*Edmundston*.

Aux petites heures du matin, le commodore King transmet un message du QG de la marine canadienne, basé à Ottawa, à ses navires d'escorte : des relevés de troisième classe HF/DF (détecteur à haute fréquence) signalant à proximité du convoi la présence d'un sous-marin allemand transmettant un message encodé sur sa machine Enigma – probablement un rapport météorologique – ont été perçus par la défense côtière canadienne.

Le soir du même jour, à 21 h 42, une fusée éclairante est aperçue par les vigies du *St Thomas*, à 150 degrés au loin et assez bas sur l'horizon. L'officier de quart en informe aussitôt le commodore King mais, en raison de la distance et du petit nombre d'escorteurs, celui-ci décide de ne pas enquêter plus loin et n'envoie pas de navire. L'officier de quart inscrit tous ces événements dans le livre de bord. Régulièrement, des messages annonçant des U-Boote ou des signalements d'échos provenant de l'opérateur d'asdic se révèlent de fausses alarmes. Mais on garde l'œil ouvert.

On ne dérange pas le commandant en second pour autant ; le lieutenant Déry est déjà au lit. Il se couche tôt ce soir-là ; il doit être sur la passerelle à 4 heures le lendemain matin pour son quart de travail, et il ignore qu'il a rendez-vous avec le destin...

An Old Salt – Portrait d'un loup de mer coriace

Clarence King a eu maille à partir avec plus d'un U-Boot dans sa carrière. Vétéran décoré de la Première Guerre mondiale, il a déjà à son crédit un sous-marin coulé et deux « probablement » éliminés. Après de lourdes pertes alliées – au cours de février 1942, quelque 71 navires marchands furent envoyés par le fond dans les eaux territoriales américaines – l'US Navy (USN) se résout enfin à adopter le système de convois préconisé par la Royal Navy et la Marine royale du Canada. À l'été 1942, des escorteurs canadiens sont alors affectés aux convois des Caraïbes, en collaboration avec l'US Navy. Parmi les navires d'escorte canadiens, on retrouve la corvette *HMCS Oakville*, commandée par le lieutenant-commandant Clarence King. Le 27 août au soir, l'*Oakville* accompagne un convoi de 29 pétroliers en route pour Halifax par un brillant clair de lune au large d'Haïti lorsque, peu avant minuit, un Catalina VP.92 de l'USN aperçoit à la tête du convoi un U-Boot s'apprêtant à attaquer. Le Catalina fonce sur ce dernier, laisse tomber quelques bombes et marque aussitôt de fusées éclairantes l'endroit où celui-ci a plongé en catastrophe. L'*Oakville* perçoit un contact sur l'asdic et lance une salve de cinq grenades sous-marines sur la cible suspecte. Dans les minutes qui suivent, l'U-94 déchire la surface de l'eau. La corvette altère sa course et, à deux reprises, le lieutenant-commandant King tente d'éperonner le submersible, mais sans succès. La troisième tentative s'avère la bonne : les deux navires entrent en collision. Canonné par l'*Oakville*, l'U-94 est rapidement mis hors de combat. Menée par l'enseigne Harold Lawrence et par le premier maître Powell, une équipe d'abordage saute sur le sous-marin moribond que le lieutenant-commandant King accoste le long de l'*Oakville*. Après avoir essuyé les tirs de deux Allemands surgis d'une issue de secours et dégagé l'écoutille des cadavres qui la recouvrent, Lawrence pénètre à bord de l'U-94 dans le but de mettre la main sur la fameuse machine Enigma et son livre de codes. Chaque minute compte : le submersible risque de couler, et les sous-mariniers obtempèrent rapidement lorsque Powell leur ordonne de sauter à la mer. Après s'être rendu compte que la machine Enigma et ses codes ont été sabotés, c'est dans l'eau, en nageant, que Lawrence parvient à atteindre l'échelle du kiosque. Il n'a que le temps de sauter à la mer avant de voir sombrer l'U-94. Il sera récupéré, ainsi que les 26 survivants allemands sur un équipage de 45 sous-mariniers, dans les minutes qui suivront par le destroyer américain *Lea* et la corvette *Oakville*. La neutralisation de l'U-94 demeure, encore aujourd'hui, un des faits d'armes les plus marquants de la Marine royale du Canada. Il n'est pas dénué humour puisque en sautant à l'eau Lawrence fut ramené vers le submersible par une vague mais perdit son casque et son short dans la manœuvre. C'est donc ensanglanté, le bas du corps dénudé, qu'il remonta sur le pont pour engager les marins allemands qui se cachaient derrière le kiosque à se rendre. *« Quite a picnic… »* dirent ses collègues canadiens-anglais. C'est dans la même tenue qu'il présenta derechef son rapport au commandant du *Lea*…

Les légendaires corvettes de classe Castle

Variation de la corvette de classe Flower, celle de classe Castle était plus longue de près de 11 mètres, mais allégée, ce qui améliorait considérablement sa tenue en mer et permettait de mettre des quartiers plus confortables à la disposition des hommes. Pour une fois, les marins avaient été écoutés par les fonctionnaires. Son armement principal était le mortier lance-grenades *Squid*, qui remplaçait le *Hedgehog.* En 1943, on tenta de remplacer les Castle par des frégates, mais, malgré l'efficacité de ces dernières, jusqu'à la fin de la guerre, les corvettes constituèrent l'épine dorsale de la protection des convois de l'Atlantique Nord. Tous ces bâtiments furent désarmés entre 1955 et 1961.

Fiche technique

Motorisation :	2 750 CV
Vitesse en nœuds :	16,5 n/h
Autonomie :	9 500 milles à 10 n/h avec 480 tonnes de fioul
Longueur hors tout :	76,80 m
Largeur :	11,20 m
Déplacement (en tonnes anglaises) :	1 060 ; de 1 590 à 1 630 chargée
Armement :	– 1 canon de 4 pouces – 2 canons antiaériens Oerlikon 20 mm et plus – 1 mortier *Squid* – 1 lanceur de grenades sous-marines sur rails
Équipage :	120 hommes et officiers

BRANLE-BAS DE COMBAT

27 décembre 1944 – 5 h 55. Le convoi HX-327 est à 46°25' de latitude nord et 36°36' de longitude ouest. Les vents sont sud-sud-ouest, force 2, la mer à 21 et la visibilité est 10 milles. Le HMCS St Thomas est à la position « G ».

Un matin gris d'hiver, pas vraiment froid pour un mois de décembre, mais l'air est piquant et la houle plutôt forte. Le *St Thomas* a connu pires conditions lors de ses derniers voyages. À son poste d'officier de quart depuis 4 heures du matin, Stanislas Déry se tient sur le pont supérieur, à l'extérieur, une tasse de café à la main ; comme pour tant de marins, ce n'est pas sa première tasse du quart, ni la dernière. Il descend rarement dans la timonerie ; il préfère de beaucoup sentir le vent, là où l'air est « grand », comme on dit chez lui, dans le Bas-Saint-Laurent, et donner ses ordres par ces tuyaux de communication acoustique en cuivre que les jeunes matelots astiquent lors des corvées de nettoyage. L'aube se lève à peine. Il est 5 h 55. Il tend l'oreille à un message de l'*Edmundston*, qu'il aperçoit sur l'horizon devant lui. Ce message, destiné au commodore, est capté sur le flanc tribord, à l'avant du convoi par tous les autres navires : *« Investigating doubtful contact, starboard side. »* (« Examinons contact douteux à tribord. ») L'asdic de l'*Edmundston* a détecté un écho, mais, au bout de quelques minutes, le commandant du navire le suspecte d'être douteux et envoie un message de fausse alerte au commodore King.

Le *St Thomas* suit l'*Edmundston* en poupe, à l'arrière droite du convoi. À peine cinq minutes plus tard, l'opérateur de l'asdic du *St Thomas* repère le même contact à son tour, relevant un écho en position 150 degrés à 1 100 mètres et informe aussitôt le lieutenant Déry, qui modifie immédiatement le cap en direction de la source du signal. À bord même du *St Thomas*, les tergiversations vont bon train : on hésite à croire à la présence d'un U-Boot. Mais le matelot de deuxième classe G. A. Elsey – transféré sur le *St Thomas* pour s'être querellé avec ses collègues de l'*Edmundston*, où il se trouvait jusqu'au voyage précédent –, qui est aux écouteurs de l'asdic. Il n'en démord pas : il est convaincu d'être en présence d'un submersible allemand.

Un universitaire à bord

Nous disposons d'un commentaire fort intéressant d'un « passager » surnuméraire à bord du *St Thomas*. Le docteur D. W. Clarke, du Charles Best Institute de l'université de Toronto, décrit dans un article de la revue *The Crowsnest*[1] les événements tels qu'il les a vécus. Il est alors lieutenant RCNVR affecté à l'appareillage électrique, officier radar attaché au groupe d'escorte océanique C-3, et relève donc du commodore King. Mais, compte tenu du manque de place à bord du *Kokanee*, l'administration du C-3 l'a détaché

---

1. *The Crowsnest*, volume 13, n° 5, mars 1961, p. 13-15 (revue officielle de la Marine royale du Canada).

sur le *St Thomas*. Il raconte : « Nous avons quitté Terre-Neuve avec un nouveau technicien préposé à la recherche anti-sous-marine qui faisait partie de l'équipage du *HMCS Edmundston* jusqu'à récemment. Mais, en raison de conflits de personnalités à bord du navire (quel navire n'en a pas ?), cet homme a été transféré sur le *St Thomas*. Mais qu'importe, il discerne fort bien les signaux et a le don appréciable de repérer l'effet Doppler-Fizeau provenant de masses en mouvement comme les sous-marins. »

Le lieutenant Déry quitte sur-le-champ le pont supérieur pour descendre dans le local de l'opérateur d'asdic, attenant à la timonerie. Il s'adresse aussitôt au matelot Elsey et lui demande son avis sur cet écho : « Dis-moi franchement ce que tu penses. Est-ce un banc de poissons ou un sous-marin ? » Le matelot est catégorique : pour lui, il s'agit d'un sous-marin et non d'un banc de poissons, puisqu'il perçoit assez nettement l'effet Doppler dans le contact. C'est ainsi que l'on appelle la différence de tonalité dans l'émission de la transmission de l'impulsion et la réception de son écho, qui indique l'aspect et surtout le mouvement de la cible. Le lieutenant Déry observe et écoute le matelot Elsey lui répondre avec certitude ; ce technicien lui semble posséder une expertise manifeste et, surtout, l'assurance du jeune homme le convainc. Il décide de lui faire confiance. En tant que commandant en second, il n'a pas un instant d'hésitation. L'équipement de la corvette représente la fine fleur de la technologie ; il peut donc s'y fier. Son équipage est rodé au quart de tour, paré contre toute attaque, et lui juge que ce contact, même si certains le qualifient de douteux, est assez sérieux pour mériter une salve de grenades. De toute façon Stanislas ne supporterait pas de passer à côté d'un U-Boot qui risquerait d'attaquer le convoi HX-327, sans compter que lui et ses hommes n'ont pas pratiqué tous ces exercices pendant des semaines pour rien.

« *Pray God and keep your powder dry* »

Un dicton de marin britannique veut qu'au combat il faut certes prier Dieu, mais surtout garder sa poudre au sec. Aussitôt, le lieutenant Déry fait réveiller son commandant et lui demande de venir dans la timonerie. Au même instant, il déclenche l'alarme : les mots *action stations !* (« à vos postes ! ») retentissent à pleins haut-parleurs sur le *St Thomas* tandis que la cloche résonne dans chaque compartiment de la corvette. Les réflexes sont instantanés ; les hommes courent et se bousculent dans les coursives, se heurtent aux portes étanches, ceux qui dormaient dans leur hamac tentent tant bien que mal de s'en extirper et de poser pied sur le sol alors que tous les autres les heurtent dans leur agitation. Des *Hurry up ! Let's go !* à pleine voix fusent du côté des maîtres, qui enjoignent leurs hommes de prendre leur position. Pour être prêts à toute éventualité, les marins dorment avec leur uniforme ou du moins un pantalon et un chandail. Il reste à mettre le manteau, à enfiler la Mae West et, pour ceux aux postes extérieurs d'artillerie et aux grenades sous-marines, à se coiffer de leur casque.

Les heures et les heures d'exercices auxquelles se sont astreints ces marins depuis leur enrôlement portent leurs fruits ; chacun prend sa position de combat en moins d'une minute. Depuis le début de la guerre, Stanislas répète à ses hommes, lors des exercices, qu'il faut prendre position le plus vite possible, que chaque seconde importe, car le jour où il y aura une attaque, ce sont ces secondes qui feront la différence entre le succès ou la défaite, entre la vie et la mort. Exercice opérationnel par excellence à bord des navires, l'alerte *action stations* mobilise sur-le-champ toutes les machines humaines de l'équipage à un poste-clé précis, qu'il s'agisse d'une attaque, d'un incendie ou d'une avarie. C'est le traditionnel branle-bas de combat de toutes les marines.

Le commandant se tient à côté de son second. Il est maintenant parfaitement éveillé et reste dubitatif en écoutant le rapport du lieutenant, qui lui résume promptement les événements des dernières minutes. Tout le monde se perd un peu en hésitations. L'officier responsable de la chasse anti-sous-marine lui-même est convaincu, tout comme ses confrères de l'*Edmundston*, de faire face à un banc de poissons. Le lieutenant Déry, le commandant et l'officier responsable s'agglutinent entre les instruments du petit local où se trouve l'asdic et observent les cadrans et voyants. Le commandant Denny prend les écouteurs et écoute à son tour. Tout comme son second, il considère que cet écho peut effectivement être un U-Boot et qu'on peut bien envoyer quelques charges explosives pour en avoir le cœur net.

À 6 h 25, le commandant Denny et le lieutenant Déry dirigent la corvette directement au-dessus de l'écho, à six nœuds ; l'asdic modèle 147B et le dispositif dit « Q » permettent, par un système de croisements de faisceaux d'ondes et une combinaison de balayages vertical et horizontal, de localiser précisément la source du signal et de cibler l'attaque. Sondant inlassablement les profondeurs de l'Atlantique, l'asdic cherche sa cible. Les conditions aquatiques sont mauvaises ; une transmission sur trois ou quatre seulement revient vers le *St Thomas*. L'écho est parfois précis, quelquefois flou, et l'effet Doppler-Fizeau reste bas. L'opiniâtre matelot Elsey perçoit un sifflement dans ses écouteurs. L'homme y croit ! Néanmoins, un contact se maintient à 265 degrés à environ 1 050 mètres. Les instruments distinguent un mouvement à 240 degrés, à la vitesse de trois nœuds.

Envoyez les *Squids* !

Les officiers élaborent leur stratégie : alors que le *St Thomas* avance vers la cible à une vitesse d'à peine deux nœuds, une salve de grenades sous-marines calibrées, pour cette première fois, manuellement à 30 mètres de profondeur est lancée à 6 h 35 dans le but de contraindre le sous-marin, si sous-marin il y a, à demeurer en immersion. C'est ce qu'on appelle une attaque d'urgence, qui oblige l'ennemi à revoir sa position et ses stratégies. L'opérateur radio envoie au même moment un message à l'officier senior : « Examinons contact. Envoyons les *Squids*! »

L'ordre est donné. Les techniciens à l'artillerie ont paré les appareils et ils s'écartent alors que les grenades sous-marines roulent sur les rails et que les charges propulsives du *Squid* les lancent avec fracas sur les côtés, vers l'avant, ainsi qu'à l'arrière du navire. Tous attendent l'explosion ; dans la timonerie, les officiers observent les alentours. Au bout de neuf secondes, une première détonation se fait entendre et, quelques secondes plus tard, une seconde, plus puissante.

À 6 h 40, la corvette effectue un virage à 180 degrés et revient sonder le secteur. Au bout de quelques minutes le commodore demande aux officiers du *St Thomas* où ils en sont : « Rendez compte de la situation. » Ils lui répondent : « Contact établi mais difficile à garder… » Balayant sans cesse les profondeurs océaniques, l'opérateur de l'asdic cherche toujours un submersible.

Pendant ce temps, à bord du *Kokanee*, le commodore King, ainsi que toute son équipe, attend les résultats de cette chasse. Il sait à ce moment-là qu'il a suffisamment de navires d'escorte pour pousser plus loin l'investigation et, se fiant à son expérience, juge qu'il n'y a pas d'autres sous-marins maraudant autour du convoi ; si tel était le cas, une attaque se serait déjà produite depuis belle lurette. Ayant confiance dans le jugement des officiers, il attend les conclusions du commandant du *St Thomas*.

Dans le réduit réservé à la chasse anti-sous-marine, les techniciens sont sur les nerfs, les yeux rivés sur les appareils. Leur tension est palpable. Pourtant, le doute persiste parmi eux ; certains sont convaincus de poursuivre un banc de poissons. Les appareils perdent à nouveau le contact. Le talent de pisteur du matelot Elsey est mis à rude épreuve et, sans relâche, les signaux sonores de l'asdic fouillent à intervalles réguliers les eaux froides… et atteignent enfin une masse. À 7 h 06, alors que le *St Thomas* termine un nouveau virage pour revenir dans la zone de recherche, l'asdic surprend un contact assez précis à 170 mètres. Enfin, une position et une route : 275 degrés à 1 400 mètres. Le commandant Denny et le lieutenant Déry sont parés : ils n'attendaient que cela.

Deuxième service !

La seconde attaque débute à six nœuds. À 770 mètres de la cible, l'écho indique que la masse se déplace à deux nœuds à 285 degrés. À 370 mètres, l'asdic émet enfin clairement un signal à 125 mètres de profondeur ; jusqu'alors, le contact restait hypothétique. Aussitôt, tous réagissent. Les instruments enregistrent la profondeur et calibrent les prochaines charges qui doivent être lancées.

La nouvelle génération d'asdic est reliée au système de *Squids* par câbles, ce qui permet désormais de calibrer automatiquement les grenades sous-marines à la profondeur de la cible. Aussitôt que la vitesse et la direction de la masse sont déterminées, le lieutenant-commandant Denny prépare consciencieusement son attaque et envoie une salve de grenades à 140 mètres de profondeur. Il dirige le *St Thomas* vers la source du signal, en poupe de celui-ci. À 7 h 17, la corvette envoie ce message au commodore : « Contact affirmatif. Renvoyons les *Squids.* » C'est, comme on dit parfois dans l'artillerie, un « deuxième service ».

Lorsqu'elles explosent devant l'escorteur, les grenades sous-marines crèvent la surface de l'eau et forment des geysers puis des taches d'écume. L'effet dévastateur des salves de grenades est dû davantage à l'onde de choc provoquée par la triangulation. À moins qu'une grenade ne frappe directement le sous-marin et ne l'endommage, le submersible qui se retrouve à l'intérieur d'un dispositif de lancement de grenades sous-marines subit de puissantes distorsions qui gondolent et disjoignent les plaques de sa tôlerie, pourtant renforcée. Pendant plusieurs minutes, tous les marins à bord de la corvette retiennent leur souffle. Chacun fouille l'océan des yeux et cherche une quelconque trace révélatrice. L'asdic saisit des échos de mouvements et de profondeur. Le contact, retrouvé par balayage de poupe à la position à 95 degrés, est retenu jusqu'à 1 230 mètres lorsque, à 7 h 31, l'écho commence à se fragmenter.

Le doute

À 7 h 34, le contact est perdu pour de bon. Bientôt, les appareils détectent un sifflement, semblable à celui que font les bancs de poissons. Toutefois, les contacts repérés sont si prometteurs que le commandant Denny décide de poursuivre les recherches dans le secteur. Formant des virages serrés, le *St Thomas* sonde sans cesse l'Atlantique et fait parvenir au commodore King à 8 heures le message suivant : « Piètres conditions. Toujours douteux. Suggère de surveiller pendant trente autres minutes. » À cela, le commodore réplique : « Affirmatif. Avez-vous besoin d'aide ? » En même temps, le doute s'installe chez les officiers du *St Thomas* : « Probablement pas un sous-marin. Surveillons néanmoins. » Mais, quelques minutes plus tard, toujours du *St Thomas* : « Objectif plus prometteur. Déplacement et profondeur confirmés. Suggère poursuivre surveillance. Décidons si renforts nécessaires... »

Le commodore, de son côté, ne tergiverse pas et dépêche prestement la frégate *Seacliff* : « *Seacliff* vous secondera », répond le grand patron. Aussitôt, ce dernier, à l'écoute, intervient et communique avec le *St Thomas* : « Indiquez votre position. » Après avoir signalé sa position, la *St Thomas* informe le *Seacliff* : « N'avons pas de contact depuis la dernière attaque, il y a quarante-cinq minutes. Signaux indiquent maintenant un banc de poissons. Si pas de contact dans vingt minutes, abandonnons recherches. »

Le contact est vraiment perdu. Les deux navires sillonnent les alentours sans relâche à vitesse réduite à la recherche d'indices, en particulier des taches d'huile flottant en surface. Le doute persiste encore. Aucune trace d'un quelconque U-Boot.

Tel un monstre surgi des abysses...

À 8 h 30, après une longue recherche infructueuse, les deux escorteurs font part de leur intention au commodore King de reprendre leur position respective au sein du convoi lorsque, soudain, une des vigies positionnée à l'avant du *St Thomas* se met à crier. À la surprise générale, sous les yeux des marins abasourdis, un U-Boot déchire la surface de l'eau tel un monstre surgi des abysses, la proue en premier, avant de se stabiliser horizontalement à 305 degrés, quelque deux milles plus loin. Un sous-marin est probablement le bâtiment le plus sinistre de toute marine. Après tout, c'est le maraudeur gris-noir, le furtif, celui qui surgit au moment où on l'attend le moins, et ses hommes sont eux-mêmes des ombres. Ils sont l'équivalent de terroristes masqués, car le navire ennemi n'a pas de visage. Il frappe et disparaît. Et le voilà enfin devant eux ! C'était donc vrai ; ce n'étaient pas des poissons que l'on poursuivait... Depuis plus de deux heures, le *St Thomas* pourchassait bien un U-Boot ! Le matelot Elsey, dans son local, n'est pas peu fier. Il avait bien raison ! Tant pis pour ses détracteurs.

Lorsque l'écoutille du kiosque du submersible s'ouvre brutalement, deux hommes en sont éjectés avec violence. Le commandant Denny engage les moteurs du *St Thomas* à pleine vitesse. Suivie de la frégate *Seacliff*, la corvette fonce vers le sous-marin arrêté en ouvrant le feu, mais causant bien peu de dommages à cette distance. Pris sous le feu nourri des Canadiens, les Allemands referment précipitamment l'écoutille. Mais, bien qu'assidu, le tir du canon canadien est absolument inefficace ; pour compliquer les choses, à ce moment-là, le radar du *St Thomas* devient inopérant ; le choc des explosions l'a déréglé.

Le lieutenant Clarke, l'officier radar, raconte avec humour ce qui s'est passé : « Les documents officiels déclarent que l'U-877 a été coulé par *deadly accurate gunfire* ou "canonnage mortel précis". Certes, le *St Thomas* a tiré tout ce qu'il y avait dans le chargeur du canon de quatre pouces, mais il semblerait que, dès les premiers tirs, le radar se soit désactivé une fois de plus de telle manière que l'officier d'artillerie se trouvait dans l'incapacité de recevoir les données nécessaires pour pointer. » Plus tard, en pleine bagarre, les techniciens ont réussi à remettre le radar en état de marche mais, selon les témoignages des survivants, « pas un maudit obus n'avait réussi à atteindre le sous-marin ». Pas de chance pour les Canadiens, mais une incroyable aubaine pour les sous-mariniers ! L'écoutille de l'U-Boot s'ouvre à nouveau, et une file de marins, chacun portant un gilet de sauvetage jaune, sortent à toute vitesse, gonflent les canots de sauvetage et se jettent dans les vagues de l'Atlantique Nord. La corvette ralentit à quelques centaines de mètres et s'approche lentement du bâtiment ennemi, qui, déjà, donne de la bande. L'équipage allemand a abandonné le submersible et se cramponne désespérément aux radeaux de sauvetage, tentant tant bien que mal de rester regroupé. Le submersible s'engloutit et, au bout de quelques minutes, deux explosions sous-marines se font entendre.

Ne tirez pas !

« Ça se fait pas sans panique, ça. Les gars qui me racontent qu'ils ont coulé des sous-marins froidement… permettez-moi d'avoir des doutes… Il y a une phase de panique, et nous l'avons vécue. Tout le monde criait : "Vite, vite, vite[1] !" », explique Stanislas Déry. Et à raison. C'est la première fois que l'ennemi caché a un visage, n'est plus une abstraction. Des ennemis, il en a déjà vu, mais sur le pont d'un navire, comme lorsqu'il était sur le *Prince Henry*. De prosaïques marins, pas de ces sous-mariniers si

---

1. Témoignage de Stanislas Déry du 23 janvier 1992.

119

redoutés des convois… Et c'est pareil pour la plupart de ses hommes.

À bord du *St Thomas*, les marins sont nerveux. Alors qu'ils s'apprêtaient à retourner à la routine de leurs postes habituels, c'est la surprise. Certains courent sur le pont, d'autres saisissent des fusils. Le docteur Clarke raconte que, pour se sentir utile, il demande la permission au lieutenant Déry de prendre le fusil-mitrailleur Bren, rangé dans l'armoire du pont supérieur, quelques chargeurs, puis qu'il installe le FM et le pointe en direction des canots de sauvetage. Quelqu'un lâche une rafale de mitraillette devant les sous-mariniers. Un coup de semonce. Un ordre fuse et retentit de la passerelle, du lieutenant Déry : « *Don't shoot !* Ne tirez pas ! Nous allons les prendre à bord… » En tant que commandant en second, c'est désormais lui le responsable de la suite des opérations, tandis que le commandant Denny reste en contact avec le commodore King et le convoi. « Allez chercher les filets… »

Tant pour le commodore King, qui a déjà vécu cette procédure, que pour le commandant Denny et le lieutenant Déry, il est hors de question d'abandonner ces marins aux eaux froides et aux fortes vagues de l'Atlantique. Certes, le *BR Dewsbury*, le navire de sauvetage, ferme le convoi dans le dessein de récupérer les naufragés, principalement ceux des navires qu'il accompagne. Mais le temps qu'il parvienne à ces hommes – car le convoi s'étire sur des milles –, ils risquent tous d'être disséminés par les flots ou de mourir d'hypothermie ou d'épuisement. Les marins obtempèrent à l'instant à leur commandant en second et se précipitent pour s'emparer des lourds filets de corde qu'ils accrochent au bastingage et basculent par-dessus bord. Le lieutenant Clarke pousse un soupir de soulagement ; il est plus qu'heureux de ranger le fusil-mitrailleur sans avoir à l'utiliser. Des hommes s'installent sur le bord du garde-fou et font signe aux naufragés de s'approcher, puis ils hissent les sous-mariniers allemands l'un après l'autre. Comme le rapporte le lieutenant Déry, il entend un des marins québécois empoigner avec conviction un des naufragés et le faire passer par-dessus le bastingage avec un : « Embarque icitte, toé ! »

La *Seacliff*, suivant le *St Thomas*, canonna à son tour le sous-marin. Jules Blais, marin à bord de la frégate, est à la barre, lorsque le commandant l'envoie dans le *crow's nest* (le nid-de-pie) – pour vérifier où tombent les projectiles du canon de quatre pouces. Comme l'explique Jules Blais : « Les obus passaient par-dessus le sous-marin, alors les officiers responsables et les artilleurs tentaient de corriger le tir grâce à mes observations, mais, avec la houle, il était loin d'être facile de prendre une bonne visée. » Il voit alors les Allemands se jeter à l'eau. Aussitôt, il avertit les officiers sur la passerelle : « Ne tirez pas ! Il y a des hommes à la mer ! » « De là-haut, je voyais ces gars-là qui tentaient de se regrouper comme des enfants perdus... On dira que nous étions dans le Gulf Stream, mais un 27 décembre, c'est loin d'être la Barbade... Ces types-là étaient résistants. » Et déjà, parmi les marins, courent des bruits : « Il y a eu par la suite des rumeurs de sabordage par l'équipage afin de ne pas nous laisser d'informations ni de prise de guerre... Et certains se demandaient si les Allemands ne transportaient pas des explosifs pour nous jouer quelque mauvais tour... », se rappelle l'homme du nid-de-pie. Il était bien connu que les Allemands avaient ordre de détruire leur fameuse machine Enigma et leurs livres de codes. C'était de bonne guerre, mais lorsqu'il cherche à se faire repêcher, un marin ennemi naufragé a intérêt à ne pas jouer au kamikaze. En dépit de l'évidence, l'incertitude donne lieu aux suppositions les plus débridées.

Le *Seacliff* reçoit l'ordre du commodore King de jeter à son tour les filets et récupère les sous-mariniers en poupe du *St Thomas*. Les vagues rendent la tâche ardue. Comme le raconte Bob, un des membres d'équipage du *Seacliff* : « Buzz Fraser et moi tirions les prisonniers de l'eau du pont arrière. Chaque fois que nous descendions avec la houle, on en saisissait un autre et on le hissait au-dessus du bastingage. Ils atterrissaient sur le pont comme des phoques, car leurs vêtements de cuir doublé de mouton étaient saturés d'eau de mer. Leur gilet de sauvetage était partiellement gonflé sous leurs aisselles comme des ailes, avec une petite corde jaune qu'ils pouvaient se lancer pour se réunir en grappes, du moins, je suppose que c'était pour ça... Un des hommes que nous avons hissés avait les yeux exorbités : les cordes de deux autres naufragés étaient enroulées autour de son cou, alors nous l'avons laissé aller et il est redescendu avec la vague. Lorsqu'il est reparu à la surface, Buzz avait son couteau à la main, prêt à couper la corde, mais le regard d'horreur que nous lança le pauvre gars nous fit comprendre qu'il croyait que Buzz allait l'occire sans autre forme de procès. Nous l'avons hissé à bord à la troisième tentative. D'après ce dont je me souviens, d'autres membres d'équipage les aidaient à se déshabiller. »

L'homme scalpé

Le lieutenant Déry se tient sur la passerelle et supervise les manœuvres. Cette opération de sauvetage doit se faire le plus rapidement possible afin de récupérer le maximum de naufragés vivants. Pour le lieutenant Déry, comme il le racontera par la suite, abandonner ces hommes, des marins comme lui, aux flots de l'Atlantique Nord un 27 décembre était inimaginable[1]. En fait, la question ne se pose même pas ; en tant que Canadiens, il va de soi qu'il faut récupérer ces hommes, et le commodore du convoi, conscient du fait qu'il n'y a probablement pas d'U-Boot aux alentours, acquiesce. Mais l'opération de sauvetage doit être effectuée avec diligence.

Deux des sous-mariniers sont grièvement blessés, dont un qui a été littéralement scalpé en se faisant éjecter du submersible, le cuir chevelu en partie arraché et rabattu derrière la tête. Lorsque les Canadiens se rendent compte de la blessure du premier naufragé, un des marins se précipite à la pharmacie. Il revient, une bouteille d'eau oxygénée à la main, la vide au complet sur le crâne du blessé et lui remet le cuir chevelu en place. Le patient, abasourdi, assis à même le sol, est appuyé contre une cloison, un pansement sommaire sur la tête. Un autre sous-marinier est blessé à la main gauche ; un marin canadien, trop zélé et nerveux, la lui a transpercée avec sa baïonnette.

À 9 h 02, les prisonniers sont sains et saufs sur les ponts arrière des deux bateaux. À 9 h 04, le *St Thomas* demande au *Seacliff* de lui envoyer son médecin de bord et un échange s'établit :

— *St Thomas* : Pouvez-vous nous prêter votre docteur ? Nous avons à bord trois hommes sérieusement blessés…

— *Seacliff* : Nous vous envoyons le médecin…

— 9 h 10, *St Thomas* : Devons-nous vous envoyer une chaloupe pour cet officier ?

— 9 h 12, *Seacliff* : Merci, mais la nôtre est à l'eau. Le doc est en route…

---

1. Stanislas Déry rapportera avoir été blâmé par les autorités pour avoir immobilisé son navire et pris à bord des ennemis.

123

Dans ces moments critiques, officiers et marins réagissent sans tergiverser. Le blessé est transporté sur la table du carré des officiers, où le médecin, tout juste arrivé à bord de la chaloupe du *Seacliff*, s'improvise chirurgien et lui fait 14 points de suture.

Les navires ne sont pas peu fiers de leur prise de la matinée ; en particulier l'équipage du *St Thomas*, le lieutenant Déry et le matelot Elsey, dont l'opiniâtreté a été récompensée. Les navires du convoi prennent maintenant toute la mesure du danger qu'ils viennent d'éviter. Le *St Thomas* et le *Seacliff*, par fréquence radio, commentent les derniers événements par cet étrange échange de messages à 9 h 16 : « Dommage que vous n'ayez pas été avec nous. Nous avons été très surpris lorsque nous l'avons vu émerger… » Et la réponse laconique arrive à 9 h 19 : « Je crains que nous ne vous ayons apporté qu'un appui moral. » Le *St Thomas* recueille 34 hommes, dont le commandant et les quatre officiers du sous-marin, et le *Seacliff*, 20[1]. Selon les historiens maritimes de la Seconde Guerre mondiale, il s'agirait d'un des rares cas d'U-Boot allemand coulé par grenadage dont l'équipage s'en soit sorti dans son intégralité.

Les deux escorteurs canadiens rejoignent la formation, reprennent leur position respective sur le flanc tribord, et le convoi HX-327 poursuit sa route en zigzaguant vers l'est.

---

1. La liste officielle de l'U-877 compte 55 membres d'équipage. Malheureusement, nous n'avons pu vérifier cette anomalie.

« *ANBLASEN !* »

Un tableau de chasse inespéré ?

Le Kapitänleutnant Findeisen n'en revient tout simplement pas. Il reste au périscope et fait un tour complet pour observer la situation. Juste devant eux, à tribord avant, un convoi s'étire à l'horizon, en route vers la Grande-Bretagne. Inutile de se rendre à New York, il peut tout de suite accomplir son devoir et couler du tonnage. Avec un peu de chance, il pourra revenir à Pillau avec quelques fanions de victoire à son mât.

L'Oberleutnant zur See Heisig regarde à son tour et sourit. Oui, peut-être que la chance leur sourit enfin. Il rabat les poignées du périscope et le redescend. Findeisen donne l'alarme, mais en silence. Le U-877 plonge, alors que l'ordre « tous aux postes de combat » est relayé dans des murmures. Faire le moins de bruit possible afin de passer inaperçu aux « oreilles » des instruments de détection des navires d'escorte. Le K.L. Findeisen et l'Olt.z.S. Heisig ignorent s'ils ont été repérés ou non. Rapidement, Findeisen manœuvre de façon à pouvoir pivoter et se placer au centre du convoi afin de torpiller les navires marchands. Au même moment, l'Olt.z.S. Heisig fait préparer les tubes des torpilles.

L'U-Boot s'apprête à longer le convoi, immergé. Les ordres du K.L. Findeisen sont brefs et précis : les hommes obéissent avec diligence. L'Olt.z.S. Heisig regarde l'horloge : 6 h 30. Vite, enligner le navire et préparer la visée de tir des torpilles. Les sous-mariniers s'activent. *« Schnell ! »* Vite, le temps presse ! Le technicien radio laisse tomber un *« Donnerwetter noch einmal ! »* étouffé ; Findeisen et Heisig tournent la tête vers lui. *« Herr Kaleunt, Ortungsgeräusch von Steuerbord. »* (« Commandant, onde de détection, au loin à tribord. ») Findeisen se tourne vers le lieutenant-ingénieur Herbert Zink : *« Tauchen, auf 80 meter gehen... »* (« Immersion à 80 mètres »), ordonne-t-il aussitôt à celui-ci, qui répercute l'ordre pour ses hommes. Les techniciens de plongée s'activent, tournent les valves. L'eau pénètre à toute vitesse dans les ballasts. « 20 mètres, 30, 35 », annonce l'ingénieur Herbert Zink. « 40, 50, 60 mètres. » Le navire se rapproche, et le signal de l'asdic vient alors frapper, à intervalles, le submersible : « Ping ! » Tous entendent comme un jet de gravillon sur la coque de l'U-877. Mais c'est trop tard pour le navire en surface ; la rapide manœuvre du Kaleunt leur a permis de s'esquiver dans les profondeurs. « 70, 80 mètres. » Les trois grenades sous-marines fendent l'eau juste au-dessus d'eux et explosent beaucoup plus haut, trop haut, probablement à 30 mètres. Le submersible tressaute à peine sous la pression causée par les explosions. Pour être efficaces, ces engins doivent détoner à la même hauteur que le submersible ou sous celui-ci, car l'onde de choc se dirige vers la surface, où la pression est moins forte. Findeisen soupire. L'U-877 vient de déjouer une attaque, mais pour combien de temps ? Maintenant, il va falloir qu'il utilise toutes ses ressources et toute son expérience pour parvenir à s'esquiver. Si l'U-877 reste le plus silencieux possible et se dissimule dans les profondeurs glauques de l'océan, il risque de passer inaperçu aux instruments des navires en surface. *« Auf 160 meter gehen »*, ordonne le Kaleunt. « Descente à 160 mètres. » Les valves s'entrouvrent, et l'eau s'engouffre entre dans les ballasts ; le grand navire de fer s'incline doucement vers l'abîme alors que seuls les ordres de plongée de l'ingénieur Zink percent le silence du central.

Depuis plus d'une demi-heure, le sous-marin se cache dans ce que l'on peut considérer comme le seuil des abysses. La veille, le matelot Risse avait noté la profondeur de l'océan sur l'écho-sonde : 3 996 mètres à cet endroit ! Les hommes sont nerveux mais tranquilles ; aveugle et impuissant, l'U-877 ne peut qu'attendre et... espérer. Ils savent tous qu'ils ont des chances de s'en sortir. Le navire ennemi peut abandonner la recherche, en croyant qu'il ne s'agit que d'un banc de poissons ou d'une fausse alarme. Les appareils de détection ne sont pas très précis : ils différencient difficilement les mouvements des sous-marins de ceux des mammifères marins, tels les rorquals, surtout dans les eaux océaniques. Cela s'est vu plus d'une fois. Plusieurs sous-marins sont revenus à leur port d'attache sains et saufs après avoir échappé aux grenadages en se dissimulant sans bruit dans l'immensité liquide. Peter entend au loin les hélices du navire qui les poursuit et les ondes de l'asdic qui balaient sans répit les profondeurs glacées et viennent parfois frapper la coque. Puis plus rien. Seuls les « pings » les cherchent encore, mais à intervalles irréguliers.

Incendie sous près de 200 mètres d'eau

Mais, à nouveau, la voix du technicien radio fuse :
« *Herr* Kaleu, hélices à bâbord arrière... » Au bout de
quelques minutes, les écouteurs sont inutiles ; tous
entendent les hélices d'un navire qui approche en
surface. Au loin, l'onde d'un asdic fouille les profondeurs. On discerne comme un jet de gravillons, de
petits cailloux sur la coque de l'U-877. Trop tard : le
son entêtant et hostile de l'asdic vient de les repérer
et « s'accroche » désormais au sous-marin. L'intervalle
des « pings » devient plus rapproché. Les hommes
sont terrifiés. Ils sont silencieux, et leur respiration
haletante. Instinctivement, comme tous à bord,
l'Olt.z.S. Heisig lève les yeux. Il perçoit nettement les
hélices du bateau glisser dangereusement au-dessus
du sous-marin et, soudain, entend clairement au-
dessus de lui le mécanisme d'enclenchement des trois
grenades[1] qui roulent sur leur convoyeur, crèvent la
surface de l'eau, vrillent et descendent dans un tour-
billon. Et tous les sous-mariniers prient : pourvu
qu'elles tombent loin de nous ! Qu'elles soient mal
calibrées ! Les marins se regardent et leur cœur bat à
tout rompre. *Mein Gott !* Ne nous oubliez pas !

Quelques secondes à peine suffisent : les marins
écoutent et tendent les bras pour s'accrocher à ce qui
est à leur portée, prennent une grande respiration,
s'agrippent et s'arc-boutent sur leurs jambes. La détonation produit un bruit d'enfer, l'impact est fou-
droyant : le long squale d'acier se tord sous les
projectiles et se convulse. Les hommes sont projetés
avec violence contre les parois et les instruments.

---

1. Il semble que seules six grenades sous-marines aient été utilisées pour l'ensemble de l'attaque. Un certain cinéma a laissé
croire que l'on procédait par grenadage abondant et aléatoire,
ce qui n'était pas le cas.

L'Olt.z.S. Heisig se cogne le dos contre la paroi. Une grenade sous-marine a touché la poupe de l'U-Boot. Les deux immenses moteurs diesel se soulèvent de leur socle et viennent se poser dans l'allée centrale. Les armoires de bois craquent et se fendent en plusieurs endroits ; des boulons cèdent, traversent l'espace confiné, semblables à des projectiles ; malheur à celui qui se trouve sur leur chemin ! Les ampoules électriques claquent ainsi que plusieurs instruments et cadrans. Dans le central, l'Olt.z.S. Heisig voit avec effroi le tableau de contrôle électrique de bâbord prendre feu ; les hommes saisissent les extincteurs et tentent d'éteindre les flammes, qui seules éclairent à ce moment l'habitacle, créant un décor dantesque et surréaliste dans le submersible. Les marins allument leurs lampes de poche, soulèvent les grilles d'acier du plancher et répandent de la chaux sur les batteries fissurées afin de neutraliser les vapeurs toxiques qui risquent d'émaner de l'eau de sentine où s'écoule le liquide corrosif des accumulateurs endommagés. L'air est de plus en plus pollué, comme dans une mine après un coup de grisou.

Une voie d'eau de 10 mètres

Au bout de quelques minutes, lorsque les premiers dommages sont plus ou moins évalués et maîtrisés, le K.L. Findeisen demande le rapport des avaries et des blessés. Miraculeusement, tous sont sains et saufs malgré la puissance de l'impact ! Mais il n'en est pas de même pour le submersible. Un jeune officier crie alors de l'arrière : « *Wassereinbruch !* » (« Voie d'eau ! ») La bombe a ouvert une brèche de 10 mètres juste derrière le kiosque, produisant une voie d'eau dans l'ouverture d'embarquement de la soute des torpilles de bâbord. Le gouvernail de profondeur ne répond plus, l'arbre de transmission de bâbord se coince et tourne difficilement. L'obscurité est totale ; le système électrique a grillé et chacun, avec sa lampe de poche, vérifie les systèmes dans un nuage de fumée persistante. Vraiment, la guigne les aura accompagnés jusqu'au bout.

Malgré sa douleur lancinante au dos, l'Olt.z.S. Heisig supervise le contrôle des avaries. Il a peur, mais il a le sentiment profond que sa dernière heure n'est pas arrivée. Il est convaincu que l'U-877 ne sera pas son tombeau, et qu'il va revoir sa famille. Là-haut, les ennemis tournent autour d'eux. Mais ils ne semblent pas se rendre compte que le submersible s'éloigne de leur zone de recherche et s'enfonce hors de portée. Tous poussent un soupir de soulagement, mais, maintenant, ils doivent lutter pour remettre en route le bâtiment endommagé.

Les marins tentent de pomper l'eau qui s'infiltre dans la soute des torpilles, cependant la forte pression extérieure, en raison de la profondeur, empêche l'évacuation de celle-ci. La pression est si forte que les joints d'étanchéité lâchent. Ils tentent désespérément d'étanchéifier les voies d'eau. C'est le tonneau des Danaïdes. Pour chaque litre d'eau que l'on tente d'endiguer, il en rentre peut-être le double ! Il faut absolument stabiliser le navire ; le contrôler. Il faut donc le garder à l'horizontale en évacuant l'eau de l'arrière à l'avant du navire. L'Olt.z.S. ordonne à ses hommes de faire une chaîne humaine et de transporter à la main, dans des seaux, l'eau qui s'accumule dans la poupe. Malgré l'adversité, le travail s'effectue avec efficacité. Les marins connaissent leur tâche et travaillent rapidement. Il faut absolument qu'ils parviennent à réparer leur bateau si mal en point.

Voilà près d'une heure que l'ingénieur, avec son équipe, travaille pour stabiliser l'U-Boot, mais en vain.

Il a tenté de démarrer le moteur électrique, mais l'arbre de transmission bâbord est faussé et émet un bruit assourdissant. L'U-877 gîte de 48 degrés et sombre lentement alors que l'eau ne cesse de s'introduire à l'arrière. Les yeux rivés au *Tiefenmesser* (profondimètre), le Kaleunt, le commandant en second, l'officier-ingénieur et le navigateur observent l'aiguille descendre. Le seuil de 160 mètres, la zone rouge critique, est dépassé depuis un bon moment, et le sous-marin poursuit sa descente aux enfers : 200, 220, 240, 260 mètres[1]. Sous la pression, le submersible se tord, comme de douleur. C'est la « fatigue » accélérée du métal – un phénomène bien connu en ingénierie. Jamais ces marins ne sont descendus à cette profondeur. Si quelques boulons de plus lâchent, la coque risque d'éclater comme une coquille d'œuf et l'U-877 de devenir un tombeau de ferraille pour tout son équipage.

Une chance bien mince

La lutte contre la voie d'eau est perdue. L'Olt.z.S. Heisig va fermer la porte étanche à l'arrière de la salle des machines, isolant ainsi le dernier compartiment, la soute des torpilles. Il revient par une lente progression en s'agrippant comme aux barreaux d'une échelle aux moteurs diesel, devenus inutiles. En quelque sorte, il remonte vers le central.

Dans le tumulte, un court moment d'affolement s'installe. Un des hommes, pris de panique, comme halluciné, arrive au central, un pistolet à la main. Il engage ses compagnons à la lutte armée contre les

---

1. Les trois indicateurs de l'U-Boot n'affichent pas la même profondeur : les témoignages à ce sujet divergeront d'ailleurs. Un des cadrans signale 230 mètres, un autre, 280 mètres, et un témoignage avance même le chiffre de 308 mètres !

Alliés qui, là-haut, sont responsables de tout ce gâchis. L'Olt.z.S. Heisig le rappelle à l'ordre et le renvoie à son poste. Trempé, Peter Heisig demande à ses officiers le dernier rapport des avaries. Ils ont de l'eau jusqu'aux chevilles, et l'air est irrespirable. Certains marins portent déjà leur masque à oxygène. Le Kaleunt retire sa casquette blanche, essuie son front couvert de sueur et observe les instruments du central avant de replacer sa casquette loin en arrière. Ce commandant d'à peine 28 ans possède des nerfs d'acier et fait preuve d'un calme exemplaire en écoutant le rapport de son premier officier. Le verdict est laconique. L'U-877 est blessé à mort. Il s'enfonce désormais inexorablement dans la fosse marine. La soute de torpille est déjà remplie d'eau et le poids entraîne le submersible vers un sort quasi inéluctable. Le moteur électrique semble incapable d'assurer une fuite sans histoire. Quant aux diesels, ils ont été trop déplacés pour être de quelque utilité une fois le bâtiment émergé. Une chance reste, une seule : miraculeusement, un des réservoirs d'air comprimé n'a pas été touché. De plus, il reste de l'énergie dans les batteries du moteur électrique. En combinant les deux, peut-être que... Le Kaleunt se sent responsable de ses 53 hommes[1], il refuse de baisser les bras et de les abandonner dans ce cercueil. Il suffit d'un regard pour que Findeisen et son second, Peter, se comprennent. Zink, l'officier-ingénieur, et Brüren, le navigateur, pensent de même et hochent la tête ; s'il reste une chance, ces jeunes leaders vont la saisir et tenter

---

1. La liste officielle de l'équipage de l'U-877 comporte 55 membres incluant le K.L. Findeisen, mais le rapport canadien dénombre 54 prisonniers, sans les nommer. Peut-être un des membres de la liste officielle a-t-il été muté peu de temps avant le départ de l'U-877.

le tout pour le tout afin de sauver cet équipage qui leur est si dévoué.

Le K.L. Findeisen, regroupant ses hommes autour de lui, leur expose rapidement la situation. Il ne leur reste qu'une chance – assez mince – mais la seule que l'U-877 leur offre. Ils doivent être conscients que cette tentative peut échouer ; qu'un seul ballast risque de ne pas suffire à les ramener à la surface. Mais, si l'U-Boot y parvient, ils devront évacuer le sous-marin dans les instants qui suivent, tout en ignorant ce qui les attend. Pour cette raison, ceux qui ont des postes de combat devront les prendre si nécessaire. Le sous-marin ne pourra rester émergé que quelques minutes. L'ordre de se préparer à abandonner le navire est donné et, en dernier lieu, comme l'a signalé le matelot Risse, on commande à chacun de détruire tous les documents militaires et personnels. Le brave matelot Risse détruira tous les papiers contenant son adresse postale lorsqu'il sera à la mer. Il ne garde sur lui que sa carte d'identité militaire, l'équivalent de ses cartes d'assurance sociale et des photos de famille.

« Anblasen ! »

Le Kaleunt enfile sa veste de cuir et son équipement de sauvetage avant de donner ses ordres : « Paré à faire surface ! Équipement de sauvetage ! Chacun à son poste ! » Les hommes passent leur veste de sauvetage, mais ils ne sont pas dupes : leurs chances de survie dans l'Atlantique Nord sont à peu près nulles. Le matelot Risse porte son bel habit de cuir gris, mais sans ses accessoires de sauvetage : sa ceinture, son appareil respiratoire, son petit canot pneumatique, tout l'équipement est rangé à sa station de combat, près de sa couchette, dans un des quartiers arrière où désormais l'eau s'infiltre. Il verra bien.

Risse s'installe à son poste devant la valve de plongée, le lieutenant-ingénieur debout derrière lui. Le Kaleunt, le navigateur et le commandant en second se tiennent juste à côté. Tout l'équipage s'agglutine autour du central. Paré. Il ne reste plus qu'à actionner la dernière bonbonne d'air comprimé et chasser l'eau du ballast.

Findeisen regarde une dernière fois son commandant en second et le lieutenant-ingénieur Zink prend une longue inspiration et s'exclame : *« Anblasen ! »* Herbert Zink répète l'ordre de son commandant : *« Anblasen ! »* (« Gonflez les ballasts ! ») et tire vers lui la manette de contrôle d'arrivée d'air. L'air comprimé se libère en sifflant dans les conduits. Les marins retiennent leur souffle, les yeux rivés sur les cadrans des indicateurs de profondeur. Bientôt, le sifflement expire. Tous prient et regardent les instruments avec un dernier espoir. À cette profondeur – plus de 250 mètres –, la pression de contrainte est si puissante que le sous-marin doit lutter pour revenir à la surface. À la limite de sa résistance, il peut tout aussi bien sombrer, entraîné par le poids de l'eau accumulé et par la pression des eaux.

Et la chance, celle qui semblait les fuir depuis leur départ de Kiel, est au rendez-vous. Contre toute attente, ils voient tous l'aiguille du cadran du *Tiefenmesser* frémir. Dans un craquement sinistre, le sous-marin se soulève doucement. Personne n'ose encore crier victoire, mais tous se surprennent à espérer. Dans un ultime effort, sous l'effet de l'air comprimé, l'U-877 y répond et se hisse de toutes ses dernières forces vers la surface de l'eau. Le commandant donne l'ordre de démarrer le moteur électrique. L'ingénieur Zink obtempère aussitôt et, à l'aide du moteur, contrebalance le poids de l'eau qui attire le sous-marin vers le fond ; il le fait remonter, le dirige lentement vers la surface.

Il lutte contre la force d'inertie du submersible, qui gîte et tend à rouler sur le côté. Ils observent tous l'aiguille rebrousser chemin à 250 mètres, dépasser le cap des 200 mètres et continuer sa remontée. Enfin ! Les hommes crieraient de joie, n'était la consigne d'observer un silence total pour ne pas attirer l'attention des navires ennemis avant d'atteindre la surface.

« Abandonnez le navire ! »

À 100 mètres, les hommes respirent pour de bon et vérifient leur équipement, par réflexe. Findeisen se poste à l'échelle, sous la tourelle, premier à monter au kiosque. Les soupapes d'évacuation et d'équilibre qui compensent normalement l'afflux d'air comprimé à l'intérieur du sous-marin restent coincées, ce qui ne manquera pas de produire un effet de poussée à l'ouverture du panneau. Le Kaleunt en prend le risque. De toute façon, il doit faire face à ces ennemis qui le traquent et diriger l'évacuation de son équipage. L'Olt.z.S. Heisig veillera à détruire les codes de l'Enigma et à abandonner le bâtiment à son sort.

En fin de course, le sous-marin crève soudainement l'océan tel un bouchon de liège en brisant la surface dans un fracas d'eau. Tous s'apprêtent, dans un soupir, à quitter ce qui fut une fière unité de l'U-Bootwaffe. Le K.L. Findeisen monte prestement à l'échelle de la tourelle et tourne la poignée de l'écoutille. Mais la pression accumulée à l'intérieur du sous-marin est si forte qu'elle l'expulse violemment. Findeisen percute le rebord d'acier de la cloison et tombe à l'eau, assommé, le cuir chevelu en partie arraché. L'Olt.z.S. Heisig se tient au central, le bras passé autour du périscope, lorsqu'il est brutalement heurté par quelque chose. Il se tourne et se rend compte que le navigateur Heinz Brüren vient de le percuter. Ce dernier, qui se tenait il y a un instant à son côté, vient de quitter le plancher et, faisant un vol de plus de six mètres par la tourelle, est éjecté du sous-marin par l'écoutille, et tombe à son tour dans l'océan. De surprise, entendant les tirs de canon, un des marins referme précipitamment l'écoutille. Toutefois, puisqu'il faut évacuer l'U-Boot et que tous sont prêts, il l'ouvre à nouveau et s'élance à l'extérieur.

Le matelot Risse est l'un des tout premiers à monter l'échelle ; il doit prendre sa position de combat au canon Dopellafette de tribord. À son arrivée sur le pont, il remarque les vagues de deux mètres qui secouent le sous-marin. C'est alors qu'il voit son commandant et le navigateur à l'eau et accourt pour tenter de les sauver. Aussitôt, à sa grande surprise, une forte vague ramène les deux hommes blessés sur le pont. Au loin, il aperçoit un navire qui démarre et fonce à toute vitesse sur l'U-Boot, tirant du canon vers celui-ci.

Le *Dämmerung* de l'U-877

Afin de se protéger des tirs, Risse se cache derrière le kiosque mais, rapidement, s'aperçoit que le tir du canon est trop court ; les obus tombent à l'eau, surtout devant le submersible. Son ami le matelot J. A. Hammer vient le rejoindre, pieds nus sur le pont. Sous l'effet de la pression de l'air, il a perdu ses bottes et ses chaussettes ! Risse et Hammer courent vers les conteneurs où sont entreposés les canots de sauvetage et les provisions de mer sur le pont extérieur. Ils commencent à les sortir avec l'aide des autres hommes qui accourent du kiosque. Le lieutenant Zink arrive à son tour et leur dit de se dépêcher. Le matelot Risse nous raconte que son ami Hammer lui tend son dinghy individuel mais qu'une énorme vague le lui arrache des mains. Penaud, il se rabat sur un sac de rations de secours flottantes[1] et s'y accroche du mieux qu'il peut en s'élançant dans les vagues. Risse ne perd pas le nord ; il ne lâche pas les provisions !

Les derniers hommes d'équipage s'extirpent avec diligence du bâtiment sinistré, qui donne déjà de la bande. Les sous-mariniers, en file, descendent du kiosque sur le pont et, en quelques minutes, les canots pneumatiques sont gonflés. Peter sort enfin ; tous les codes et les livres ont été détruits, tous ses hommes ont réussi à sortir à temps. Il vient d'apprendre que son commandant et son navigateur sont blessés et que des hommes les retiennent avec eux. Il comprend sur-le-champ qu'il doit se charger de la suite des opérations. L'U-877 est agité de derniers soubresauts et coule déjà, la poupe s'enfonçant lentement dans l'eau. C'est son *Dämmerung*, son crépuscule. L'océan entraîne les marins, qui ne parviennent pas vraiment à grimper dans les radeaux. Ils s'y agrippent alors désespérément. Chacun a gonflé sa veste de sauvetage, mais les habits de cuir gris se remplissent d'eau et doublent pratiquement le poids des naufragés. Ces derniers savent qu'ils doivent conserver leur chaleur, et l'eau froide sur leur corps se réchauffe quelque peu. La température de l'eau est probablement encore aux alentours de 16 °C[2]. Surtout, ne pas trop bouger pour garder son énergie et

---

1. Minutieux, le matelot Risse nous apprend que ce sac mesurait 80 × 60 × 50 centimètres.
2. Lorsque Linda Sinclair a demandé au docteur Heisig comment ils avaient passer autant de temps dans l'eau sans qu'aucun des hommes ne souffre d'hypothermie, il lui a répondu simplement : « Mais nous étions dans le Gulf Stream ! » Cette réalité a effectivement contribué à sauver la vie de l'équipage. « L'eau était tout de même froide », a admis l'Oberleutnant.

ne pas faire entrer d'eau froide. L'Olt.z.S. Heisig encourage ses hommes à se regrouper et à se tenir ensemble, en grappes. En tant que commandant et au mépris de sa propre sécurité, il nage autour d'eux. Il sait qu'ils ont peu de chances de survivre. L'Atlantique Nord ne pardonne pas ; ce n'est qu'une question de minutes. Le temps est tellement gris, froid et pluvieux que cela ne pourra durer. Au mieux, le bateau de la Croix-Rouge, qui ferme le convoi, les ramassera peut-être, du moins ceux qui ne seront pas morts d'hypothermie ou que les vagues n'auront pas dispersés. Il fait face à la mort, mais quelque chose lui dit que son dernier moment n'est pas encore venu.

« Ils foncent sur nous ! »

Deux violentes explosions se font entendre, probablement les torpilles qui explosent sous la pression de l'eau. Le U-877, fidèle jusqu'au bout, rend l'âme dans les profondeurs de la mer. L'Olt.z.S. Heisig voit enfin les navires qui les traquent et les chassent depuis plus de deux heures. Il reconnaît une frégate et une corvette dernier modèle. Il a froid et ignore comment il pourra lutter contre l'engourdissement. Il observe les navires s'approcher à pleine vitesse. Il a l'impression qu'ils ne s'arrêteront jamais ; ils foncent simplement sur eux maintenant qu'ils sont à la merci des vagues et sans défense. Il se dit que, si ce sont des Britanniques ou des Norvégiens… Non, il n'ose pas encore y penser.

Enfin les navires ralentissent leur course à 300 mètres, et l'Olt.z.S. Heisig soupire de soulagement ; les escorteurs s'immobilisent devant eux. Il voit enfin de près ses ennemis. « Des Britanniques ! » C'est donc eux qui ont déjoué leur plan d'offensive, qui ont mené l'attaque et les ont débusqués avec précision.

Quelqu'un tire une rafale de mitraillette juste devant eux. Elle ne hachure que les flots. Peter se dit qu'il ne s'agit probablement que d'un coup de semonce pour décourager les sous-mariniers de toute tentative d'hostilité. Mais sait-on jamais... Il entend crier et remarque les marins qui courent sur les ponts et s'affairent. Certains sont armés. Les Allemands commencent à crier : « *Hilfe !* » (« À l'aide ! Sauvez-nous ! ») Quelques minutes qui lui semblent des heures passent, et il n'en croit pas ses yeux : on range les armes, les marins des navires ennemis jettent par-dessus le bastingage de grands filets de cordes et un des bâtiments fait descendre une chaloupe. On leur fait signe d'approcher !

L'Olt.z.S. Heisig ordonne à ses hommes de faire monter les deux blessés en priorité. Les premiers marins commencent à grimper dans le filet et hissent alors le capitaine Findeisen et le navigateur Heinz Brüren, tous deux à moitié inconscients, le premier le crâne ensanglanté. Les marins s'accrochent au filet et s'élèvent. Ils saisissent les mains tendues des marins qui les empoignent et les tirent vers eux, vers la chance, vers la vie. L'Olt.z.S. Heisig supervise le sauvetage. Les naufragés forment désormais deux groupes ; le second est secouru par l'autre navire. Le matelot Risse, nageant vers les filets, perd ses bottes et ses chaussettes à son tour. Il grimpe du mieux qu'il peut dans les cordes.

Enfin, au bout de trente minutes, transi et épuisé, dans la meilleure tradition maritime, Peter est le dernier à se hisser dans le filet qui bat contre le flanc du navire à chaque vague. Lourd de toute l'eau qui imprègne ses vêtements, il utilise ses dernières forces pour grimper. Il saisit les mains qui se tendent vers lui et qui le hissent d'un élan par-dessus le bastingage, sur le pont.

Mais, alors que Peter se redresse sur le pont, un des marins canadiens, nerveux, brandit sa baïonnette pour couper ses épaulettes. Surpris et effrayé, Peter lève sa main gauche pour se protéger le visage. La baïonnette lui transperce la main mais, sous l'effet de l'adrénaline, il ne sent pas la douleur. Il se rend compte qu'il s'agit d'un geste erratique que l'on peut interpréter de bien des façons. Le matelot se fait d'ailleurs réprimander par un des maîtres. Qu'importe, Peter Heisig regarde autour de lui, sur la plage arrière du navire, voit ses hommes détrempés se secouer, tous vivants, et il soupire de soulagement. Vivant, c'est tout ce qui compte. Encore une fois.

Ensemble à bord

Peter examine les marins ennemis et le pont de la corvette. Tous sont à pied d'œuvre, occupés à accueillir les sous-mariniers exténués. C'est alors qu'il entend parler... français ! Il se retourne et regarde les matelots. Des Français ? Non, leur uniforme ressemble trop à ceux de la Royal Navy. Il réalise alors rapidement qu'il ne se trouve pas à bord d'une corvette britannique mais bien d'une corvette canadienne toute neuve ! Ce sont des Canadiens qui viennent de couler l'U-877 et qui se sont arrêtés pour les recueillir à leur bord et les sauver, bien sûr ! Il revit enfin ; les dernières heures ont été assez éprouvantes mais, maintenant, il peut respirer un peu. Il lève alors les yeux vers le poste d'équipage et observe attentivement l'officier responsable qui, soudain, l'espace d'un moment, le regarde avec un grand sourire. Celui-ci s'affaire à donner ses ordres et à mener les opérations avec un calme et une assurance propres à ceux qui sont habitués à commander. Peter sourit à son tour. Il sait qu'il ne court plus aucun danger. Et ce sera l'amitié au premier coup d'œil. L'Olt.z.S. Heisig a aperçu le lieutenant Déry et a su instinctivement que tous deux deviendraient amis pour la vie. Peter, spontanément, fait une prière et remercie Dieu de l'avoir sauvé. Soudain, il pense à sa petite médaille de Notre-Dame, accrochée à son armoire, près de sa couchette ; elle l'a effectivement sauvé et, maintenant, elle repose au fond de l'Atlantique, au cœur du cercueil d'acier[1].

Mais pour l'instant, l'Olt.z.S. Heisig doit suivre le reste de son équipage. Il verra bien plus tard. Rapidement, les marins mettent en place la procédure prévue pour l'accueil de naufragés. En premier lieu, on les compte et on leur offre une ration de rhum ou un bol de bouillon chaud. Ceux qui possèdent des couteaux, comme le matelot Risse, doivent s'en départir et remettre l'arme à l'une des sentinelles. On les envoie prendre une douche chaude avant de leur distribuer des vêtements, des sous-vêtements, des bas de laine, des bonnets de laines et des espadrilles, courtoisie de la Croix-Rouge, qui laisse à bord des navires des sacs de premiers secours. Habituellement, ces effets sont à l'usage des naufragés alliés, des marins des navires marchands, mais, cette fois-ci, on n'hésite pas à les donner aux sous-mariniers. On y retrouve, en plus des vêtements, du chocolat, des cigarettes, du papier à lettres, tout ce qui peut être utile dans ces circonstances. Le matelot Risse nous raconte qu'il enlève son bel ensemble de cuir gris, complètement détrempé, et qu'il reçoit un des sacs de survie de la Croix-Rouge. Peu après, on dresse la liste des prisonniers, avec leur grade et leur occupation, et on leur fait subir un rapide examen médical. Leurs vêtements et leurs biens ne leur sont pas rendus, mais scellés dans des enveloppes, et un reçu leur est remis, ce qui, selon le rapport officiel, semble les satisfaire.

Maintenant au sec, les sous-mariniers épuisés se voient offrir le petit déjeuner, un premier vrai repas

---

1. Le docteur Heisig est retourné chercher une médaille de Notre-Dame semblable et la garde en souvenir. Il assure qu'elle le protège encore.

chaud depuis des semaines ; ils ne se font pas prier. L'Olt.z.S. Heisig goûte pour la première fois de sa vie des *corn flakes* et il mange avec appétit deux œufs brouillés, du bacon, des saucisses et des rôties[1] ; pour lui, tout cela a un goût de fin de guerre. Les Canadiens n'hésitent pas un instant à partager leurs rations avec les Allemands.

L'installation des « invités »

Pendant que les sous-mariniers mangent et se remettent de leurs émotions, il faut organiser la cohabitation pour ce qui reste du voyage. Le lieutenant Déry monte à la timonerie ; il est satisfait du travail accompli par ses hommes. Le commandant Denny lui sourit, et les deux hommes se donnent la main. Le commandant demande alors à son second :

— As-tu fait des plans pour ces gars-là ?

— Oui. J'ai pensé sortir les *stokers*[2] et les installer dans leur mess, le mess « B ».

— Tu connais ton affaire. Fais ce qu'il faut[3].

Le commandant Denny confie l'entière responsabilité de la garde des prisonniers à son second[4]. On installe donc les matelots allemands dans les quartiers des mécaniciens diesel, qui sont vidés de

---

1. À la question : « Quel est le meilleur repas que vous ayez pris dans votre vie ? », il répondra : « Le bol de *corn flakes* et le déjeuner à bord du *St Thomas.* »

2. Par tradition, le terme *stoker* est encore, de nos jours, utilisé dans la Marine royale du Canada pour désigner les mécaniciens diesel ou chauffeurs, bien que les chaudières à charbon aient été remplacées depuis belle lurette à bord des navires.

3. Entrevue du 23 janvier 1992 avec Stanislas Déry.

4. Le docteur Heisig a d'ailleurs mentionné qu'il a rarement vu le commandant du *St Thomas* : celui qui veillait sur les prisonniers était Stanislas Déry.

leurs locataires habituels, et on organise des tournées de garde de sentinelles armées.

Une fois le déjeuner terminé, les Allemands sont regroupés sur le pont arrière de la corvette, où ils sont divisés en deux groupes : les officiers d'un côté et les membres d'équipage de l'autre. Peter voit enfin l'officier qu'il regardait plus tôt s'avancer calmement vers eux. Le lieutenant Déry, de par sa fonction de commandant en second, rencontre les gradés allemands et leur explique la conduite à suivre. Il écrit ce qui suit dans son rapport[1] : « Les officiers ont été installés dans le carré. Nous avons permis à l'un d'entre eux de rencontrer les blessés et il s'est dit satisfait de voir que nous nous en étions bien occupés. La majorité des prisonniers semblait toutefois en état de choc. »

« Nous leur avons ensuite expliqué qu'ils devaient bien se tenir et ne pas causer de problèmes en leur faisant comprendre qu'ils seraient surveillés par une sentinelle dûment armée. Nous leur avons appris que leurs effets personnels leur seraient rendus une fois à terre et leur avons précisé que leur commandant recouvrerait la santé. Si l'on en juge par l'inquiétude qu'ils manifestaient à son égard, ce chef semblait jouir d'une appréciable popularité auprès de ses hommes », trouve-t-on dans le rapport.

« Fort heureusement, le premier lieutenant allemand[2] parle bien le français et nous avons un matelot qui parle passablement l'allemand. Le commandant et son second[3] parlent un bon anglais. Les deux blessés ont subi de vilaines blessures au cuir chevelu et nous

---

1. Rapport reproduit p. 317-318.
2. Olt.z.S. Heisig.
3. Difficile de savoir de qui il s'agit. Il semble y avoir une confusion dans les responsabilités de chacun des officiers allemands. Peter Heisig parlait à peine anglais.

devrons garder le médecin à bord pendant quelque temps. Les blessés devraient néanmoins être en état de se déplacer de façon autonome à notre arrivée au port. Les officiers allemands nous ont exprimé leur satisfaction concernant notre manière de traiter leur équipage. L'un d'entre eux nous a fait savoir que, si certains de leurs hommes nous causaient quelque ennui, il suffisait de lui signaler le problème pour qu'il y remédie personnellement[1]. »

Selon les traditions maritimes et militaires, et surtout la convention de Genève de 1929, un prisonnier a droit au même traitement que les homologues de grade équivalent qui le retiennent captif, et ces derniers partagent alors leur environnement avec leurs prisonniers. Ainsi, alors que les autres officiers logent dans le carré qui leur est réservé, pour accueillir le commandant en second du sous-marin, le lieutenant Déry sort certains de ses effets personnels de sa cabine déjà étroite et fait installer sur le sol un brancard qui fera office de lit de camp. Le lieutenant Déry et l'Olt.z.S. Heisig partagent désormais, pour les huit jours suivants, la même cabine.

Le visage de l'ennemi

Du même coup, des horaires sont établis. Une note de service datée du 27 décembre et signée par le commandant en second, le lieutenant Déry, et qui, selon toute évidence, était affichée dans la coursive, nous apprend que : « Les heures suivantes ont été assignées aux officiers allemands pour l'usage de la salle de bains : 07 h 40-08 h 10. Le steward veillera à appeler les officiers allemands à 07 h 30. Le steward avisera les

---

1. Rapport du *HMCS St Thomas*, 1er janvier 1945 : *Réception des prisonniers*, extrait du *Report of proceedings of convoy HX-327* du groupe C-3.

officiers allemands lorsque leur repas sera servi ; les officiers allemands mangeront dès qu'ils seront avisés. »

Mais, pour tous ces hommes que l'on vient de sortir des flots de l'Atlantique Nord, le choc est grand. D'abord, ils font face à leurs ennemis, et soudain cet ennemi a un visage, un visage jeune, tout comme eux, et surtout d'une grande humanité. Et, ces Allemands qui ont pour ordre de « couler du tonnage », ces marins qui voient rarement la physionomie de l'ennemi, se retrouvent soudainement confrontés à leurs propres convictions. Bien que fermes, les Canadiens font preuve de gentillesse et de spontanéité, partageant sans hésiter leurs repas et leurs hamacs, leur espace vital déjà restreint, avec ceux qu'ils considèrent comme des marins, au même titre qu'eux, affrontant les mêmes périls, le même froid, la même chaleur, le même gris glauque de l'océan Atlantique et le même horizon à perte de vue. Les Allemands sont conscients que, si une même corvette battant pavillon britannique, norvégien ou autre avait envoyé par le fond leur sous-marin, la même bienveillance n'aurait peut-être pas été au rendez-vous…

Cette rencontre est un choc culturel, celui de l'Ancien Monde et du Nouveau. La vieille Europe contre la jeune Amérique, une rencontre qui occasionne, même de nos jours, malgré nos moyens de communication modernes, une certaine incommunicabilité, qui fait toujours couler beaucoup d'encre. Une rencontre idéologique aussi – la dictature contre la démocratie –, sans compter les préjugés de part et d'autre car, pour la propagande nazie de l'époque, tout ce qui est nord-américain est dégénéré. Selon elle, « ce » continent est un amalgame de plus de 250 millions d'abrutis manipulés, au mieux par des magnats industriels arrivistes, au pire par des chevaliers d'industrie judéo-maçons et des gangsters !

Du côté canadien, si on n'aime guère l'ennemi, on est plus neutre, car on ne connaît ni les privations ni les attaques, aériennes ou terrestres, sur son territoire, et les vraies horreurs du nazisme ne seront dévoilées que lors de la découverte des camps de concentration et d'extermination, lors de l'avancée des troupes de libération en territoire occupé. À cet instant, l'ennemi est représenté par des soldats comme les autres, qui risquent leur vie pour leur pays et à qui on n'a pas demandé leur avis.

L'abondance de nourriture et de biens à bord surprend les prisonniers. La propagande de leur pays leur fait croire que les ressources de l'Amérique du Nord seront bientôt taries. Eux qui étaient rationnés au pain rassis et aux conserves depuis plusieurs jours goûtent avec délices au beurre, à la moutarde[1], aux confitures, à la viande. Ils regardent les revues et les journaux et écoutent la musique nord-américaine, interdite en Allemagne. D'ailleurs, un des officiers, examinant une édition du *New York Times*, semble très impressionné du fait que les communiqués allemands et japonais figurent côte à côte avec les rapports alliés. Une fois la surprise passée, il avoue : « C'est ça la liberté… »

Toujours du nid-de-pie

À bord de la frégate *Seacliff*, 20 hommes sont recueillis, mais aucun officier ne fait partie des survivants. Là aussi, la même routine d'accueil des prisonniers est établie, et aucun interrogatoire n'est prévu. Mais, dès le départ, quelques incidents se produisent. Comme le raconte le matelot Jules Blais, de Québec : « À notre grande surprise, ceux que nous avons

---

1. Détail amusant : un des Allemands déclara que retrouver de la moutarde fut pour lui un délice auquel il n'avait pas goûté depuis longtemps.

recueillis se sont alignés et ont fait le salut hitlérien. Certains de nos matelots étaient en rage. "Maudits boches... Tiens-toi bien... On va leur en donner du *Heil Hitler...*" disaient les plus résolus. "On va les renvoyer d'où ils viennent !" » Les marins canadiens n'en firent évidemment rien et apprirent à cohabiter avec les invités inattendus qu'ils avaient repêchés.

Dans une publication intitulée *A Sailor's Life, 1920-2001*, l'officier de la Marine royale du Canada Peter Godwin Chance, qui se trouvait à bord du *Seacliff* le mercredi 27 décembre 1944, raconte, lui aussi, cet épisode : « Ces gens étaient en état de choc et, de toute évidence, se demandaient ce que nous allions faire d'eux. Ils semblaient ne pas s'attendre à être traités de manière humanitaire par nos soins. Recroquevillés sur le pont supérieur, on leur distribua des couvertures puis on les fit descendre au chaud. Cette attention ne provoqua chez eux aucun sourire. Ils semblaient jeunes, beaucoup plus jeunes que nous. À bord, les communications furent limitées et l'atmosphère demeura plutôt lourde. Certains des sousmariniers demandèrent des peignes pour dégraisser leurs cheveux blonds, imprégnés de fioul. "*Unser Shiffe war ein Salad...*", répétaient-ils en faisant allusion aux destructions occasionnées par les projectiles *Squids*, qui avaient causé "toute une salade" à bord. Les hommes se ressaisissaient mais les commentaires demeuraient plutôt rares. »

Par la suite, Peter Godwin Chance confiera que le commandant en second lui avait donné la garde d'un sous-marinier. « On m'avait donné un pistolet chargé afin de surveiller ce jeune homme, fort présentable, mais potentiellement dangereux, raconte-t-il. J'étais l'un des rares officiers canadiens à connaître des rudiments d'allemand, dont des termes de marine. Il s'agissait surtout de souvenirs datant de cours suivis au secondaire. Je tentai d'engager la conversation, mais le jeune lieutenant [*sic*][1], un Autrichien âgé de moins de 22 ans, me fit remarquer sans arrogance qu'il serait plus facile de parler anglais, sa langue seconde. Je ne me fis pas prier. Il m'expliqua qu'il n'était que depuis peu dans la Kriegsmarine[2] et combien il était difficile de recruter et de former des équipages. Il me rappela, non sans fierté, combien le moral des sous-mariniers demeurait excellent en dépit des pertes très élevées subies par les *wolf packs*. On ne ressentait aucune haine fanatique chez ce jeune combattant. Nous n'étions que deux marins que les hasards de la guerre et la mer avaient réunis. »

Le témoignage de Jules Blais confirme ce sentiment vécu par Peter Godwin Chance. Alors qu'une guerre mondiale sévit où de jeunes hommes semblables se retrouvent confrontés en raison d'idéologies politiques bien éloignées d'eux-mêmes et de leur propre réalité, à bord de la *Seacliff*, une humanité et une ouverture s'établissent et ce, de façon bien naturelle, les similitudes attirant les uns vers les autres.

Une tarte pour dérider les renfrognés

« Au début, nos contacts avec ces prisonniers ont été plutôt froids, raconte Jules Blais, surtout après leur petit numéro de salut nazi sur le pont. C'était l'injure suprême ! Je pense cependant qu'il s'agissait d'une

---

1. M. Chance mentionne qu'il s'agit d'un officier, sans le nommer. Or, la liste des prisonniers à bord du *Seacliff* n'indique aucun officier.
2. Il fallait entre deux ans et demi et quatre ans et demi pour atteindre le grade de lieutenant ; par conséquent, ce jeune homme pouvait difficilement avoir été lieutenant, d'autant qu'il mentionnait être « depuis peu » dans la Kriegsmarine. Il est donc improbable qu'il ait été officier.

ultime manifestation d'hostilité[1]. Lentement, nous avons réalisé que ces rescapés n'étaient pas des sur-hommes (beaucoup étaient moins grands et moins costauds que nous) et qu'ils étaient très jeunes. S'ils avaient été des nôtres, nous aurions pu jouer au hockey ou au base-ball avec ces types-là et ensuite aller prendre une bière. Nous avons nettoyé le quartier des *stokers*, dont les portes fermaient à clé, car nous ne pouvions pas les surveiller constamment. Étant l'un des seuls à parler français de tout l'équipage et vu que plusieurs Allemands se débrouillaient dans cette langue, je fus désigné d'office pour être une sorte d'interprète. J'avais un chapelet que ma mère m'avait donné. L'un des Allemands, un catholique, m'a demandé de le lui prêter. Entre chrétiens, je ne pouvais refuser. C'est ainsi que j'ai réussi à établir un premier contact avec ces marins. Je m'occupais aussi de faire nettoyer leurs quartiers. »

Les sous-mariniers se dérident et échangent peu à peu avec leurs geôliers. Ils sont escortés lors de leurs va-et-vient, principalement pour se rendre aux toilettes ou pour les sorties journalières sur le pont. Lorsqu'ils passent près de la carte de l'Atlantique, ils pointent le Canada aux gardes et sont fort déçus de comprendre que le convoi poursuit sa route vers les Îles Britanniques, où ils seront constitués prisonniers de guerre. Bientôt, une camaraderie composée prin-cipalement de signes et de fous rires s'installe, comme le raconte le matelot Blais : « S'ils se montraient en général satisfaits de ce que nous leur servions, ils refusaient de manger de notre tarte aux raisins secs, qui se trouvait depuis peu au menu[2]. Un jour où on

1. Ce que les Français appellent un « baroud d'honneur ».
2. Pâtisserie typiquement anglo-saxonne. Curieuse réaction chez les Allemands, qui consomment du rôti de chevreuil aux bleuets (myrtilles) et autres mets aigres-doux.

leur avait présenté de la tarte aux raisins et qu'ils la boudaient, j'en ai mangé devant eux. Je ne sais si je les ai convaincus, mais la fois d'après, ils m'en ont servi un gros morceau et nous avons bien ri. Des niaiseries comme ça établissent des liens malgré tout. Celui qui m'avait emprunté mon chapelet se faisait harceler par un de ses camarades, qui ne supportait pas qu'il communique avec l'ennemi. Nous avons découvert que ce trouble-fête était un fanatique, peut-être une sorte de mouchard politique, et nous l'avons isolé du groupe. Cela fait, tout alla mieux. Nous nous sommes dit que ces jeunes prisonniers n'étaient pas les responsables de cette guerre, mais que, tout comme nous, ils n'avaient pas le choix, qu'on les avait formés, collés derrière une mitrailleuse ou un canon et envoyés défendre la patrie qui, en allemand, s'appelle *Vaterland*, "la terre paternelle". Nous avons cessé de les traiter de boches, de nazis ou de *Krauts*, et ils sont devenus pour nous des "rescapés", des "naufragés". »

Le gestapiste appréhendé

En fait, le zèle, voire le fanatisme de ce marin allemand dont il est question plus haut devient rapidement une rumeur qui aura la vie dure, puisqu'on la retrouve même dans le rapport final du commodore King. Le marin extrémiste passe rapidement pour un membre de la Gestapo au sein de l'équipage de l'U-877. Même Peter Godwin Chance relate et commente cette histoire dans son livre : « Les officiers des deux bâtiments savaient que chaque équipage comprenait un membre de la Gestapo[1], sorte de commissaire politique[2] censé

---

1. Interprétation de M. Chance.
2. Il y a effectivement un « commissaire » qui veille au respect des ordres du quartier général, en l'occurrence l'Olt.z.S. Heisig, comme nous l'avons vu précédemment.

surveiller les combattants pour s'assurer qu'ils suivaient bien les directives du gouvernement nazi. La présence d'un tel mouchard parmi eux empêchait les Allemands d'émettre tout commentaire et même d'exprimer la moindre marque de reconnaissance envers ceux qui les avaient capturés. » Selon Peter Godwin Chance, c'est le capitaine du *Seacliff* qui demanda de localiser puis d'isoler le gestapiste.

C'est justement cet individu qui a enlevé au matelot allemand le chapelet que venait de lui prêter Jules Blais, le remit à ce dernier et maugréa contre son collègue. Devant ce sous-marinier, les naufragés se taisaient et demeuraient intimidés. Le commandant décide alors de les ébranler un peu. Alors que les prisonniers sont regroupés dans le quartier des mécaniciens, on simule une attaque, l'appel *action stations* retentit, les écoutilles sont verrouillées et les Allemands se retrouvent enfermés dans la cale. Une grenade sous-marine est lancée à la proue et explose directement sous les pieds des prisonniers, en eaux peu profondes. L'explosion secoue le bâtiment, à la plus grande frayeur des naufragés. Les dégâts ne se bornent toutefois qu'à quelques ampoules électriques éclatées. Rappelés à l'ordre par ce moyen brutal, les sous-mariniers acceptent finalement de se montrer plus coopératifs. Le propagandiste improvisé et son zèle intempestif sont mis sous les verrous[1] pour les quelques jours qui les séparent de la Grande-Bretagne[2]. De même,

---

1. Les documents officiels ne révèlent pas de qui il s'agit. Peut-être y a-t-il une confusion entre l'OStrm Brüren et cet autre sous-marinier.

2. On parla donc d'« agent de la Gestapo », mais Peter Heisig assura à Linda Sinclair en riant qu'aucun agent de la police secrète d'État allemande ne se trouvait à bord de l'U-877. Il s'agissait en revanche d'un nazi bon teint qui s'était improvisé surveillant politique.

pendant ce temps, à bord du *St Thomas* – et il est difficile de savoir ce qui a pu amener les autorités à cette déduction –, dans le rapport intitulé *Informations sur les prisonniers*, il est noté à la toute fin : « Prisonnier soupçonné d'être un agent de la Gestapo : Obersteurmann Heinz Brüren : blessé[1]. »

En fait, pour les marins canadiens, peu confrontés aux réalités sociales et politiques de l'Allemagne nazie, tous ces Allemands sont en quelque sorte des ennemis, donc des « nazis », des extrémistes, ce qui n'était certes pas le cas. Une grande confusion règne dans l'esprit des marins canadiens sur les rouages politiques et administratifs nazis. En aucun cas la Gestapo ne pouvait se payer le luxe de placer un agent à bord de chaque U-Boot. Cette police politique secrète et chargée des services de renseignement avait trop de tâches ignobles à accomplir en Europe pour appliquer les lois racistes et pourchasser les résistants. En fait, la plupart des jeunes sous-mariniers n'étaient nullement nazis, pas plus que leurs familles ; ils considéraient qu'ils faisaient leur devoir et défendaient leur pays dans une guerre qu'ils avaient de la difficulté à juger, à évaluer sur un plan international. Soumis à une lourde propagande, à une surveillance et à un endoctrinement constant, ils ne pouvaient remettre en question une telle dictature. Malheur aux opposants politiques ou aux contestataires, même et en premier lieu allemands, car ils s'exposaient à finir sous la torture, dans des camps d'extermination ou rapidement

---

1. Lorsque Linda Sinclair a montré au docteur Heisig le rapport sur les prisonniers du *St Thomas* et qu'elle lui a expliqué que les autorités étaient convaincues que H. Brüren était membre de la Gestapo, il partit d'un grand éclat de rire. Il lui expliqua que H. Brüren était alors un nazi convaincu mais que, comme plusieurs autres, à son retour en Allemagne, il était devenu un fervent défenseur de la démocratie.

exécutés, tels que le furent les jeunes universitaires de Munich Hans Scholl et sa sœur Sophie ainsi que Christoph Probst, membres du réseau la Rose blanche guillotinés le jour même de leur condamnation, le 22 février 1943, pour avoir distribué des tracts pacifistes faisant appel au ressaisissement éthique contre le totalitarisme nazi. Fièrement, la jeune Sophie, âgée d'à peine 22 ans, aurait affirmé à son procès : « Ce que nous avons dit et écrit, beaucoup le pensent. Mais ils n'osent pas l'exprimer[1]. »

« Des gars comme nous autres... »

Le matelot Charles Bernier, du *St Thomas*, présente lui aussi son sentiment face à ces marins allemands. Ancien employé d'hôtel, peu attiré par l'infanterie, il s'était engagé dans la MRC comme steward et eut l'occasion de servir les prisonniers. Lui aussi aurait pu devenir copain avec eux. « J'avais l'impression qu'ils ne faisaient pas de politique, dans le fond, et qu'ils ne savaient pas trop ce qui se passait vraiment en Allemagne ou ailleurs. C'étaient des gars comme nous autres... »

Bien qu'il n'y ait pas eu d'interrogatoires officiels à bord du *St Thomas*, le lieutenant Déry rencontre le K.L. Findeisen et l'Olt.z.S. Heisig, qui lui fournissent certaines informations plus ou moins générales, comme en témoigne le rapport d'informations sur les prisonniers que le lieutenant Déry rédige. On y lit : « [Le K.L. Findeisen] a servi sur des vaisseaux anti-sous-marins dans la Baltique avant de se joindre à l'U-Bootwaffe. [...] Lorsque je lui ai demandé de regarder notre bâtiment pour nous expliquer en quoi,

---

1. Devant l'université Louis-et-Maximilien de Munich, on trouve le mémorial Scholl, dédié à la Rose blanche, où des tracts semblent éparpillés sur le sol, encastrés dans les pavés.

selon lui, l'équipement allemand était supérieur au nôtre, il s'est contenté de me demander de voir notre dispositif de lancement de grenades sous-marines. »

Il semble bien que, malgré sa blessure à la tête, le Kaleunt ait gardé toute sa superbe. « À la moindre question, aussi innocente fût-elle, soucieux de ne rien dévoiler, il nous lançait un regard glacial et prudent avant de répondre », lit-on dans le rapport. Néanmoins, réaliste, il avoue, probablement avec résignation, que « le temps joue contre l'Allemagne. Celle-ci n'a pas suffisamment de carburant et d'acier et les Allemands estiment que, pour parvenir à leur objectif, ils doivent gagner la guerre dans les six mois qui viennent[1]. »

Quant à l'Olt.z.S. Heisig, voici ce qu'il déclare lors de sa déposition :

« [...] Dans trois mois, l'Allemagne doit lancer un nouveau type de sous-marin plus rapide que nous en surface, ce qui risque de désavantager les Alliés. Les torpilles allemandes ne peuvent pas toucher les bateaux et les sous-marins allemands. En approchant de ces derniers, elles changent automatiquement de cap[2]. »

---

1. Rapport d'informations sur les prisonniers du *St Thomas*, 1er janvier 1945.
2. *Ibid.* Lors de la rencontre de Linda Sinclair avec le docteur Heisig en 2007, elle lui montra ce rapport. Et, une fois parvenu à cette déclaration, elle lui demanda s'il avait inventé de toutes pièces cette information, ce nouveau type d'U-Boot et surtout cette fameuse torpille. (On sait aujourd'hui à quel point les torpilles acoustiques allemandes étaient loin d'être au point...) Cette information a fort diverti le docteur Heisig qui, plus de soixante ans plus tard, avoua avoir fourni à son sauveteur de l'information militaire fantaisiste... comme il convient en pareil cas. Il est douteux que les services de renseignement alliés aient accordé foi à ces « révélations ».

Deux marins

Quelques heures à peine après les affrontements, Stanislas est tout sourire. Sur les photos, il a l'air d'un collégien, les mains dans les poches et la casquette penchée vers l'arrière face à un Olt.z.S. Heisig au regard sceptique et à la mine un peu décontenancée. Quelques heures à peine après les affrontements, le lieutenant Déry observe autour de lui, satisfait du geste qu'il vient de faire et de ce qui s'est ensuivi.

Le 27 décembre au soir, épuisé mais satisfait, il se rémémore sa journée étendu sur sa couchette. Quelle ironie ! Il partage sa cabine avec celui qui, le matin même, était son ennemi, celui qui se préparait à attaquer son convoi. Mais, comme dans une partie d'échecs, c'est lui qui l'a emporté. Il a coulé le sous-marin et sauvé l'équipage au complet. Il sourit, encore une fois, et ne ressent aucune animosité. Pour lui, il est naturel de partager sa cabine avec le commandant en second de l'U-Boot. Il respecte l'officier allemand tout comme celui-ci le respecte. Après tout, l'un et l'autre n'ont fait qu'obéir aux ordres, respecté le code d'honneur maritime, et accompli leur devoir. Il n'y a désormais que deux marins que beaucoup de choses rapprochent. Ce Canadien qui lui fait face lui a tendu la main avec franchise et honnêteté, l'a accueilli non pas comme un ennemi mais comme un égal. Peter est très heureux de partager la cabine de l'officier qu'il observait le matin même et, rapidement, tous deux s'apprivoisent et échangent ensemble des propos dans le français que l'Olt.z.S. Heisig a appris à Bordeaux-Bacalan, l'une des bases de la marine allemande, sur l'Atlantique, en France occupée.

Ils discutent de la guerre, et l'Olt.z.S. Heisig semble partagé dans ses opinions. Ainsi, le lieutenant Déry écrira à ses parents le commentaire suivant : « [...] entre autres, le premier lieutenant allemand me demandait à tout instant ce que nous ferions de Hitler quand il serait notre prisonnier, et qui malgré tout, avait le culot d'essayer de me convaincre qu'ils allaient gagner la guerre en fin de compte[1] ». Réflexe de fierté normal et évident de la part d'un militaire aguerri, et il est facile d'imaginer le lieutenant Déry et l'Olt.z.S. Heisig argumenter et vanter leur puissance et leur supériorité militaire respective.

Stan, lorsqu'il est dans sa cabine, en compagnie de son vis-à-vis allemand, découvre rapidement, face à lui, un homme qui non seulement partage les mêmes responsabilités, mais également les mêmes valeurs humaines. Tous deux ont à cœur leur équipage, aiment la mer et les défis. Lorsque Stanislas n'est pas de quart, il discute avec son nouvel ami de leurs pays respectifs, du conflit, de leurs valeurs, de leurs familles, de leurs ambitions, de la vie après cette guerre, en grignotant les chocolat Laura Secord que le Canadien a reçus de ses parents. À minuit, à plusieurs reprises, en compagnie des Canadiens, il emmène Peter prendre le repas du soir avec les marins qui viennent de finir leur quart. Pour le plus grand plaisir de Stanislas, les deux hommes se découvrent une passion commune : ils écoutent tous deux des concerts sur le poste de radio de Cécile et partagent leur enthousiasme pour les symphonies et les concertos de leur compositeur favori : Beethoven.

La traversée se poursuit en zigzag vers la Grande-Bretagne. Mais le voyage est parsemé d'anecdotes amusantes, qui brossent un tableau presque bon enfant de la cohabitation. Un jour,

---

1. Lettre du 14 mars 1945.

alors qu'il se trouve seul dans la cabine du lieutenant Déry, l'Olt.z.S. Heisig ouvre le tiroir du bureau et découvre le pistolet de ce dernier. Tout de suite, étant lui-même officier et commandant en second, il saisit l'embarras que connaîtrait son nouvel ami si les autorités apprenaient qu'il ne laisse pas son arme sous clé. Il prend donc le pistolet, sort de la cabine et se dirige avec assurance vers la sentinelle pour le lui remettre. Mais, à la vue de cet officier allemand tenant une arme et marchant résolument dans sa direction, le garde ne demande pas son reste, tourne les talons et s'enfuit dans la coursive. Éberlué, l'Olt.z.S. Heisig poursuit son chemin avant de remettre l'arme à la sentinelle suivante qui, selon toute évidence, a plus de cran ou, peut-être, plus d'ancienneté. De la même façon, une nuit, l'Olt.z.S. Heisig se lève pour se rendre aux toilettes et constate que la sentinelle dort à poings fermés ! Il réveille alors cette dernière afin d'être escorté en bonne et due forme. Le lendemain matin, il informe le lieutenant Déry, avec un sourire en biais, que ses sentinelles dorment durant leur tour de garde... Le commandant en second du *St Thomas* doit donc remettre les pendules à l'heure du fautif, car, à terre, en plein combat, une telle faute serait passible du conseil de guerre.

Mais les deux marins se découvrent rapidement de nouveaux points communs, dont celui d'être terriblement pince-sans-rire et amateurs de bons mots. Ils crânent et créent chacun des histoires sur leur marine respective où les inventions rivalisent d'ingéniosité. Cela devient un défi plus ou moins sérieux. Ainsi, on apprend que les torpilles seront bientôt propulsées par le schnorchel et que de puissants canons canadiens tireront directement sous l'eau et atteindront les U-Boote... Et leur sujet de moquerie favori durant ces quelques jours de cohabitation est… la piètre performance de l'officier artilleur canadien responsable du canon de quatre pouces ! Le malheureux artilleur fut la victime des joyeux sarcasmes tant de son commandant en second que de l'ex-ennemi qu'il canonnait la veille. Les deux officiers, de concert, se moquent des tirs bien trop courts qui ne parviennent pas à atteindre l'U-877[1]. Dans un monde parallèle, comme s'il s'était agi de manœuvres interalliées, ils se moquent de leur propre guerre et de la folie des hommes, comme si la vie était plus forte que tout. On voit d'ailleurs côte à côte ces officiers canadiens et allemands, souriant sur le pont de la corvette, égaux et semblables, heureux, posant pour la postérité. Peut-être que l'expression « de bonne guerre » prend tout son sens ici, comme si une guerre pouvait avoir quelque chose de bon. Une chose est certaine : pour eux, c'est déjà la paix, même s'il faudra encore des milliers de morts et l'élimination de deux tyrans pour qu'on en paraphe enfin les conditions précaires. Comme le disait le grand écrivain Elie Wiesel : « La paix n'est pas un don de Dieu à ses créatures. C'est un don que nous nous faisons les uns aux autres. »

Et enfin, symboliquement, l'objet de mort devient jeu. Pour passer le temps, et vu que la température particulièrement clémente de ce voyage le permet, Canadiens et Allemands, y compris l'Olt.z.S. Heisig, s'amusent, comme bien des militaires avant et après eux, sur le pont arrière, à rivaliser dans des exercices d'habileté au maniement des armes. Le jeu consiste à lancer un fusil dans les airs, à le faire tournoyer et à le

---

1. En guise de plaisanterie, Stanislas Déry dira qu'il n'aurait pas aimé emmener ce canonnier à la chasse à la perdrix, puisque ce dernier n'était même pas capable de toucher un sous-marin !

rattraper à la verticale, bien droit, la crosse en premier, dans la main. Selon ses dires, Peter s'en tire avec des résultats très honorables.

Un nouvel an inattendu

À l'aube d'une nouvelle année, Stanislas et Peter tournent la page de 1944. Stan, qui pensait à la démobilisation quelques semaines plus tôt et à son ennui loin du front, a été récompensé de ses efforts quelques jours auparavant. Et Peter n'est plus en guerre. Déjà en septembre, dans cette lettre à son collègue officier – saisie par la Gestapo – et qui a failli lui être fatale, il exprimait son détachement et sa vision réaliste de cette guerre désormais perdue pour l'Allemagne. La générosité et la gentillesse des Canadiens l'ont frappé de plein fouet dans ses convictions. Ces gens qui l'ont accueilli, ceux qu'il traquait quelques heures plus tôt, lui ont ouvert les yeux sur le rôle absurde qu'il jouait dans ce conflit.

Et c'est ainsi que, le soir du 1er janvier 1945, Stanislas et Peter se retrouvent tous les deux seuls dans leur petite cabine à bavarder, comme à leur habitude, lorsque Stan se penche, fouille dans ses affaires, prend un de ces gâteaux aux fruits que les Français appellent *cakes*, que sa mère lui a fait parvenir deux semaines plus tôt et qu'il conservait précieusement, le coupe en deux et, spontanément, en tend une moitié à Peter en lui disant simplement, avec un grand sourire : « Bonne année, Peter[1] ! » Et voilà qu'au beau milieu de l'Atlantique Nord, en pleine guerre mondiale, par un geste anodin et tout

---

1. La petite histoire raconte que le lieutenant Déry, lorsqu'il vit l'Olt.z.S. Heisig manger sa moitié de gâteau avec appétit et un plaisir évident, lui dit : « Bien, vu que tu aimes ça, prends aussi ma part ! » C'était le moment que Stanislas aimait le plus évoquer.

simple, dans la petite cabine humide d'un navire de guerre, ce geste prend toute sa signification : deux hommes, deux nouveaux amis que tout séparait, partagent un gâteau, un café et une amitié qui ne se tarira jamais. Un proverbe dit qu'un frugal repas pris avec un véritable ami peut être plus mémorable qu'un somptueux banquet.

Une mutinerie avortée

Peter observe attentivement ce qui l'entoure. Il regarde son ami diriger ses hommes et la corvette[1]. Il trouve ironique de faire désormais partie d'un convoi, de ceux qu'il attaquait lors de ses missions. Ses contacts et ses échanges avec Stanislas lui font bien comprendre que le Canada et les États-Unis ont des ressources énormes en biens, en armes, en munitions, en vivres, en pétrole, et que ni l'un ni l'autre n'abandonneront leur effort de guerre pour faire rendre gorge aux puissances de l'Axe. Mais, à bord même de l'escorteur, quelques marins canadiens qui connaissent un peu l'allemand comprennent que des prisonniers parlent de mutinerie. D'aucuns entretiennent l'idée de se saisir, si possible, de la corvette pour s'enfuir, avec contenant et contenu. Une vieille tradition militaire veut que le devoir de tout prisonnier de guerre soit de tenter de s'enfuir, mais là, on ne parle plus de tunnel ou de tout autre plan du genre. Ont-ils pensé qu'ils étaient en mer ? Cette idée leur a-t-elle été donnée en constatant la gentillesse – la naïveté peut-être – des jeunes matelots canadiens ? Mais qui dit aimable ne veut pas dire bonasse. Le lieutenant Déry, tel qu'il l'avait expliqué aux officiers allemands

---

1. Le docteur Heisig dira de Stanislas Déry qu'il était strict avec son équipage mais conciliant et bon.

et selon le code de conduite prévu pour la cohabitation avec les prisonniers de guerre, ne plaisante pas. Il rencontre l'Olt.z.S. Heisig et lui demande d'intervenir auprès de ses hommes, faute de quoi des mesures plus sévères devront être prises. Cette attitude du lieutenant Déry démontre parfaitement sa maîtrise de la situation. Il faut comprendre la hiérarchie ; deux équipages cohabitent à bord, et la chaîne de commandement doit être respectée, tout comme elle l'est dans un camp de prisonniers militaires. L'officier doit s'adresser alors au plus haut gradé des prisonniers pour que l'on accomplisse les tâches nécessaires.

L'Olt.z.S. Heisig se montre surpris et choqué par l'attitude de certains de ses hommes. Il les rassemble sur le pont arrière, monte sur une bitte d'amarrage et les harangue. Il les traite d'idiots, d'aveugles. Pensent-ils pouvoir prendre la corvette, s'enfuir, s'imaginent-ils que les autres navires d'escorte ne broncheront pas ? Au contraire : le combat risque d'être vain et la riposte, terrible. Tout cela tient de la pure folie ! Il pointe du doigt les cargos du convoi et leur dit de faire face à la réalité. Il y en aura encore des dizaines comme celui-ci, qui partiront du Canada et des États-Unis. De plus, ils savent très bien que chez eux, en Allemagne, la population est à bout de souffle, rationnée au maximum, dénuée des ressources nécessaires pour tenir tête à l'effort de guerre allié. Il leur rappelle qu'on les a accueillis humainement, qu'ils ont tous été sauvés d'une mort certaine par ces Canadiens qu'ils veulent remercier aujourd'hui en les attaquant... Il leur explique enfin que, pour eux, la guerre est désormais terminée. Les quelques irréductibles baissent finalement la tête ; ils savent pertinemment que leur commandant en second a raison. Ils obtempèrent et retournent à leurs quartiers sans dire un mot.

Sur sa petite machine à écrire, le lieutenant Déry poursuit son devoir épistolaire. C'est donc avec un plaisir certain et une fierté à peine contenue qu'il écrit à ses parents : « C'est un voyage incroyable à ce temps-ci de l'année… J'en aurai, je vous assure, gros à vous raconter, quand viendra le temps de vous décrire toutes les émotions par lesquelles nous sommes passés tout dernièrement… Pas grand-chose de nouveau à part cela, du moins… dont je puisse vous parler pour le moment[1]. »

« Maman fera le saut de sa vie quand elle saura qui m'a aidé à consommer mes deux premiers gâteaux… Il m'en reste encore deux pour le retour. » Et il poursuit : « Les nouvelles ne sont pas aussi bonnes au sujet de la guerre, et personne ne parle plus de démobilisation sur le bateau, c'est même drôle comme tout a coupé court sur le sujet[2]. » On comprend pourquoi. Le 9 janvier, impatient de partager son histoire mais incapable de la relater clairement, le lieutenant Déry écrit (toujours sous le diktat de l'autocensure) : « J'ai bien hâte de vous raconter ce qui est arrivé à celui que papa et mon oncle Gaudreau regardaient dernièrement, et qui s'est volé les 32 pieds de l'arrière-train. » Celui dont il est question est l'U-877, et il est probable que le père et l'oncle de Stanislas regardaient une photo des U-Boote qui menaçaient les convois qu'escortait le lieutenant Déry. Non seulement il faut de l'imagination pour contourner la censure en toute légalité, mais on peut imaginer que Stanislas, en jouant aux devinettes avec ses parents, apprécie de laisser planer le suspense…

―――――――――

1. Lettre du 31 décembre 1944. Il y exprime aussi son mécontentement de ne plus recevoir le journal *Le Soleil*, auquel il est abonné depuis le 10 septembre.
2. Lettre du 7 janvier 1945.

Mais la fin du voyage approche. Le 1er janvier, un avion Sunderland survole le convoi et salue les escorteurs. Déjà, les côtes anglaises apparaissent à l'horizon. Le convoi se divise : certains navires se dirigent vers la Manche, d'autres, vers le chenal de Bristol et, finalement, le *St Thomas* et le *Seacliff* reçoivent des instructions pour se rendre dans la mer d'Irlande. Ils débarqueront leurs prisonniers de guerre en Écosse.

Le 3 janvier, le *St Thomas* et le *Seacliff* accostent à Greenock dans l'estuaire de la Clyde, tout près de Glasgow, en Écosse. Les deux escorteurs canadiens arborent à leur mât, non sans fierté, les pavillons indiquant qu'ils ont des prisonniers à bord. Rapidement, la nouvelle se répand sur le quai. « Les Canadiens ont des Allemands à bord ! Ils ont coulé un U-Boot ! »

Les sous-mariniers retrouvent leurs effets personnels. Enfin, presque ! Le matelot Risse déplore ne pas récupérer son beau couteau utilitaire ni son bel ensemble de cuir gris. Les adieux sont simples et rapides. Stanislas et Peter promettent de s'écrire et de garder le contact. Peter emporte les derniers chocolats Laura Secord que Stanislas avait reçus de ses parents et qu'il partageait déjà avec son nouvel ami.

Les autorités britanniques montent à bord du *St Thomas*. Elles viennent prendre livraison des prisonniers allemands. Le lieutenant Déry donne la liste de ceux-ci ainsi que le rapport qu'il a rédigé ces derniers jours. Il fournit au responsable britannique toutes les informations pertinentes qu'il a pu recueillir durant la traversée.

Des adieux émouvants

Sur le quai, l'équipage de l'U-877, à nouveau réuni, s'aligne sur deux rangs, au garde-à-vous, face aux navires canadiens. Les officiers les inspectent avant de prendre place à leur tour dans les rangs. L'Olt.z.S. Heisig, face à son équipage, adresse la parole à ses sous-mariniers sous les yeux des sauveteurs. Le lieutenant Déry observe la scène du pont. Il voit alors l'Olt.z.S. faire un demi-tour impeccable et, de ces hommes qui étaient leurs ennemis à peine huit jours plus tôt, trois hourras fusent en l'honneur des Canadiens, pour le geste chevaleresque et la compassion dont ils ont fait preuve. Les marins canadiens, surpris, sont touchés. Demi-tour, droite, et l'équipage s'éloigne au pas cadencé, longeant le quai jusqu'au chemin. Le lieutenant Déry ne quitte pas des yeux Peter et les sous-mariniers, qui sont désormais sous la garde de militaires britanniques qui les bousculent et les frappent. Sur les quais, il observe, désolé et impuissant, les Écossais qui leur lancent des pierres et leur crachent dessus.

Pour Jules Blais, ces quelques jours passés en compagnie des sous-mariniers de l'U-877 ont changé sa perception de la guerre : « Il n'était pas coutume de s'arrêter pour ramasser les victimes d'attaques sous-marines, car alors nous représentions une cible. Il y avait un navire de la Croix-Rouge pour cela. D'une certaine façon, nous avons fait une exception avec l'U-877… Je ne pouvais toutefois oublier que nous avions retrouvé un radeau avec quatre morts alliés qui avaient de toute évidence été mitraillés par un sous-marin, mais, c'est curieux, nous n'avons pas fait de lien avec nos prisonniers. Nous estimions que ces gens, tout comme nous, étaient au fond victimes de l'époque, même s'ils auraient bien essayé de nous supprimer s'ils en avaient eu la possibilité. Avec tous les bombardements par V1 et V2 qu'ils subissaient sur leurs villes, les Anglais se seraient certainement montrés moins compréhensifs. Je l'avais bien senti lors d'un séjour à Londres, passé en compagnie de mon frère, qui servait alors sur des vedettes lance-torpilles sur la Tamise et avait été coulé plusieurs fois. D'ailleurs, surpris du fait que nous les traitions aussi bien, nos prisonniers pensaient que nous les amenions au Canada et ne montrèrent guère d'enthousiasme lorsqu'ils apprirent que nous nous rendions en Angleterre. Une fois arrivés là, ils ont été pris en charge par les fusiliers marins britanniques, qui les emmenèrent vers leur camp à grands coups de pied dans le derrière. Je n'ai malheureusement jamais eu d'autres contacts avec eux... Cela nous a fait de la peine car, après une douzaine [*sic*] de jours, nous nous étions en quelque sorte attachés à ces gens. Mon meilleur souvenir de cet incident est d'avoir vu le sous-marin neutralisé. Nous nous sommes dit : "Un de moins." Mon plus mauvais souvenir a été lorsque nous avons remis les prisonniers aux Britanniques. Alors qu'ils se faisaient emmener brutalement sous les insultes, ils nous ont lancé de grands mercis et nous ont applaudis. Ils réalisaient que, de toute évidence, ils quittaient ce qu'on appellerait aujourd'hui le "Club Med" pour se rendre au bagne... »

Le lieutenant Déry fait enlever le brancard de sa cabine, réinstalle ses affaires et effets personnels, perdu dans ses pensées. La nostalgie l'habite ; il pense à son nouvel ami et aux événements des derniers jours. Le destin est parfois bien étrange.

POW
Prisonnier de guerre

L'Olt.z.S. Heisig marche à la tête de ses hommes, encadrés par les fusiliers britanniques qui les emmènent. Les habitants de Greenock leur crachent dessus et les insultent alors qu'ils défilent tristement dans les rues. Les sous-mariniers comprennent la hargne de ces gens, mais le contraste avec l'attitude clémente et fraternelle des marins canadiens les frappe de plein fouet. Dans cette rue, ils font face aux civils, aux femmes et aux enfants qu'ils ne voient jamais ; ils constatent les privations que leurs attaques incessantes contre les navires marchands ravitailleurs infligent. Ici, ils ne peuvent se terrer au plus profond des mers, loin de leurs habituels théâtres opérationnels, où la mention « couler du tonnage » semble justifier leurs actions, où l'ennemi n'a pas de visage. Et, dans le fond, ces gens sont tout aussi malheureux que les familles allemandes, victimes elles aussi du rationnement et des bombardements alliés.

Depuis le début de la guerre, Londres et ses environs subissent les pilonnages allemands, le rationnement, les pertes de vies humaines ; tous les habitants de la Grande-Bretagne résistent, la tête haute, depuis bientôt cinq ans, à Hitler et à sa tyrannie. D'ailleurs, lors de son premier discours à la Chambre des communes, le 13 mai 1940, Winston Churchill, nouvellement élu Premier ministre, leur a fièrement demandé de se battre jusqu'au bout : « Je n'ai rien d'autre à vous offrir que du sang, une tâche ingrate, de la sueur et des larmes », avait-il dit. La reine, Elizabeth Bowes-Lyon, épouse du roi George VI, donne l'exemple non seulement en refusant, contrairement aux autres têtes régnantes européennes, de se réfugier au Canada, mais en n'hésitant pas à sortir dans les rues détruites de Londres, inspectant les décombres des bombardements allemands et réconfortant la population civile atterrée. Sa vaillance et sa détermination lui valurent, à ce qu'on dit, l'admiration de Hitler, qui lui donna le titre de « femme la plus dangereuse d'Europe ».

On conduit les sous-mariniers à un petit camp, tout près du port, où ils attendent jusqu'à la fin de l'après-midi. Alors qu'il discute avec l'officier responsable de leur garde, Peter apprend, à sa grande surprise, que Stanislas Déry lui a parlé de lui ! En fait, Stanislas, lorsqu'il a remis les prisonniers aux Anglais, a demandé à cet officier de prendre soin de Peter, car il était, avait-il dit, « son ami » ! Peter n'en revient pas et il est terriblement touché par les bons mots de son « ami » canadien ; même dans sa pénible situation, quelqu'un veille sur lui.

Le tri des prisonniers

Le matelot Risse raconte que, par la suite, on les amène à la gare locale et qu'ils prennent le train sous bonne garde. Risse, qui n'a pas perdu son sens de l'humour, précise que près d'une compagnie[1] au complet les surveille et qu'il y a presque deux soldats

---

1. Une compagnie militaire est une formation qui compte, selon les pays, environ 100 hommes et est dirigée par un capitaine.

pour chaque sous-marinier. La nuit les amène jusqu'à Londres, à la station de Paddington. Là, des autobus aux vitres teintées bleu opaque les attendent et les mènent à un camp des services secrets. Il s'agit d'un des neuf camps surnommés *command cages*[1]. Sous la direction de la *Prisoner of War Interrogation Section* (PWIS), les « cages » sont pour la plupart des installations rudimentaires construites sur des terrains de football (Preston North End's, Lancashire) ou de courses (Kempton Park, Doncaster, Leicestershire), où les prisonniers sont interrogés avant d'être assignés à un camp. Les membres de la PWIS cherchaient ainsi non seulement, comme il est coutume en tel cas, à obtenir des informations militaires, mais aussi à évaluer la loyauté des prisonniers au régime nazi, cela afin de les envoyer dans un camp approprié. Les fervents nazis recevaient une pièce de tissu carrée noire qu'ils devaient coudre sur leur uniforme. Les modérés qui subissaient le régime totalitaire de leur pays sans trop se manifester avaient droit à un carré de tissu gris, et les opposants déclarés à la dictature – moins nombreux –, à un carré blanc. De la même façon, les autorités britanniques[2] avaient institué un système de camps, noirs, gris et blancs, où les prisonniers étaient regroupés selon leur adhésion plus ou moins grande aux théories hitlériennes. Plusieurs cas de violences furent d'ailleurs signalés au sein même des camps, tant en Grande-Bretagne qu'au Canada, et probablement ailleurs. Des prisonniers hit-

---

1. TAYLOR Pamela, *Enemies Become Friends*, The Book Guild Limited, Brighton, 1997.
2. Le même système de classification de camps et surtout de *couleurs* des prisonniers fut créé au Canada dès août 1944 sous le nom de programme *Pheruda*. Cité dans *Trop loin de Berlin,* par Yves Bernard et Caroline Bergeron, Septentrion, Montréal, 1999, p. 282.

lériens fanatiques battirent à mort ou terrorisèrent leurs frères d'armes modérés ou ouvertement opposés au nazisme. Ces violences expliquaient en partie la ségrégation qui existait entre les ces camps.

Devant les tables alignées, les membres d'équipage de l'U-877 déclinent, chacun leur tour, leur nom, grade, unité militaire, présentent leurs papiers, puis sont séparés. Le matelot Risse perd alors la trace de plusieurs de ses coéquipiers. On lui assigne une petite chambre, qu'il partage avec le matelot Heinz Schenk, meublée de deux couchettes et des lampes. Après avoir découvert des microphones dissimulés dans ces dernières, avec un sourire en coin et un froncement de sourcils, les deux comparses se retiennent de discuter de sujets stratégiques. Se déroulent alors plusieurs interrogatoires par jour, devant trois officiers britanniques, représentant chacun une force, soit armée, aviation et marine. Des pistolets sont posés sur la table à portée de main. Les sous-mariniers se tiennent au garde-à-vous et à bonne distance de la table. Les interrogatoires tournent autour de questions militaires. Finalement, après neuf jours, en compagnie des matelots Schenk, Lührs, Schubert et Lorenz, il est transféré au camp n° 185, celui de Springhill Lodge, près de Moreton-in-Marsh, dans le Gloucestershire.

Pendant ce temps, Peter est, lui aussi, confiné dans une petite chambre et subit les mêmes interrogatoires. Mais, comme il le mentionnera plus tard en plaisantant, les officiers qui les interrogeaient en savaient plus qu'eux sur les secrets et les derniers développements militaires allemands. Au bout de quelques jours, il est transféré à son tour au camp n° 7, le camp Ascot. Situé dans les Winter Quarters à Windsor, dans le Berkshire, ce camp de prisonniers est en fait ce que les autorités britanniques appellent une « école de démocratie ».

Un Loup gris sous uniforme anglais

Le responsable du camp, le capitaine Wilson, fraternise à son tour avec l'Olt.z.S. Heisig et, rapidement, une relation de confiance s'établit entre les deux hommes. Lorsque Wilson demande à Peter s'il a besoin de quoi que ce soit, Peter lui répond qu'il apprécierait de pouvoir enfin se raser. Dès le lendemain, Peter reçoit de la part du capitaine un blaireau[1] et un rasoir. Il lui donne aussi par la suite une pipe et un peu de tabac. Mais, surtout, contre toute attente, le capitaine Wilson fournit un uniforme anglais à Peter. Ce dernier passerait pour un bon soldat de Sa Majesté si trois grandes lettres blanches, POW[2], n'étaient cousues dans le dos de sa vareuse. Wilson emmène Peter à Londres voir les destructions causées par les V2. D'ailleurs, Peter est témoin d'une attaque de V2 qui détruit une usine à proximité. En soirée, Wilson invite son prisonnier dans un club privé militaire où se réunissent régulièrement des officiers de la Royal Navy. À la grande surprise de Peter, ces derniers se montrent très respectueux envers lui, envers son métier d'officier sous-marinier, mais ils sont surtout intéressés et curieux et lui posent plusieurs questions sur les U-Boote. Une fois de plus, la fraternité de la mer rassemble ces hommes autour d'une même passion[3]. Le fait que le capitaine Wilson lui ait montré de l'intérieur, du point de vue britannique, l'impact des attaques allemandes sur Londres pour l'amener

---

1. Pour prouver qu'il possédait toujours ce prosaïque objet, le docteur Heisig l'a montré à Linda Sinclair avec un grand sourire.
2. *Prisoner of war*, « prisonnier de guerre ». Parfois, on utilisait l'abréviation en « P.W. ».
3. Ce souvenir représente pour le docteur Heisig, et avec raison, un des beaux moments de ces tristes mois.

ensuite dans un club privé, tel un invité de marque, touche particulièrement Peter et le confronte encore une fois à l'absurdité de la guerre ; ces hommes s'apparentent désormais pour lui davantage à des collègues de la marine qu'à des ennemis.

C'est vers cette époque que Stanislas fait parvenir à son nouvel ami, directement au camp de prisonniers, le premier d'une longue suite de colis. Ces derniers contiennent des bas de laine, des semelles de feutre, du chocolat, du tabac et, à cette époque, des coupures de journaux. Stanislas saura toujours où est emprisonné son ami et le suivra à la trace dans ses déplacements. En revanche, de son côté, Peter ne peut lui répondre : les prisonniers ne peuvent écrire librement.

Au mois d'août 1945, Peter est transféré au camp n° 186, situé à Berechurch Hall, à Colchester, dans le comté d'Essex. Il s'agit d'un camp d'interrogatoire pour les criminels de guerre. On nomme l'Olt.z.S. Heisig officier de logistique responsable de l'approvisionnement (matelas, savon, draps) et de l'administration du camp. Les Anglais ont reconnu ses qualités d'organisateur et utilisent ses talents. Non seulement un prisonnier à qui l'on confie des responsabilités trouve sa captivité moins longue mais, pour Peter, le temps de la réconciliation et surtout de la reconstruction est déjà commencé.

U-Boot Hotel

Peu de temps après, il est envoyé au camp n° 13[1], Shap Wells, dans le Cumberland. Propriété du comte de Lonsdale, ce lieu de séjour mondain, connu de l'aristocratie britannique, qui venait y « prendre les

---

1. Certains documents mentionnent le camp n° 15.

eaux » dans les sources avoisinantes ou prendre part aux chasses auxquelles participaient les membres de la famille royale, fut réquisitionné en février 1941 transformé en camp de prisonniers pour les officiers de la Luftwaffe et de la Kriegsmarine. Plus de 200 prisonniers logèrent dans les deux étages de ce manoir, la plupart du temps en attente d'un transfert à Glasgow ou au Canada. Lorsque Peter arrive à Shap Wells, le camp est dirigé par le Fürst[1] von Urach, membre d'une grande famille princière allemande. Les prisonniers, dont beaucoup sont des aristocrates, utilisent les draps de lin et la faïence anglaise du château. Shap Wells aurait reçu le surnom d'*U-Boot Hotel* en raison du grand nombre d'officiers sous-mariniers qui y furent emprisonnés. Dirigé par un membre du Gotha européen, le camp fonctionne selon un code d'honneur. On y compte peu de gardiens, il est entouré d'une clôture rudimentaire, et les officiers donnent leur parole de ne pas s'enfuir ! L'Olt.z.S. Heisig se plie volontiers à ces règles, mais il faut dire que Shap Wells présente des privilèges appréciables : en tant qu'officier, Heisig a un valet à son service et perçoit un salaire. Il reste trois mois dans ce séjour privilégié. Quant à l'emploi du temps, on y donne des conférences et on tient des discussions sur la démocratie, le monde moderne, les nouvelles technologies. On y refait déjà l'Europe. De plus, sport et gymnastique sont au programme.

Nuremberg à l'horizon

C'est lorsqu'il est emprisonné à Shap Wells qu'il apprend les chefs d'accusation portés contre le Lt.z.S. August Hoffmann. Il connaît très bien ce

---

1. *Fürst* : « prince ».

condisciple et ami de l'Académie navale. Ce dernier, ainsi que son K.L., Heinz-Wilhelm Eck, de l'U-852, le docteur Walter Weisspfennig, l'ingénieur Hans Lenz et le matelot Wolfgang Schwender sont accusés de crime de guerre, soit : avoir ouvert le feu et tué des naufragés à bord des radeaux de sauvetage du navire grec *Peleus,* que l'U-852 venait de torpiller. Ces hommes sont mis en accusation devant un tribunal militaire et naval britannique, mais, puisque le navire marchand arborait le pavillon de la Grèce et que des marins hellènes comptent parmi les victimes, des officiers grecs siègent aussi au tribunal. Ces cours militaires créées par les forces alliées d'occupation visent à juger les crimes de guerre commis par des représentants des forces ennemies contre des militaires ou des civils alliés. Plusieurs tribunaux siégèrent ainsi en Allemagne, en France, en Belgique ou dans d'autres zones occupées par l'Allemagne durant la guerre. Le procès se tint à Hambourg du 17 au 20 octobre 1945.

En apprenant la mise en accusation de son ami, l'Olt.z.S. Heisig demande aux autorités britanniques la permission de témoigner en faveur des accusés. Peter est prêt à démontrer que le Lt.z.S. Hoffmann ainsi que ses coaccusés ont accompli leur devoir en obéissant aux ordres de l'amirauté allemande selon les règles d'engagement prescrites. La défense des accusés s'élaborait autour de la décision du commandant Eck, qui se basait alors sur le principe de « nécessité opérationnelle » pour le bon fonctionnement de sa mission. Les Britanniques acceptent, et l'Olt.z.S. Heisig se rend auprès du tribunal militaire pour faire une déclaration écrite assermentée.

Malheureusement, Peter ne peut sauver son ami. Heinz-Wilhelm Eck, Walter Weisspfennig et August Hoffmann font face au peloton d'exécution le matin du 23 novembre 1945. Hans Lenz et Wolfgang

Schwender virent leur sentence de mort commuée en emprisonnement à vie[1]. Le témoignage de Peter arrive trop tard, et le tribunal a rendu sa sentence. Dans cette déposition, il explique que, lors d'un discours tenu par l'amiral Dönitz devant les officiers, à l'Académie navale, ce dernier insista sur une guerre sans merci contre les navires ennemis et leur équipage. Selon l'Olt.z.S. Heisig et ses collègues officiers, il paraissait évident que leur chef suprême leur demandait d'éliminer les marins naufragés si cela s'avérait nécessaire.

Son témoignage incriminant l'amiral Dönitz, les autorités britanniques demandent à l'Olt.z.S. Heisig s'il est prêt à témoigner au tribunal international de Nuremberg contre le grand amiral, contre celui qui fut le commandant en chef des sous-marins de la Kriegsmarine et *Reichspräsident,* successeur de Hitler à la présidence du Reich après le suicide de ce dernier.

Les autorités britanniques ne forcent la main de Peter d'aucune façon ; celui-ci accepte de son plein gré. Pour lui, toute une nation a été entraînée dans ce chaos meurtrier, et ses dirigeants ont organisé l'échiquier de cette guerre démesurée : il est prêt à témoigner de la vérité telle qu'il l'a entendue de la bouche de ses supérieurs.

Il est donc amené comme témoin de l'accusation britannique à Nuremberg le 20 novembre 1945. Emprisonné dans les mêmes quartiers cellulaires que les accusés (un matin, il prend un bain à proximité de Hermann Goering !), il subit une pression effroyable. La plupart des prisonniers sont nazis, et cet Allemand, officier d'une arme d'élite, prêt à témoigner contre le grand amiral Dönitz, « l'Oncle Karl » – qui représentait

---

1. Suite à une révision de la sentence, Schwender fut libéré le 21 décembre 1951 et Lenz le 27 août 1952.

ce que fut, pour ces dirigeants nazis, la grandeur du IIIᵉ Reich, le « Reich de mille ans » –, est un traître. Mais pour Peter, désormais, il n'existe qu'une voie.

Dans la cage aux fauves

À son arrivée en Allemagne, à Nuremberg, il est horrifié par la destruction de son pays. Il ne peut croire ce qu'il voit : l'horreur de la guerre, les ruines qui l'entourent. La révélation des massacres de populations entières en Russie, en Ukraine, de la Shoah le dépasse. Il croise dans les murs de la prison le Generalfeldmarschall Albert Kesselring, commandant en chef de toutes les unités de la Wehrmacht en Europe méridionale et en Afrique du Nord, et, en colère, lui demande : « Pourquoi nous avoir laissés nous battre, même si la guerre était perdue, jusqu'à la destruction complète de l'Allemagne ? » Kesselring lui répond, plein de morgue : « Un soldat ne doit pas demander à son supérieur s'il est atteint de folie ; le soldat doit se battre, c'est son devoir. » Nazi impénitent, grand fusilleur d'otages en Italie, Kesselring fut condamné à mort. Sa sentence fut commuée en emprisonnement à perpétuité, et il serait probablement demeuré enfermé sa vie durant si un cancer n'avait abrégé ses jours.

L'Olt.z.S. Heisig se présente à la barre des témoins du tribunal international, plus confiant que jamais dans son choix et dans la voie à suivre. Il y a plusieurs audiences, mais son témoignage principal en présence des grands dirigeants de l'Allemagne nazie se déroule le lundi 14 janvier 1946. Ce jeune homme de 24 ans, seul, se tient debout, non loin du grand box des accusés entouré de soldats américains, où Hermann Goering, Rudolf Hess, Karl Dönitz, qui certains jours porte des verres fumés, Erich Raeder,

Alfred Jodl, Wilhelm Keitel, Joachim von Ribbentrop, Albert Speer et autres artisans du régime nazi l'observent et écoutent son témoignage à charge contre Dönitz.

Pendant ce temps, le matelot Risse est, lui aussi, toujours prisonnier. À la fin de la guerre, dès mai 1945, il travaille dans un élevage de poulets à Inkberrow, dans le Worcestershire. Par la suite, on l'envoie dans un camp pour les jeunes, le n° 180, à Trumpington, à trois kilomètres de Cambridge. Il s'occupe de l'entrepôt jusqu'à sa libération, en avril 1948.

Le 6 mars 1946, l'Olt.z.S. Heisig quitte Nuremberg et se retrouve emprisonné à Dachau, l'ancien camp de concentration en banlieue de Munich devenu enceinte du tribunal militaire international de Dachau, où des criminels de guerre « mineurs » sont jugés. Mais Peter n'est ni accusé ni témoin à ce tribunal ; il s'inscrit à un groupe de travailleurs chargés de déblayer les ruines de Munich, prêt à passer à l'action, pour retrouver sa liberté et à reprendre sa vie en main. Lors de sa deuxième sortie, en route vers la ville, il saute en bas du camion ! Un garde polonais se rend compte de son manège, se tourne vers lui et se prépare à le mitrailler, comme il est supposé le faire. Peter le regarde et le confronte sûrement du regard. Le garde l'observe et baisse finalement sa mitraillette. Il laisse Peter s'en aller. Le destin ? Peut-être. Encore une fois, la mort l'a frôlé mais n'a pas voulu de lui. Peter dira d'ailleurs du garde qu'il s'agissait d'un homme au grand cœur.

Peter Heisig s'avance maintenant parmi les ruines de son pays.

Enfin libre ! Toujours vivant, c'est l'essentiel. Mais il reste tant à faire et à reconstruire…

Les missiles V1 et V2

Premiers missiles balistiques de l'ère moderne, plusieurs milliers de missiles allemands autopropulsés V1 et V2 (abréviation de *Vergeltungswaffen* : « armes de représailles ») s'abattirent sur l'Angleterre en 1944 et 1945. Contrairement à ce que peut laisser croire leur appellation, les V1 et V2 présentent des caractéristiques techniques diamétralement opposées.

Les V1, munis d'un simple pulsoréacteur particulièrement bruyant, étaient lancés à partir de longues rampes en forme de ski depuis l'Europe continentale ou largués par bombardiers. Ils atteignaient une vitesse maximale d'environ 600 km/h et pouvaient, par conséquent, être interceptés par les chasseurs alliés, qui parvenaient même, en certains cas, à faire dévier leur trajectoire. Lorsque le réacteur s'éteignait, ce qui alertait la population avoisinante, le missile terminait sa chute en piqué. 30 000 V1 ont été lancés sur l'Angleterre, Anvers et Bruxelles du 14 juin 1944 au 27 mars 1945.

Les V2, d'abord appelés A4, représentent les premiers balbutiements de l'ère spatiale. Ils furent lancés dès le 8 septembre 1944. Ces missiles balistiques conçus à la station expérimentale de l'armée allemande de Peenemünde et Blizna et mis au point par l'ingénieur Wernher von Braun, atteignaient une altitude de plus de 90 kilomètres et touchaient leur cible à la vitesse de Mach 3,5 – donc supérieure à celle du son. Silencieux, avec une trajectoire « en cloche », il était pratiquement impossible, tant pour les chasseurs que pour la DCA (canons de défense antiaérienne), de les intercepter. Bien que les chiffres diffèrent d'une source à une autre, la région de Londres reçut plus de 1 000 V2 entre le 8 septembre 1944 et le 27 mars 1945.

Mais, parce qu'ils étaient particulièrement imprécis (de plusieurs centaines de mètres, voire de kilomètres), et que leur effet destructeur était relativement faible (environ 450 à 850 kg d'explosifs classiques pour les V1 et seulement 1 000 kg pour les V2), ces engins n'apportèrent pas au régime nazi la supériorité escomptée – ils espéraient déverser 200 missiles à l'heure sur les villes britanniques. Grâce aux bombardements alliés de rétorsion, le lancement de ces projectiles ne dépassa guère les 200 par jour. Malgré cela, ces missiles firent environ 25 000 blessés, dont certains très graves, et causèrent près de 10 000 morts, principalement des civils, plus 2 000 parmi les aviateurs chargés de neutraliser les bases de lancement de V1 et de V2.

La mise au point et la fabrication de ces armes causèrent la mort de plus de 25 000 déportés du camp de Dora-Buchenwald, qui travaillèrent dans des conditions horribles à la construction des usines souterraines et dans les usines elles-mêmes.

Stanislas Déry à 2 ans,
déjà marin sur la *Sémillante*,
à Trois-Pistoles.

Le sous-lieutenant Déry,
à 24 ans.

Le lieutenant Déry,
à 30 ans.

Le lieutenant Déry garde un œil sur la cargaison
d'or à bord du *Prince Henry*, en 1941.

La corvette *HMCS St Thomas* K488.

Stanislas Déry pose sur le pont
de la *HMCS St Thomas* en 1944.

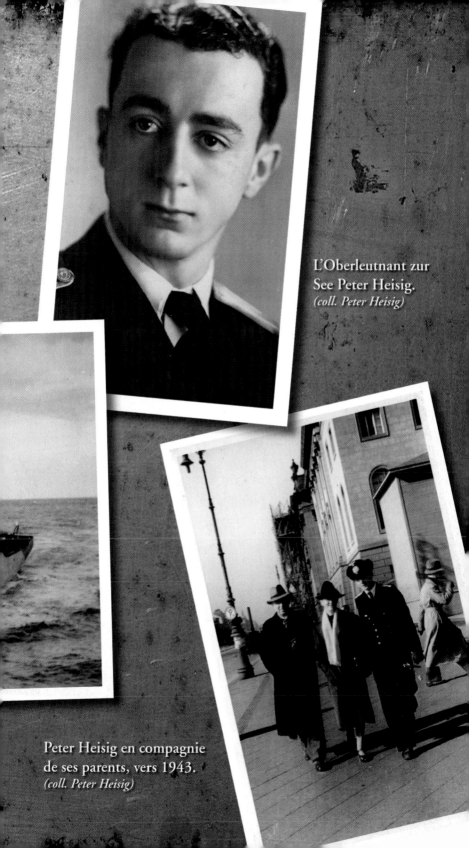

L'Oberleutnant zur See Peter Heisig.
(coll. Peter Heisig)

Peter Heisig en compagnie de ses parents, vers 1943.
(coll. Peter Heisig)

L'équipage de l'*U-877*. L'Olt.z.S Heisig se trouve au premier rang, à la huitième place en partant de la gauche, à la droite du Kapitänleutnant Findeisen. *(coll. Peter Heisig)*

Le Kapitänleutnant Eberhard Findeisen sur le pont du *U-877*. *(coll. Peter Heisig)*

Le 27 décembre 1944, les naufragés du *U-877* grimpent le long des filets de la corvette *HMCS St Thomas* Les marins canadiens leur tendent la main.

Des « Loups gris » détrempés. Malgré une eau à 15° C, réchauffée par le Gulf Stream, l'air ambiant glacial n'a rien pour rappeler les mers du Sud… On distribuera aux rescapés des vêtements de la Croix-Rouge, du bouillon, un petit déjeuner et… une ration de rhum.

L'équipage de l'*U-877* à bord de la *HMCS St Thomas*. L'Olt.z.S Heisig est à l'extrême droite, en col roulé noir, les mains dans les poches.

Officiers canadiens et allemands posent pour
la postérité ; des jeunes gens qui se ressemblent
et fraternisent.

Une carte postale de la corvette
HMCS St Thomas, signée
par des officiers allemands
de l'*U-877*. On peut lire le nom
de Peter Heisig en bas à gauche.

Rapprochés par ce sauvetage impromptu,
Stanislas Déry et Peter Heisig noueront
un lien exceptionnel.

Sur le pont arrière de la *St Thomas*, l'Olt.z.S Heisig harangue une partie de son équipage, agitée par des velléités de mutinerie. Pointant du doigt les navires du convoi canadien, il explique à ses hommes que, pour eux, la guerre est finie, et que toute tentative de révolte se révélerait inutile.

Après avoir ramené ses sous-mariniers à la raison, Peter Heisig rejoint son nouvel ami Stanislas.

La guerre finie, Stanislas retourne régulièrement avec sa famille à Trois-Pistoles . Ici en compagnie de son fils Gaston, en 1957.

Stanislas Déry et Peter Heisig se retrouvent à Munich en mars 1961, pour la première fois depuis leur séparation à Greenock.

Québec, 1984, au domicile de Stanisla Stan et Peter : deux amis pour la vie.

La dernière rencontre de Stan et Peter, à Québec, en 1996. *(coll. Linda Sinclair)*

En 2005, c'est avec beaucoup d'émotion que Peter Heisig visite le décor du film allemand *Das Boot*, qui reproduit avec fidélité l'intérieur d'un sous-marin similaire à l'*U-877*. *(coll. Linda Sinclair)*

« EN GAGE DE NOTRE AMITIÉ »

Linda Sinclair raconte une série d'événements qui ont jalonné l'amitié de Stanislas et Peter pendant plus de soixante ans.

Septembre 2005 – Allemagne

Un dimanche matin un peu gris ; depuis notre arrivée en Bavière, il y a une semaine, c'est la première journée de temps morose. Mais, à l'intérieur, l'ambiance est amicale alors que Gaston, le fils de Stanislas, et moi-même sirotons tranquillement notre café en compagnie de Peter, discutant technique et fonctionnement des U-Boote. C'est alors que je lui dis n'avoir jamais eu la chance de visiter un de ces légendaires sous-marins. Quelques-uns ont été conservés, dont l'U-505 à Chicago et l'U-995 à Laboe, à 20 kilomètres de Kiel, dans le nord de l'Allemagne. Et voilà que, soudain, les yeux bleus brillants, il se tourne vers moi et me dit de but en blanc : « Oui, il est possible de visiter un U-Boot. » La surprise, sur mon visage, est assurément flagrante, puisqu'il m'explique avec un sourire que nous pourrions nous rendre au Bavaria Filmstadt, situé dans le village de Grünwald, en banlieue de Munich, où le décor de l'U-96, le sous-marin du film *Das Boot*, tiré du roman *Le Styx*, de Lothar-Günther Buchheim, est ouvert au public. Nous prenons ainsi le chemin des studios Bavaria.

Notre petite troupe arrive au kiosque d'accueil des visiteurs. À la jeune fille qui nous répond, Peter se lance dans une longue tirade expliquant que nous sommes des visiteurs du Canada, qu'il est lui-même sous-marinier de la Seconde Guerre mondiale, qu'il a été coulé par un navire canadien, qu'il a survécu car un officier canadien lui a sauvé la vie, que le fils de cet officier est actuellement en visite en Allemagne et qu'en fait nous ne voulons visiter que le décor de l'U-96 et non tout le complexe des studios. La jeune fille, quelque peu ahurie par cette longue explication un peu décousue, demande avec une gentillesse incrédule si Peter est vraiment sous-marinier. Ce dernier lui répond par l'affirmative. L'hôtesse, toujours sous l'effet de l'incrédulité, nous demande d'attendre quelques minutes, le temps de passer un appel. Et la voilà qui répète la même histoire à son superviseur. Elle raccroche et se tourne vers nous. Ça va : son supérieur nous envoie un guide qui nous accompagnera pour cette visite abrégée. À peine le temps de s'acquitter du droit d'entrée qu'un jeune homme s'approche de nous et nous salue avec bonne humeur. Notre guide parle couramment anglais et nous demande de le suivre dans le dédale des immenses bâtiments qui forment ce complexe cinématographique. Nous arrivons au bout de quelques minutes à l'U-96, du moins à sa réplique exacte intérieure, à l'exception de certains compartiments jugés inutiles pour les desseins du film.

Nous entrons dans le sous-marin par une porte aménagée à l'extrémité avant. Je suis surprise par l'atmosphère ambiante ; froide, humide, mais surtout sombre. J'ai l'impression d'avoir franchi une barrière temporelle et de me retrouver soixante ans en arrière.

En avançant dans l'allée centrale, entre les couchettes où couvertures et oreillers sont froissés, comme abandonnés à la hâte quelques instants auparavant par des matelots pressés, j'ai l'impression qu'un univers de fer et de tuyauterie se referme sur moi. Je ne m'imaginais pas l'étroitesse de ces lieux ! Deux hommes de face ne peuvent passer ; pour se croiser il faut se glisser de côté. Je frôle les torpilles suspendues par des chaînes. Elles s'avancent donc autant vers l'allée centrale. J'ai une pensée pour les matelots qui occupaient les couchettes situées sous celles-ci ; ils dorment à quelques centimètres de ces énormes engins de mort. Nous poursuivons notre chemin vers le central. Des filets remplis de fausses miches de pain et de jambons tout aussi factices sont accrochés un peu partout au-dessus de nos têtes. Je m'assieds sur une couchette, devant une petite table et une lampe à l'abat-jour jauni qui descend du plafond, pour laisser passer un groupe de touristes. Peter vient me rejoindre, s'assied près de moi. « C'était mon lit », me dit-il en français avec une émotion perceptible dans la voix. C'est la première fois que Peter se retrouve dans une atmosphère qui le ramène au 27 décembre 1944.

Une pensée me traverse l'esprit et disparaît aussi vite : comme c'est bizarre… Mais pourquoi m'être assise sur *ce* lit ? Quelle sensation étrange. Voici donc à quoi se résumait l'espace vital de mon ami durant la guerre, à bord de l'U-877 : une couchette, une table, une lampe dans un couloir où plus de 50 hommes se croisent lors du changement de quart. Assis près de moi, Peter me décrit les gestes quotidiens, les moments qu'il a passés dans cet espace confiné. « Là, me dit-il en pointant à gauche, il y avait la photo de Dönitz et là [à droite], la photo de Hitler. » Un frisson me parcourt. La photo de Dönitz est toujours accrochée au mur, mais celle de Hitler, interdite en Allemagne depuis la fin de la guerre, n'y est pas, laissant un espace nu. Mais, même en l'absence de la photo du dictateur, le drame nazi persiste dans cet univers froid et humide de fer, de volants, de valves et de métal noirâtre. J'imagine le va-et-vient des marins à leurs tâches, affairés, heurtant sans cesse leurs camarades et la plomberie, venant s'adresser à leur commandant en second pour diverses requêtes. Peter m'apprend que les armoires de bois qui nous entourent ont volé en éclats lorsque son submersible a été touché par les grenades sous-marines.

Nous arrivons au central. Enfin un peu d'espace. Peter me donne depuis le début de la visite tant de détails en allemand, en anglais et en français que je perds un peu le fil de l'histoire. Le guide, qui comprend désormais que le vieil homme qui se tient près de lui décrit une véritable attaque, commence, enfiévré à son tour, à lui poser mille questions et me traduit les explications de Peter. Voici le panneau électrique qui a pris feu lors de l'attaque ; ce boulon a été projeté comme une balle de fusil ; nous avons levé les grilles ici pour répandre de la chaux ; l'indicateur de profondeur, le *tiefenmesser*, et sa limite maximale, que l'aiguille a largement dépassée ; les énormes moteurs diesel sortis de leur socle pour se poser dans l'allée centrale ; la brèche par laquelle l'eau pénétrait. Je l'observe et réalise soudain qu'il est chez lui.

L'âge ne lui enlève pas l'aisance qu'il détient dans ce monde dur et mécanique. Il se souvient de chaque instant, chaque détail est gravé dans sa mémoire, et il les décrit avec une clarté et un détachement qui me surprennent. Il me montre le périscope et m'explique brièvement son fonctionnement, comment ils ont aperçu le convoi le matin du 27 décembre. Et, alors qu'il me relate l'attaque du *St Thomas*, tandis qu'il entend les moteurs de la corvette approcher, je lui demande spontanément : « Pourquoi n'avez-vous pas tiré de torpille ? » Il se tourne vers moi, et la réponse arrive forte, sans équivoque, sans hésitation : « Stanislas a été plus rapide que moi, Dieu merci... » Et son regard, soudain triste, se perd sur le sombre décor du central. Dans un sanglot à peine dissimulé, il nous déclare avec l'émotion et la reconnaissance d'un homme qui a eu la vie sauve : « Je n'aurais jamais pu faire pour lui ce qu'il a fait pour moi. »

Printemps 1945 – Grande-Bretagne et Canada

La vie et, surtout, la guerre, continuent pour le lieutenant Déry. Mais le *St Thomas* perd son commandant. Le 19 janvier, le lieutenant-commandant Denny quitte le navire avant la fin de son affectation pour être remplacé par un nouvel officier. « Épuisement nerveux », explique Stanislas à ses parents ; les dernières semaines, avant même le coulage de l'U-877, avaient été ardues pour Denny, un ancien de la marine marchande catapulté en pleine guerre.

Mais le fait d'armes du *St Thomas,* la participation du lieutenant Déry à l'action et les recommandations du nouveau commandant de la corvette poussent la marine canadienne à envisager de promouvoir Stanislas au grade de lieutenant-commandant. « Je suis porté à croire qu'on me confierait le commandement d'un bateau, probablement une frégate, ou plus vraisemblablement le commandement en second d'un plus gros, un porte-avions, un croiseur, que sais-je ? Ce qui m'incline à m'imaginer cette dernière solution comme étant plus vraisemblable, c'est que les doigts d'une main suffisent pour compter les officiers actuellement qualifiés pour ces *grosses jobs*[1]. » Il fait parvenir en même temps à ses parents « un radeau de caoutchouc gonflable, deux ceintures de sauvetage, un *escape lung*[2], un harnais avec boîte de fer-blanc contenant des rations d'urgence[3] », des souvenirs provenant de l'U-877.

Le 17 février, il semble bien que les autorités s'intéressent de plus en plus à son avenir au sein de la marine. Il explique que ses supérieurs réfléchissent à la possibilité de lui confier le commandement d'un navire sans qu'il ait à suivre le *command course*, c'est-à-dire la formation théorique et pratique qui normalement précède l'obtention du commandement d'un navire. Sa longue expérience à bord et surtout le leadership dont il a fait preuve lors du sabordage de l'U-877 justifient une telle éventualité. Mais il hésite car, si la fin de la guerre en Europe est proche, ce n'est pas le cas sur le théâtre opérationnel du Pacifique, où le Japon livre une guerre sans merci aux États-Unis. Par conséquent, ses nouvelles qualifications pourraient servir sur la côte ouest canadienne, où les navires canadiens prêtent main-forte à leur voisin du sud. Mais la guerre s'achève et, puisqu'il songe déjà à la démobilisation et à fonder une famille, cette perspective ne le tente guère.

Entre-temps, les convois se poursuivent sur l'Atlantique et, si le temps de décembre était particulièrement doux, mars s'avère plutôt froid : « Temps de chien et froid. Je gelais durant mon quart cette nuit. » Il raconte qu'il portait « deux paires de pantalons, un *zoot-suit*[4],

---

1. Lettre du 27 janvier 1945.
2. Mot à mot : « poumon de secours ». Appareil respiratoire individuel des matelots allemands.
3. Lettre du 27 janvier 1945.
4. Tenue dite « de zazou », à pantalon étroit et veste longue, à la mode durant la Seconde Guerre mondiale, mais ici, par dérision, un survêtement hivernal dans le genre d'une tenue de ski.

un gros capot de poil [manteau de fourrure] et [que] le froid était si mordant que la glace s'est accumulée sur le poste d'équipage[1] ».

Pour lui faire oublier son ennui, sa famille lui envoie les coupures de journaux de Québec portant sur le coulage et relatant son fait d'armes. Stanislas est d'ailleurs surpris de constater que le journal a mis sa photo en uniforme pour illustrer l'histoire. Philosophe, il répond à sa famille : « Somme toute, ce fut une expérience que de vivre avec l'ennemi pendant quelques jours[2]. »

La fin de la guerre en Europe est imminente. Les Alliés sont à quelques dizaines de kilomètres de Berlin. Le 4 mai 1945, l'amiral Dönitz demande à ses Loups gris de se rendre. Le message est diffusé en boucle sur les ondes radio destinées aux U-Boote. Enfin, le 8 mai 1945, le IIIe Reich capitule sans conditions. Le 30 avril, Hitler s'est suicidé à Berlin dans son bunker enfoui sous la Chancellerie, sous les tirs d'artillerie de l'Armée rouge. Et, comme le monde entier, Stanislas entre de plain-pied dans l'ère atomique lorsque le bombardier U.S. B-29 *Enola Gay* largue *Little Boy*, la bombe atomique, sur Hiroshima le 6 août à 8 h 15. L'attaque foudroyante rase la ville, tuant des dizaines de milliers de personnes et en blessant des milliers d'autres. Devant le refus de capituler du Japon, une seconde bombe nucléaire, *Fat Man*, explose sur Nagasaki et répète les mêmes horreurs le 9 août. Dans les heures qui suivent, le Japon rend les armes à son tour, sans conditions.

Les convois, les traversées de l'Atlantique, les *North Atlantic runs* sont terminés pour les marins canadiens. Ils ont fait leur devoir et en sont fiers. La

---

1. Lettre du 13 mars 1945.
2. Lettre du 14 mars 1945.

Marine royale du Canada, à petit budget, raillée par les Nazis, a relevé le défi avec honneur et a su prendre sa place sur l'échiquier mondial, devenant la quatrième flotte du monde avec 400 navires et 104 000 hommes et femmes sous les drapeaux[1]. En juillet 1945, Stanislas Déry obtient sa libération de la marine avec le grade de lieutenant-commandant. Il rentre enfin au pays, à Québec, retrouver sa femme, Cécile, et fonder une famille.

Mars 1946 – Allemagne

Les lendemains de guerre sont difficiles, très difficiles pour les Allemands. L'avancée des Alliés et les bombardements ont détruit les villes, les industries et usines, le réseau de transports. Le ravitaillement se fait rare : essence, nourriture, eau, l'essentiel manque. Le régime nazi a été aboli, et les États-Unis, la Grande-Bretagne, la France et l'Union soviétique se partagent, en grandes zones d'occupation militaire, un pays en ruine.

Peter retrouve enfin sa famille. Ils ont tous survécu, et les retrouvailles sont particulièrement chaleureuses. Mais les temps sont durs, d'autant que la population allemande se montre impitoyable envers les « soldats de Hitler ». Elle voit dans les démobilisés la cause de ses malheurs, et le ressentiment est grand vis-à-vis de ces hommes qui, pourtant, ont pris les armes en accord avec les aspirations de cette même population, qui a confié sa destinée au régime nazi. Voué à lui-même, Peter réussit à trouver du travail dans une ferme voisine, travaillant aux champs, l'été, pour se nourrir. Il se rend quand même régulièrement chez

---

1. MacBeth Jack, *Ready, Aye, Ready. An Illustrated History of the Royal Canadian Navy*, Key Porter Books, Toronto, 1989, p. 140.

les quakers pour prendre des repas chauds. Mais, pendant ces années éprouvantes, Stanislas n'oublie pas son ami allemand. Il lui envoie sans arrêt des colis où l'on trouve tabac, café, lait en poudre, sucre, semelles de chaussures, chocolat, bas nylon, des produits abondants au Canada mais introuvables au lendemain de la guerre en Allemagne. Jusqu'en 1948, Peter reçoit ces colis avec beaucoup de joie et de reconnaissance.

Noël 1947 – Allemagne

À Noël 1947, le matelot Karl-Heinz Risse, l'homme au moral inoxydable, toujours prisonnier au camp de Trumpington, se voit invité, en compagnie de son ami Jean, dans la famille d'une certaine Mrs Smith, à Histon. En fait, jusqu'en décembre 1946, il était interdit aux prisonniers d'entrer en contact avec les habitants de la région. Mais, puisqu'il est enfin temps de reconstruire des ponts entre les nations, de pardonner et d'oublier, on permet aux prisonniers de se rendre dans des familles s'ils y sont invités et si les autorités du camp leur en donnent l'autorisation. Par conséquent, plusieurs appels, en particulier dans les églises, sont lancés auprès de la population pour que les prisonniers soient invités pour diverses fêtes et activités, et en premier lieu à l'occasion de Noël[1]. Pour ces jeunes gens privés de famille, ces moments d'échange et d'accueil représentent les premiers pas vers le retour à une vie normale. C'est ainsi que le matelot Risse passe la plupart des fins de semaine qui suivent avec la famille Smith et que, par la suite, de retour en Allemagne, il demeurera en contact avec le fils de la maison, Bill Smith, et son épouse.

------

1. TAYLOR Pamela, *op. cit.*

Septembre 2005 – Allemagne

Peter m'a promis, la veille, de me montrer des photos de sa jeunesse. Nous sommes attablés devant une tasse de thé et nous nous régalons de gâteau aux prunes. Il se lève et revient avec un dossier de carton rempli de photos pêle-mêle. Il nous montre celles de son enfance, de sa famille et de la guerre. C'est ainsi que j'apprends l'histoire de ces marins de l'U-877, à bord du *St Thomas*, qui voulaient s'emparer du navire. Je vois cette photo de Peter, debout, qui harangue ses hommes. Lorsque je lui demande ce qu'il pointe du doigt sur la photo, il me répond : les navires du convoi. Il me raconte qu'il était vraiment en colère, exaspéré contre ses hommes. Mais qu'espéraient-ils donc en se rendant maîtres du bateau ? Étaient-ils prêts à abattre les Canadiens qui les avaient sauvés ? Avaient-ils pensé aux inévitables représailles ? Les Canadiens, trahis, auraient certainement appliqué les règles militaires les plus strictes. Il n'y a pas de colère dans sa voix, mais vraiment de la surprise devant la bêtise humaine de ceux qui avaient conçu une telle idée.

Nous continuons à regarder les photos de Peter lorsque celui-ci ouvre une enveloppe : il s'agit des photos des funérailles militaires de Stanislas. Le lieutenant-commandant Déry, décédé en octobre 2001, a eu droit à des obsèques organisées par la Marine royale du Canada. Celles-ci attirèrent plusieurs notables, dont certains appartenant aux domaines maritime et juridique. Peter, en raison d'une interdiction de son médecin, n'avait pu venir au Canada à ce moment-là. Alors qu'il regarde les photos de Stanislas dans son cercueil, il dit avec un sanglot dans la voix, ignorant notre présence : « Je suis prêt à aller te rejoindre, mon ami. » Il tourne son regard vers nous et, décidé, nous demande de le suivre. Perplexes et surpris, nous le suivons dans sa chambre. Il nous montre une commode et nous remarquons les deux cadres posés sur celle-ci. Deux photos : celle de sa mère et celle de Stanislas. Il nous dit, la voix grosse d'émotion, que tous les matins, à son réveil, il regarde chacune et qu'il remercie sa mère et Stanislas car, à ses yeux, tous deux lui ont donné la vie. Sa mère une première fois, et Stanislas lorsqu'il l'a sauvé des eaux froides de l'Atlantique, comme une deuxième naissance. Avec Stanislas, la vie lui a donné une seconde chance, lui a ouvert les yeux, et de cette naissance est issue une nouvelle vie, une nouvelle lignée et, de cela, il sera éternellement reconnaissant à son ami canadien.

Après-guerre – Canada

C'est le retour à la vie civile pour Me Déry. Il s'installe d'abord à Ottawa puis à Saint-Jean-d'Iber-ville[1], où il s'adonne à la pratique générale du droit. Avec sa femme, Cécile, il a trois enfants : Monique, Suzanne et Gaston.

En 1962, nouvellement nommé *Queen's Counsel* (Conseil de la reine – CR – en matière de droit) par le procureur général du Québec, il revient dans la ville qui l'a vu grandir : Québec. En 1964, il est nommé par Transports Canada (ministère fédéral des Transports) pour représenter le ministère en qualité d'avocat chargé de conduire une enquête ordonnée par le gouvernement fédéral pour éclaircir les circonstances d'une collision maritime survenue sur le Saint-Laurent. C'est ainsi que son expérience de la

---

1. Aujourd'hui Saint-Jean-sur-Richelieu.

mer et sa formation juridique l'amènent à être nommé procureur de la Couronne, et finalement coroner permanent du Québec en 1976. Il dirige ainsi des centaines d'enquêtes spécialisées en transport maritime, terrestre et aérien, en construction, et dans le domaine des loisirs (dont des cas de noyade). Au cours de ces enquêtes, Me Déry fit régulièrement des recommandations que, à plusieurs reprises, les autorités en cause s'empressèrent de suivre. Stanislas Déry est d'ailleurs devenu l'un des hommes de droit les plus respectés au Québec.

Et son cœur revient à Trois-Pistoles. Tous les étés, comme son père avant lui, Stanislas amène sa femme, ses enfants et le chien à bord de son yacht[1]. Il sillonne alors à loisir la côte du Saint-Laurent, de Québec jusqu'au fjord du Saguenay, de Tadoussac à Trois-Pistoles. Certains étés, il remonte le fleuve jusqu'au lac Champlain, à la frontière des États-Unis. À chaque fois que l'occasion se présente, il embarque à bord des brise-glaces de la garde côtière ou des bateaux-pilotes qui sillonnent le grand fleuve. Il achète à son tour un chalet sur la grève principale de Trois-Pistoles et, de la véranda blanche, observe ce fleuve qu'il aime tant. Et l'air qu'il respire là est « grand » et, comme il le dit si bien, les yeux portés loin vers le large lorsque le fleuve vire au gris, sérieux tel l'officier sur le pont d'une corvette : « On a le mauvais temps sur le dos, le nordet va prendre. »

27 décembre de chaque année – Canada

L'ambiance est légèrement fébrile dans la maisonnée. Après tout, c'est le 27 décembre. Stanislas fait mine de rien, mais tout le monde sait que, sous son

---

1. Il baptise d'ailleurs son premier yacht U-877.

air un peu bourru, il est impatient. Pour en rajouter, les enfants se mettent de la partie, téléphonant, un brin taquins, à leur père pour savoir si Peter a déjà appelé. Enfin, le téléphone sonne ; Stanislas sourit et décroche le récepteur, espérant que c'est son ami. La voix de Peter résonne dans l'appareil : « Merci de m'avoir sauvé la vie, Stanislas ! » De bons vœux de part et d'autre suivent, ainsi que les nouvelles des derniers mois. Suivent quelques mots pour se remémorer leur rencontre exceptionnelle. L'amitié défie le temps… Et Stanislas rappelle ses enfants, taquin à son tour, les informant officiellement que son ami Heisig vient de remplir son devoir d'amitié.

Septembre 1946 – Allemagne

Peter s'inscrit à l'école de médecine. L'hiver, il étudie et, l'été, travaille dans des exploitations agricoles. Ses efforts portent leurs fruits ; il termine ses études de médecine en 1956 après s'être spécialisé en obstétrique et gynécologie. En 1966, il ouvre sa clinique privée sur ResidenzStrass, à Munich. À sa retraite, à 65 ans, il aura mis au monde 3 000 bébés. C'est durant cette période qu'il épouse Elizabeth. Cette dernière fera office de rédactrice ; elle parle et écrit un excellent français, et c'est elle qui rédigera les lettres de Peter à son ami canadien.

L'Allemagne se redresse en quelques années de sa situation économique en ruine. Pour ce pays, il s'agit d'une période de réconciliation, de nouveau gouvernement démocratique et surtout, pour l'Europe entière, les États-Unis, le Canada et bien d'autres, d'une évolution de l'état d'ennemi à celui d'allié et de partenaire. Mais l'Allemagne se déchire : les trois zones de l'Ouest deviennent la République fédérale d'Allemagne le 21 septembre 1949, tandis que la zone contrôlée par l'Union soviétique devient la République démocratique allemande le 7 octobre 1949. La guerre froide entre les États-Unis et l'Union soviétique ne cesse de prendre de l'ampleur. Le rideau de fer s'est abattu sur l'Europe.

Automne 1994 – Québec, Canada

Le Premier ministre canadien, Jean Chrétien, inaugure officiellement le complexe naval de la Pointe-à-Carcy, au Vieux-Port de Québec. À l'intérieur de cet ensemble, on trouve le Musée naval de Québec/musée naval Stanislas-Déry, où est conservé le fonds Stanislas Déry, comprenant plusieurs artefacts de la marine canadienne, sa correspondance du temps de guerre, plusieurs albums de photographies et une importante collection de livres sur le domaine maritime.

Septembre 2005 – Allemagne

Peter vient de parler à Eberhard Findeisen, le commandant de l'U-877, et celui-ci, apprenant notre présence chez Peter, nous invite pour le thé. Le soleil de septembre est particulièrement radieux. Nous prenons donc la direction d'un de ces charmants villages bavarois aux maisons rustiques, aux toits de bois et aux murs de chaux peints de fresques qui ressemblent aux images des livres de contes de mon enfance. Partout, d'énormes massifs de fleurs retombent en cascades des galeries de bois sculpté. Nous arrivons devant une belle propriété, sur le bord d'un lac. Dagmar, la seconde épouse de Peter, et son fils Ferdinand font partie du voyage. Une dame au sourire pimpant nous accueille. Nous entrons derrière Peter, qui parle joyeusement avec Mme Findeisen. M. Findeisen s'approche, et Peter lui lance un *Hi Chief!* joyeux. Avec entrain, les deux hommes conversent ensemble alors qu'une pensée fugace me traverse l'esprit : *Chief*? N'est-ce pas *Kaleunt* le terme usuel ?

Un léger malaise flotte ; c'est la première fois qu'Eberhard Findeisen revoit des Canadiens associés aux événements du 27 décembre 1944. Les présentations d'usage terminées, nous passons sur la véranda, où une table recouverte d'une jolie nappe de dentelle blanche nous attend. Nous prenons place autour de celle-ci. Un gâteau aux arômes délicieux accompagne le thé, servi dans de la fine faïence. Mme Findeisen se penche alors vers un petit buffet et en sort une bouteille de scotch. Avec le sourire, elle demande qui en veut avant d'en vider une rasade dans la tasse de thé de son mari. M. Findeisen parle parfaitement anglais. Après la guerre, il est devenu un homme d'affaires prospère ; il possède désormais une propriété en Australie qui compte un important élevage de moutons. L'été, il revient en Bavière. Non, il n'a jamais perdu l'amour de la mer. Il nous montre des photos de l'Australie et de son magnifique voilier naviguant sur les mers du Sud. Un ketch blanc, loin de la grisaille du monde sous-marin. Alors qu'il est penché au-dessus des photos, je remarque sur son crâne, désormais dégarni, la grande cicatrice, témoin incontestable de sa brutale expulsion de l'U-877. Le malaise du début se transforme en un sentiment de reconnaissance sincère. Il fixe alors Gaston, le fils de Stanislas, le regard sérieux, et lui dit : « Je n'ai jamais remercié Stanislas pour ce qu'il a fait pour nous. J'aurais dû le faire. Mais Peter l'a fait à ma place. Il l'a bien fait et je l'en remercie. »

25 avril 1964 – Québec

Stanislas attendait ce moment depuis longtemps. Son amour pour Beethoven et ses trente-deux sonates pour piano vivait grâce aux interprétations magistrales du pianiste allemand Wilhelm Kempff. L'interprète favori de Stanislas est l'invité de l'Institut canadien de Québec et du Cercle Goethe et le concert se déroule au Château Frontenac. À l'issue de l'interprétation, superbe – notamment un opus 31 n° 3 plein de douceur et de fougue –, Stanislas demande à rencontrer le musicien. On l'informe que le pianiste accepte de lui consacrer quelques minutes et on le conduit dans la loge à l'arrière-scène.

Stanislas franchit la porte et découvre un homme plus grand que nature, empreint de sérénité et baignant dans l'atmosphère des sonates de Beethoven. Quelques mots sont échangés et, à la grande surprise de Stanislas, le pianiste lui remet une carte postale d'artiste avec un mot écrit à la main : « *Beethoven nous donne la voix d'humanité, Stanislas Déry est un protagoniste idéal de la* (sic) *humanité. Dankbar, Wilhelm Kempff.* »

Et voici comment l'un des pianistes les plus profonds et les plus impressionnants du xxᵉ siècle rendit un hommage vibrant de simplicité, à la hauteur du geste accompli par Stanislas le 27 décembre 1944 envers ses compatriotes. Stanislas ne sut jamais qui avait informé Wilhelm Kempff de son histoire...

Été 1960 – Allemagne

Pour la première fois, Cécile s'envole vers l'Europe avec une amie. Elle en profite pour passer par la Bavière afin de rencontrer Peter et son épouse, Elizabeth. Peter l'accueille avec joie et lui fait visiter les environs. La veille de son départ, Elizabeth s'approche de Cécile et lui dit : « Peter a quelque chose à vous remettre. » Peter s'approche à son tour de Cécile et lui déclare : « Stanislas m'a sauvé la vie et je veux que tu lui donnes, de ma part, une des choses les plus importantes de mes souvenirs de guerre. » Il lui remet alors sa dague de sous-marinier, ce qui lui tient le plus à cœur dans sa vie de marin. En quelque sorte, il rend symboliquement les armes à Stanislas. À son retour au Canada, Cécile s'approche de son mari : « J'ai quelque chose de très particulier pour toi, Stanislas. Peter m'a demandé de te donner ceci en te disant : "En gage de notre amitié." » Elle sort de sa valise la dague de Peter, qu'elle tend à son mari. Stanislas est ému aux larmes, mais il n'en laisse rien paraître ; il comprend l'ampleur et la signification de ce geste. Il confiera : « C'est le plus beau témoignage d'amitié qu'il pouvait me faire. » Il accroche la dague à côté de son sabre d'officier de la marine canadienne.

Hiver 1983 – Ville de Québec

Le film *Das Boot*, inspiré du livre *Le Styx*, de Lothar-Günther Buchheim, est un succès incontesté. Il réussit à traduire pour la première fois, sans fioritures, la réalité de la vie à bord des U-Boote. Il est enfin à l'affiche à Québec et Stanislas sait que ce film peut lui faire découvrir les événements du 27 décembre 1944, cette fois sous la surface de l'eau, dans le U-877. Lui qui ne va jamais au cinéma, préférant se plonger dans ses lectures ou écouter de la musique classique, s'y rend pourtant un après-midi, sans rien dire à quiconque, désirant vivre ces moments d'émotion seul pour en saisir toute l'intensité. Sous ses yeux défile alors la vie des sous-mariniers, leur confinement et leur solitude ; il voit l'impact des grenades sous-marines lors des attaques et la peur des hommes ; il saisit enfin la mesure de l'horreur qu'il a fait vivre à son ami.

Il en sort absolument bouleversé et écrit à Peter que, pour la première fois de sa vie, il comprend le drame que celui-ci a vécu ce matin-là et exprime la paix et la sérénité qu'il ressent de lui avoir sauvé la vie et de s'en être fait un ami pour l'éternité.

Stanislas ne partagera ces émotions avec ses proches que quelques mois plus tard...

Été 1961 – Allemagne

Peter fait le pied de grue à l'aéroport de Munich. Il attend son ami Stanislas. Ils se revoient pour la première fois depuis dix-sept ans après cette triste séparation lorsque les fusiliers britanniques conduisirent Peter dans un camp de prisonniers de guerre. Mais maintenant, bien des choses ont changé. Lui est désormais médecin, et Stanislas vient d'être nommé CR (conseiller de la reine). Tous deux mènent une belle carrière professionnelle, ont fondé une famille, sont utiles à la société. Enfin, il voit Stanislas qui approche. Ils s'étreignent longuement. Peter l'accueille chez lui et lui fait visiter Munich et la Bavière. Tous deux vivent enfin leur amitié loin du bruit et de la fureur des affrontements armés. Et, à nouveau, ils discutent sans arrêt de leurs pays respectifs, de leurs valeurs, de leurs familles, de leurs ambitions, de leur vie, comme s'ils avaient interrompu leur discussion la veille dans la cabine du *St Thomas*. Et, bien sûr, la musique de Beethoven les accompagne...

Les enfants Déry visiteront aussi, tour à tour et à plusieurs reprises, la famille Heisig, au fil des ans. À chaque fois, ils seront accueillis à bras ouverts, comme les membres d'une grande parenté.

Mai 1984 – ville de Québec, Canada

Peter vient à Québec pour la première fois. Sa visite coïncide avec la commémoration de la bataille de l'Atlantique, qui a lieu tous les ans, le premier dimanche de mai. Le *NCSM*[1] *Montcalm*, l'unité de réserve de la marine canadienne à Québec, organise une parade militaire qui mêle membres de la marine active et vétérans, qui défilent dans les rues de du Vieux-Québec, des abords de l'hôtel de ville jusqu'au port. Une équipe de la télévision de Radio-Canada filme la cérémonie ; les cameramen prennent des images pour un documentaire sur la présence de sous-marins allemands dans le Saint-Laurent durant la Seconde Guerre mondiale. Réserviste moi-même, je défile avec mes collègues, en rangs serrés, suivis par les vétérans, parmi lesquels Stanislas, qui marche fièrement, Peter à ses côtés. Dans la troupe, nous avons vaguement entendu parler de la présence de ce sous-marinier allemand. Une fois au port, sur un des quais, des couronnes de fleurs sont jetées au fleuve en mémoire des militaires et civils disparus sur le théâtre opérationnel de la bataille de l'Atlantique. Je remarque que M. Heisig lance, lui aussi, une couronne. Rien à ce moment-là ne me laissait croire que le destin me permettrait de le côtoyer, de devenir son amie et d'avoir le privilège d'entendre ses souvenirs, de discuter de longues heures avec lui et de partager ses réflexions.

La veille de son départ, Peter prend tristement Cécile à part. En qualité de médecin, il lui confie que, malheureusement, il diagnostique les premiers symptômes de la maladie de Parkinson chez son ami.

Hiver 1996 – ville de Québec, Canada

Peter est un peu anxieux. Stanislas n'a pu venir le chercher à l'aéroport. C'est nous qui sommes passés le prendre. De son second mariage, avec Dagmar, il a

---

1. Navire canadien de Sa Majesté, francisation de HMCS.

eu deux fils, Félix et Ferdinand, et il voyage en compagnie de ce dernier. Gaston, avec les années qui passent, ressemble de plus en plus à son père. Lorsque Peter le voit, il lui ouvre les bras et l'étreint. Je rencontre Peter Heisig pour la première fois. Après quelques échanges dans un mélange de français, d'allemand et d'anglais, nous nous dirigeons vers le Château Frontenac, où nous laissons nos invités. Peter veut se reposer et avoir une bonne nuit de sommeil afin d'être en forme pour rencontrer son ami. Nous passons chercher Peter et Ferdinand le lendemain matin et empruntons la route vers la résidence pour personnes âgées en perte d'autonomie. Quelle désolante expression ! Stanislas, à certains moments, s'en impatiente, mais, la plupart du temps, la maladie de Parkinson le force à rester assis dans son fauteuil, d'où il regarde passer les jours par la grande fenêtre qui donne sur la ville de Québec et les Laurentides au loin.

Nous avons expliqué à Stanislas que Peter a pris l'avion de Munich pour venir le voir, mais les fortes doses de médicaments qui empêchent les tremblements ont pour effet que, bien souvent, il oublie ce que nous lui disons.

Un ascenseur, un dédale de corridors, comme dans toutes ces résidences ; nous marchons d'un bon pas. Peter marche au côté de Gaston, le tenant par le bras. Ce dernier rappelle à Peter que la maladie de Parkinson a déjà beaucoup affaibli Stanislas. Mais Peter comprend et demande à plusieurs reprises si nous arrivons enfin. Chacun de nous sait que c'est probablement la dernière fois que les deux amis se verront.

Encore un corridor. Des murmures fusent des chambres alors que notre petit groupe les dépasse. Nous y voilà. La porte est ouverte, comme à l'habitude, retenue par un des petits canons de cuivre que Stanislas a achetés en Angleterre pendant la guerre et qu'il affectionne tant. Gaston dépasse l'entrée et indique la chambre à Peter. Stanislas fixe la fenêtre. Depuis le matin, les infirmières lui rappellent que son ami Peter Heisig vient le voir. Elles lui ont enfilé son veston bleu marine orné de l'écusson de la marine. Peter regarde à l'intérieur et cogne à la porte. Stanislas tourne ses yeux pers vers lui et lance : « *Hi ! Peter !* » Peter passe le cadre de porte dans un élan se jette aux genoux de Stanislas en lançant un spontané « Mon sauveur ! ». Puis il étreint le vieil homme. Nous restons tous sur le pas de la porte, silencieux et émus, pendant que les deux amis, enfin réunis, sanglotent ensemble...

Appuyé sur le bras du fauteuil, un genou à terre, pour la dernière fois Peter parle encore sans arrêt à son ami canadien de sa famille, de la vie, de l'amitié et de Beethoven.

ÉPILOGUE

Le 21 mai 1945, des navires canadiens, qui escortaient depuis cinq jours des U-Boote qui s'étaient livrés à eux, reçurent, lorsqu'ils remirent les submersibles aux autorités locales de la Royal Navy de Loch Alsh, en Écosse, un blâme sévère pour fraternisation avec l'ennemi[1]...

« Lors de sa vie en mer le marin apprend trois choses :
Tout d'abord comment s'entendre avec ses frères humains ; deuxièmement, la valeur du travail d'équipe opposée à la concurrence chafouine ; troisièmement, comment travailler de tout son cœur pour servir une cause louable, abstraction faite des avantages personnels. Je vous invite à méditer cela. Ne luttez pas pour obtenir quelque "niveau de vie", qui ne représente au fond qu'un objectif vide de sens, mais battez-vous pour une "qualité de vie" qui, elle, réconfortera toujours vos âmes. »
Amiral Leonard Murray, MRC (1896-1971)
À une promotion de futurs officiers

---

1. MILNER Marc, *U-boat Hunters*, University of Toronto, Toronto, 1994, p. 266-267.

La guerre est absurde…

Folie. Pure folie. Soif de pouvoir qui entraîne dans son sillage les pires excès.

Et pourtant, dans un même élan, dans l'adversité, confronté à l'horreur, le meilleur de l'homme se manifeste autant que le pire. Et, ironiquement, l'Histoire nous le démontre, lorsque la guerre cesse, lorsque tout a été détruit, le destin des ennemis n'est-il pas d'apprendre, tôt ou tard, à se réconcilier et à reconstruire ?

Nous sommes tous confrontés à des choix et aux directives reçues. Mais, une fois seuls, vis-à-vis de notre conscience, nos décisions et nos actions nous appartiennent en propre et nous devons en assumer la responsabilité. Si Stanislas Déry avait abandonné ces hommes aux flots de l'Atlantique, il aurait sans l'ombre d'un doute détruit la vie de ces marins, mais également altéré la sienne. En rescapant ces 54 combattants ennemis, au risque de se faire accuser d'avoir mis les siens en danger ou de s'être livré à quelque futile fraternisation, Stanislas Déry a fait son choix, respectant ainsi ses convictions profondes. Nous croyons sincèrement qu'en sauvant ces vies il a aussi sauvé la sienne ce matin de décembre. Il a vécu le restant de ses jours fier de son geste, la tête haute, laissant derrière lui une certaine idée de l'éthique.

Quant au destin, il organise nos vies, intervient sans crier gare et, comme à un carrefour ferroviaire, aiguille notre avenir sur une autre voie afin de nous confronter à nous-mêmes, à notre conscience, à notre attitude face aux événements qu'il place sur notre chemin. Il est probable que le destin, ce matin-là, s'amusant à mettre en présence deux adversaires, donnait la chance à ces deux marins, à ces deux hommes, de faire leur choix en toute conscience, de se tendre la main et de s'ouvrir l'un à l'autre. Et voir avec les yeux de la conscience, n'est-ce pas voir un être semblable à soi et non une entité ennemie ? L'amitié qui a uni pendant plus de soixante ans Peter Heisig et Stanislas Déry a largement dépassé le cadre absurde de la guerre et a jeté sur leurs vies respectives une lumière nouvelle.

« Il y a une émotion encore plus forte que celle de tuer, c'est celle de laisser la vie. »
Rudyard Kipling

LE MOT DE L'HISTORIENNE
Devoir de mémoire

J'ai eu la chance et le privilège de connaître et de côtoyer régulièrement Stanislas Déry et Peter Heisig, d'avoir été accueillie par ces deux hommes à bras ouverts, avec beaucoup d'affection, dans leur famille respective et ce, bien avant qu'un projet de livre ne se concrétise. Tous deux m'ont raconté leur version des faits à maintes reprises et, à tout coup, la magie opérait. Chacun me décrivait, toujours avec simplicité, émotion et passion, à chaque fois avec un plaisir renouvelé, les détails de leur extraordinaire rencontre inusée, rajoutant çà et là quelque anecdote oubliée depuis des décennies. Il est vrai que ma formation en histoire, mon intérêt pour la Seconde Guerre mondiale et mes dix-sept années au sein de la marine canadienne permettaient des échanges plus qu'inté-ressants au cours desquels, avec Peter notamment, nous pouvions discuter des heures durant de la vie des sous-mariniers et pendant lesquels, avec une patience infinie, il répondait à mes incessantes questions dans un mélange de français, d'anglais et d'allemand.

C'est donc avec un plaisir réel et, je l'avoue, beau-coup d'émotion, que j'ai présenté la rencontre de ces deux marins telle qu'elle me fut contée, telle que je l'ai entendue au fil de mes entrevues et de mes recherches. Elle se résume dans son essence à deux hommes qui, au-delà du conflit insensé que fut la Seconde Guerre mondiale, ont choisi de devenir amis pour la vie. Pour eux, la guerre a été prétexte à une formidable amitié. Ce récit est donc volontairement exempt de détails et d'informations bien connus, déjà hautement médiatisés, relatant une fois de plus les massacres et les abominations que ce conflit a pu engendrer et qu'on ne dénoncera jamais assez.

La Seconde Guerre mondiale, au même titre que toutes les autres, a été cause des plus effroyables atrocités ; trop d'actes de violence ont été perpétrés sous couvert de l'anonymat, fruit d'une déresponsabilisation de chacun, trop de militaires, sous le couvert d'ordre donné, ont commis des gestes inavouables. Cette histoire d'amitié nous rappelle que chaque être humain détient la responsabilité personnelle de choisir l'attitude et le comportement qu'il adoptera face à une situation conflictuelle donnée. Et si un message doit passer par ce livre, c'est celui de la richesse que cette amitié a apportée aux vies des protagonistes.

Certes, ce lien entre Stanislas et Peter n'est pas unique. Plusieurs liens de ce genre se sont tissés en temps de guerre, lorsque des belligérants se sont comportés en hommes et non en ennemis – des rencontres traitées habituellement de manière anecdotique. Ce récit nous a permis de retracer de la façon la plus précise possible la rencontre de Stanislas Déry et de Peter Heisig dans le cadre plus large de l'histoire de la Seconde Guerre mondiale et de la bataille de l'Atlantique. Non seulement tous deux nous ont fourni des entrevues audio et vidéo, mais les documents et rapports officiels de la marine canadienne ainsi que des témoignages, empreints d'humanité et, à ma grande surprise, souvent cocasses, d'anciens combattants, membres d'équipage à bord des unités impliquées, nous ont permis de dresser un tableau de l'affrontement entre le *HMCS St Thomas* et l'U-877.

De plus, lorsqu'il était en mission en mer, Stanislas Déry a maintenu un imposant échange épistolaire avec ses parents. Ces lettres, dont certaines ont été citées, m'ont permis de retracer son cheminement professionnel dès 1936 et bien sûr durant la guerre, mais surtout de dresser le portrait humain et spontané d'un officier canadien français au sein de la *Royal Canadian Naval Volunteer Reserve* de la Marine royale du Canada. C'est dans cet esprit que je vous ai présenté la mission du *Prince Henry* de l'automne 1940 au printemps 1941.

Ce récit tient aussi à rendre hommage aux marins canadiens – militaires et membres de la marine marchande – qui ont participé à la Seconde Guerre mondiale, à tous ces vétérans qui ont veillé sans relâche sur les convois du monde libre, bravant le froid glacial et la chaleur excessive, l'humidité, les tempêtes, le mal de mer, dont le travail s'accomplissait coûte que coûte sous la menace permanente des U-Boote. Et, de ces années de guerre, ces marins se rappellent aujourd'hui en premier lieu non pas tant les jours sombres que la franche camaraderie et les moments les plus joyeux qu'ils ont connus à bord.

Quant aux sous-mariniers allemands, que leur pays considérait à juste titre comme des soldats d'élite, c'est avec honneur et ténacité que la grande majorité d'entre eux ont accompli leur devoir, acceptant les ordres sans discuter, dans des conditions de vie insalubres et presque inhumaines, acceptant la mort comme un accomplissement de leur mission. Ils étaient fiers de leur appartenance à la Kriegsmarine et, contrairement à trop d'idées préconçues, la grande majorité respectait l'honneur et les traditions du monde de la mer. Ils méritent notre admiration, même si leur cause était pure folie, car ils se sont battus avec abnégation. À la fin de la guerre, huit sous-marins sur dix devaient connaître une fin tragique. Des 40 900 sous-mariniers enrôlés, 28 000 (certaines sources disent 29 000) ne revinrent pas, et 5 000 furent faits prisonniers. Les pertes nettes, si nous nous fions à ces chiffres, représentent donc près de 70 % de leurs effectifs…

Stanislas Déry était un merveilleux conteur et savait saisir les possibilités d'exprimer ce don. Particulièrement en une occasion, alors que j'étais membre de la réserve navale, où il contait une de ses aventures à un jeune marin. Nous avons été plusieurs à nous rassembler autour de lui et à l'écouter dans un silence religieux, suspendus à ses lèvres. Mais Stanislas Déry, plus que cela, avait un don pour présenter la guerre sous un autre jour. Soudainement, tous ces événements prenaient vie sous nos yeux, sous un jour autre que celui de la destruction, de l'absurdité et du désespoir.

Peter Heisig est un homme charmant, que la vie, je crois, a comblé, même si cela n'a pas été facile. Mais il traite les moments affligeants de son existence avec équanimité, jetant un regard lucide sur les humains. Dans un sens, *sa* guerre n'est pas tout à fait celle de tout le monde ; elle lui a permis de connaître la bonté en plus d'une occasion et d'en sortir grandi et transformé. Et, aujourd'hui, il peut dire, tout comme son compatriote, l'immortel Goethe : « *Edel sei der Mensch, hilfreich und gut !* » (« Que l'homme soit noble, secourable et bon ! »)

Laissons aussi une place au destin, qui a son mot à dire et qui, dans cette histoire, est devenu un personnage à part entière. Car c'est à croire que c'est lui qui a tout machiné. Sinon, comment expliquer la suite de coïncidences et d'événements fortuits qui a mené à la rencontre de ces deux hommes, ennemis a priori, et qui, normalement, n'auraient jamais dû se croiser et tisser des liens ?

Et enfin, alors que les années passent, que la Seconde Guerre mondiale semble si loin déjà pour la nouvelle génération, que de moins en moins de vétérans peuvent encore en témoigner, il est de notre devoir de garder en mémoire le sacrifice de tant d'hommes et de femmes pour la liberté et la démocratie.

LINDA SINCLAIR

LA COMMUNAUTÉ DE LA MER

Le directeur du Musée naval de Québec, le muséologue André Kirouac, n'est pas surpris par le geste humaniste des officiers et des matelots de la *St Thomas* et de la *Seacliff* et relate bien des précédents. Il fait en effet remarquer que, depuis la plus haute Antiquité, tous les marins ont des ennemis communs qui, avant tout, sont les difficultés inhérentes à la navigation. Sans trop entrer dans le détail de l'histoire canadienne, signalons comment David Kirke (souvent aidé par ses redoutables frères, sir Lewis, Thomas, John et James, des corsaires aux yeux des Anglais, des pirates aux yeux des Français) traita Champlain convenablement lorsque celui-ci capitula à Québec en 1629. Il en fut de même pour sir William Phipps qui, désireux de prendre Québec, échoua après s'être fait dire par Frontenac qu'il lui répondrait « par la bouche de ses canons ». On raconte que, si les marins français ne portaient pas la flotte anglaise dans leur cœur, ils n'en respectaient pas moins leurs ennemis, dont la réputation de fiers navigateurs n'était pas à faire.

« Nous avons hérité d'un peu des deux traditions maritimes, explique M. Kirouac. Dans la marine de guerre, l'important est de détruire le bâtiment. C'est lui le véritable ennemi, non l'homme, comme dans l'infanterie, où il faut neutraliser le soldat qui court avec la vague d'assaut. Dans la marine, une fois le bâtiment détruit, on peut tendre la main à notre adversaire. En agissant ainsi, Stanislas Déry s'est montré fidèle à nos traditions, car il ne pouvait pas imaginer que les Allemands auraient fait autre chose s'ils avaient été à sa place... »

ANNEXES

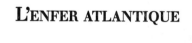

L'ENFER ATLANTIQUE

Le dimanche 3 septembre 1939, à 19 h 43, le sous-marin allemand U-30, commandé par le Kapitänleutnant Fritz Julius Lemp, commandant de 26 ans, torpillait l'*Athenia*, un paquebot britannique transatlantique jaugeant 1 400 tonnes[1]. La veille, à Liverpool, ce navire marchand avait embarqué à son bord 1 418 passagers et membres d'équipage, dont 318 ressortissants américains pressés de rentrer chez eux après l'annonce de la guerre.

Le matin même, la nouvelle était tombée. Un peu avant 11 heures, Lemp avait appris que, à la suite de la violation de la frontière polonaise, l'Angleterre et la France venaient de déclarer la guerre à l'Allemagne. Lemp n'avait pas reçu d'ordre en ce sens – Hitler espérait encore faire ployer les Alliés sous son joug : pourtant, il frappa le premier coup de ce que l'on allait appeler la « bataille de l'Atlantique ».

Il fit émerger le sous-marin, et comprit immédiatement quelle erreur il avait commise en s'attaquant à

---

1. Tonnes anglaises, ou *long tons*, soit 1 016 kilos, ou tonnes américaines ou canadiennes (907 kilos). Les statistiques provenant principalement de sources britanniques, nous privilégierons la tonne anglaise, proche de la tonne métrique (1 000 kg).

un navire civil : l'*Athenia* avait gîté[1] de six degrés, et la panique gagné son équipage. Le sous-marin mitrailla soigneusement l'antenne du navire pour l'empêcher d'envoyer un SOS. Les secours n'arrivèrent que le lendemain matin. L'*Athenia* flottait encore, mais on déplorait 118 pertes humaines, premières victimes civiles des sous-marins allemands qui se compteraient à la fin de la guerre en dizaines de milliers, personnel des marines marchandes compris. Avec cette attaque, le zélé Kapitänleutnant avait marché sans le savoir sur les traces de ses compatriotes : en 1915, un sous-marin allemand avait déjà coulé le navire américain *Lusitania*, bavure concertée qui provoqua l'entrée des États-Unis dans la Première Guerre mondiale. Ne dit-on pas qu'ignorer l'Histoire condamne à la répéter ?

Confinés dans leurs prisons d'acier, impatients de passer à l'action, les équipages des sous-marins allaient enfin pouvoir mettre en pratique ce qu'on leur avait appris. Ordre en avait été donné par le Grossadmiral Erich Raeder : les torpillages de navires civils avaient pour objectif d'affamer l'Angleterre, puissance maritime qui, selon un slogan nazi emprunté à l'Antiquité (et diffusé notamment en Europe par le chantre de la collaboration Jean Hérold-Paquis sur les ondes de la radio française occupée), devait être détruite tout comme Carthage l'avait été par Rome. Il s'agissait de semer la pagaille dans les convois d'approvisionnement et, si possible, de les réduire à néant.

---

1. Gîter : dans le vocabulaire de la marine, s'incliner d'un côté, échouer.

Des Loups impitoyables ?

Si, par la suite, les commandants de sous-marins finirent par appliquer à la lettre les ordres émanant des hautes instances, le début de la guerre du moins vit se manifester plusieurs exemples de solidarité : Lemp coula le *Blairlogie* une semaine après l'*Athenia*, mais eut l'élégance de fournir de l'alcool et des cigarettes aux survivants qui étaient montés dans les canots de sauvetage. Autre anecdote : après avoir torpillé le *Firby*, le commandant de l'U-48 lança un message radio à l'Amirauté britannique pour lui signaler la position des survivants. Ces nobles gestes ne durèrent malheureusement pas, même si la marine canadienne, pour sa part, fit preuve d'une sollicitude sans faille envers le personnel des navires ennemis coulés. Avec tous les bruits qui couraient et l'antagonisme grandissant des forces en présence, les naufragés ressentaient cependant une appréhension légitime, et tout le monde était sur ses gardes.

La guerre navale était bien engagée. Le 14 septembre, la Royal Navy coulait son premier sous-marin allemand, l'U-39. Trois jours après, l'U-29 faisait une victime de taille : le porte-avions *Courageous*. L'intervention des cuirassés de poche *Deutschland* et *Graf von Spee*, ainsi que celle des bâtiments de guerre *Scharnhorst* et *Gneisenau*, semèrent la terreur dans l'Atlantique Nord. Dès 1922, en dépit des restrictions du traité de Versailles, l'Allemagne mandata un bureau d'ingénierie maritime hollandais sous gérance allemande, l'Ingenieourskaantoor voor Scheepsbouw, à La Haye, pour préparer des plans de sous-marins. En 1935, neuf étaient en voie d'assemblage à Kiel. L'amiral Dönitz, qui avait à sa disposition 57 submersibles, en réclama 300 début 1939 pour régler le sort des Anglais et de leurs alliés. Il savait que la Royal

Navy comprenait six à neuf fois plus de bâtiments de guerre que l'Allemagne, et il tenait à mettre un terme à cette suprématie. C'était compter sans la prééminence maritime séculaire de cette nation, dont le seul adversaire notable avait été la France.

L'asdic et la grande illusion

De son côté, la Royal Navy ne semblait pas prendre la menace des U-Boote vraiment au sérieux : elle estimait que la récente invention de l'asdic (en souvenir de l'Anti-Submarine Detection Investigation Committee), qui détectait les ultrasons sous l'eau, mettait pratiquement fin à la guerre sous-marine. Funeste illusion : l'étroit faisceau de l'asdic ne portait guère plus loin qu'un mille marin, la transmission était perturbée par des vitesses supérieures à huit nœuds et l'appareil recueillait des renseignements peu pertinents comme la présence de cétacés, de squales, de bancs de poissons, d'épaves ou encore la différence de température des couches d'eau. Seuls les opérateurs les plus expérimentés – ou les plus intuitifs – obtenaient de bons résultats. Ce n'est qu'à la fin de la guerre que cet instrument providentiel, ancêtre du sonar, fut sensiblement amélioré.

Fort heureusement pour les Britanniques, il y eut chez eux quelqu'un qui prit au sérieux la menace que posaient les U-Boote : Winston Churchill, qui écrivit en effet dans ses *Mémoires* : « La seule chose qui m'effraya vraiment pendant la guerre fut le péril sous-marin. » Malgré l'avis de bien des amiraux, dont le premier lord amiral, sir Dudley Pound, le Premier ministre commanda des baleinières de classe Flower modifiées en corvettes chasseuses de sous-marins, qu'il baptisa *Cheap and Nasties* (« bon marché et malfaisantes »). Particulièrement dangereuses pour l'ennemi, elles ne coûtaient en effet que 90 000 livres sterling de l'époque. Quelque 288 de ces vaisseaux d'une soixantaine de mètres de long, dont une partie fut construite au Canada, réussirent à détruire une cinquantaine de submersibles allemands. Entre 1941 et 1943, les corvettes canadiennes furent modernisées pour être plus performantes encore. Elle furent alors équipées de radars, mais pas des meilleurs.

Un entraînement infernal

Dans l'Allemagne des années 1930, 2 000 emplois étaient à pourvoir à la Kriegsmarine, pour 40 000 postulants. Huit cent vingt aspirants se présentaient par exemple aux postes d'officiers pour 45 places : prestige de l'uniforme, peut-être, mais aussi exigence d'excellence et de jusqu'au-boutisme héritée de la Marine impériale. Après une première sélection draconienne, les élèves devaient subir des tests intellectuels et physiques rigoureux, et notamment le *Mutprobe* (« test de courage ») : surveillés par des caméras cachées, les postulants devaient faire passer un courant électrique de plus en plus fort dans des barres de fer qu'ils tenaient en main[1]. Les lauréats étaient ensuite soumis à un entraînement à la limite de la résistance humaine, en particulier les sous-mariniers, que l'on initiait à la *Rudeltaktik* – attaques à la manière des meutes de loups – pour lutter contre les convois. Il n'est pas surprenant que le mythe nietzschéen du surhomme cher au Führer ait fait des émules dans leurs rangs et que, jusqu'à la fin, les équipages aient résisté et adopté une attitude oblative, au-delà de la simple fidélité militaire.

---

1. HUGUES Terry et COSTELLO John, *The Battle of the Atlantic*, p. 30, Dial Press/James Wade, New York, 1977.

« Nous devons faire preuve de dureté ! »

Les gestes chevaleresques et humanitaires précédemment évoqués dont surent faire preuve certains sous-mariniers envers les équipages civils des navires marchands ne tardèrent pas à devenir de l'histoire ancienne. Tout d'abord, les Alliés armèrent quelques-uns de leurs bâtiments « civils » avec d'antiques pièces d'artillerie qui ne leur attirèrent que des ennuis : les matelots, mal entraînés, se faisaient massacrer par les mitrailleurs des sous-marins avant que leur bâtiment ne se fasse envoyer par le fond. On ne tarda pas à laisser tomber ces fâcheuses expériences. Et puis, il y eut la déclaration officielle de l'amiral Dönitz, brillant stratège, qui donna des ordres draconiens, en 1942, à la suite de la malencontreuse tentative de sauvetage des survivants du paquebot britannique *Laconia* :

« Ne sauvez aucun homme, n'en faites pas monter à bord et ne vous occupez pas de leurs embarcations de sauvetage, peu importent les conditions météorologiques ou la distance à laquelle ils se trouvent des côtes. Ne vous préoccupez exclusivement que de la sécurité de votre propre bâtiment et des efforts qui vous permettront de réussir à couler d'autres vaisseaux dans les délais les plus rapides. Dans ce conflit, nous devons faire preuve de dureté. L'ennemi a commencé cette guerre afin de nous annihiler et, par conséquent, rien d'autre ne compte. »

L'Angleterre aux abois

Au cours des deux premières années de cette guerre, les Alliés se heurtèrent à un obstacle de taille. Grâce à son dispositif codeur électromécanique Enigma, le réseau de communication des forces armées allemandes était l'un des plus impénétrables du monde. De la taille d'une machine à écrire portative, l'Enigma produisait des messages qui ne pouvaient être lus que par une machine du même type, codée (on dirait aujourd'hui « programmée ») de manière similaire. À moins de connaître le code, on pouvait toujours s'amuser avec six milliards de millions de possibilités pour chaque message ! La Government Code and Cipher School (GCCS), qui regroupait des milliers de spécialistes du déchiffrage et de mathématiciens réputés à Bletchley Park, au nord de Londres, était aux abois.

Mais, grâce à un ancêtre de l'ordinateur moderne, les cerveaux des services secrets polonais avaient en partie réussi à décrypter certains codes de la Wehrmacht et de la Luftwaffe, les plus compliqués restant ceux de la Kriegsmarine. En revanche, les services de renseignement allemands, qui utilisaient jusqu'à 80 types de chiffrages, parvenaient à lire les codes de la marine anglaise avec une relative facilité. Cette anomalie était due au conservatisme excessif de certains hauts gradés de l'Amirauté britannique, comme l'amiral Pound, qui en étaient encore au codage manuel avec livrets d'instructions du XIXᵉ siècle.

Après l'opération Dynamo, à Dunkerque, à l'issue de laquelle 230 000 Britanniques et 130 000 Français s'embarquèrent en hâte pour échapper à l'encerclement ennemi, seule l'Angleterre semblait résister. Le 4 juin 1940, Churchill déclarait : « Nous devons défendre notre île à n'importe quel prix. Nous nous défendrons sur les plages, dans les champs, dans les rues, dans les collines. Nous ne nous rendrons jamais ! » Même les clubs d'archers se munirent de flèches et de *longbows* (arcs anglais) pour résister aux envahisseurs allemands qui menaçaient. Malgré cet appel patriotique, il fallait se rendre à l'évidence : la plupart des chars et des pièces d'artillerie britanniques avaient été abandonnés à Dunkerque. Comme le disait un slogan populaire anglais de l'époque, entre Hitler et le Royaume-Uni, le dernier rempart demeurait la British Navy.

Pendant ce temps, les sous-marins allemands menaçaient les moindres rafiots susceptibles d'approvisionner le Royaume-Uni, notamment en matériel américain. Ces cargaisons de secours étaient envoyées discrètement par un allié, le président Franklin D. Roosevelt, poussé à la neutralité par les non-interventionnistes américains et jusque par son défaitiste et controversé ambassadeur à Londres, Joseph Kennedy, qui considérait comme inévitable la capitulation de l'Angleterre devant l'Allemagne nazie, pour laquelle il avait quelque sympathie...

On ne peut passer sous silence le prêt-bail par lequel les États-Unis aidèrent entre 1941 et 1945 la Grande-Bretagne, l'Union soviétique, la Chine, la France et d'autres nations alliées pour une somme représentant 50 milliards de dollars (soit 700 milliards de dollars de 2007). Le Royaume-Uni et l'URSS obtinrent la part du lion, avec 31,4 et 11,3 milliards de dollars de matériel respectivement. Avant le prêt-bail, qui ne fut remboursé qu'en 2006 par l'Angleterre, les États-Unis avaient donné 50 destroyers à la Royal Navy et à la Marine royale du Canada en échange de droits de mouillage dans des ports des Antilles britanniques et de Terre-Neuve.

Les « beaux jours » de la chasse aux navires marchands

Ce furent les heures de gloire des sous-mariniers allemands. Lorsqu'il prit connaissance des faiblesses de l'asdic, dont les Anglais étaient si fiers, Dönitz s'en donna à cœur joie contre les convois mal protégés. Quelque 200 000 tonnes furent envoyées par les fonds marins en juillet 1940. La Royal Navy devant se concentrer sur la protection de ses côtes, 217 navires marchands furent coulés dans les trois mois qui suivirent, contre deux submersibles allemands. La Kriegsmarine jubilait, et la propagande nazie surnomma cette période *the happy time* (« les beaux jours »), car les équipages de ses sous-marins avaient beau jeu[1]. La résistance qu'ils essuyaient, si elle était héroïque, n'en était pas moins purement symbolique.

À partir de leur inexpugnable base de Kéroman, à Lorient, ainsi que de celle de Brest dès 1941, les as sous-mariniers des U-Boote règnent en maîtres sur l'Atlantique Nord. Leurs noms deviennent aussi célèbres que celui du Baron rouge, l'as de l'aviation allemande de la Première Guerre mondiale. Les Kretschmer, Prien, Rollman, Endrass, Topp font la une des journaux allemands. Protégés par une couche de béton de près de quatre mètres (et davantage, même, à Brest) et de massives portes d'acier, les refuges et ateliers de réparation de sous-marins sont inattaquables avec les bombes de l'époque.

Une flottille de 27 sous-marins italiens joignit ses efforts à ceux de la Kriegsmarine, mais ces submersibles, pourtant excellents, ne remportèrent que trois victoires. Pour les Allemands, ces piètres résultats de la part des descendants des conquérants des légions romaines étaient inacceptables. Un clash culturel ne tarda pas à s'ensuivre entre les états-majors des deux marines, et l'amiral Dönitz préféra se passer de ses alliés fascistes, dont l'intervention en mer ne lui semblait pas déterminante et la combativité, insuffisante.

---

1. Voir *The Battle of the Atlantic*, p. 80 et 95, *op. cit.*

Près de 6 000 hommes de la marine marchande britannique périrent en 1940, ce qui surpassait les pertes de la Royal Navy. De telles catastrophes étaient à la veille d'affamer la Grande-Bretagne. Cultiver chaque lopin de terre et épargner la nourriture devinrent des devoirs patriotiques, d'autant plus que le pays était devenu le pivot du monde libre en Europe occidentale. Avant l'entrée en guerre des États-Unis, le Canada était le seul véritable allié de la Grande-Bretagne, qui se reposait sur son ancien dominion pour le ravitaillement. C'était une grosse commande pour un pays à la population restreinte, mais le Canada remplit largement ces attentes.

Le jeu de roulettes Enigma

La liberté relative avec laquelle les sous-marins circulaient dans l'Atlantique était due en grande partie à l'utilisation par les forces allemandes de la fameuse machine Enigma, dont les experts n'avaient pas réussi à déchiffrer les codes. La chance commença à tourner pour les Britanniques lorsque, grâce à l'aide d'autres unités, le destroyer *Somali* réussit à arraisonner le navire météorologique *München* et à faire main basse sur une Enigma ainsi que sur les livrets servant à son codage. Malheureusement, ce code relativement facile à percer, n'était pas d'un haut niveau de sécurité comme celui réservé aux sous-marins et aux bâtiments de guerre. Il ouvrait cependant une porte. Le jeu des roulettes de l'appareil demeurait un mystère, et il aurait fallu saisir une Enigma dans un submersible pour en comprendre vraiment le fonctionnement.

Jusqu'alors l'équipage des sous-marins allemands touchés avait ordre de détruire ces précieuses machines, si bien que l'Amirauté avait donné à ses officiers un cours d'allemand minute en leur faisant apprendre par cœur cette phrase, qu'ils devaient adresser à leurs homologues en train de s'extirper péniblement du kiosque de leur bâtiment en péril : *Boot hoch halten, sonst wird keiner gerettet !* En d'autres termes : « Si vous sabordez votre bâtiment, nous ne vous récupérerons pas[1] ! » Avis aux amateurs… Mais, jusqu'à maintenant, l'Amirauté n'avait guère eu de chance et, aujourd'hui, faute de preuves, on ne sait pas combien de sous-mariniers récalcitrants de la Kriegsmarine ont été ou non abandonnés à leur sort pour avoir refusé d'obtempérer. De toute façon, on croit qu'il s'agissait là d'une menace proférée dans le feu de l'action pour impressionner l'ennemi et que celle-ci ne fut pas mise à exécution, même si les équipages des sous-marins allemands ne livrèrent pas la marchandise. En effet, les prisonniers avaient leur utilité puisque, selon une vieille tradition, il y avait toujours moyen de les interroger et d'en tirer quelque renseignement utile.

Deux jours après l'arraisonnement du navire météorologique, la chance sourit à nouveau aux Britanniques. Curieusement, ce fut le Kapitänleutnant Lemp, celui qui avait tiré la première torpille de la guerre contre un navire marchand, l'*Athenia,* le 3 septembre 1939, qui fit les frais de l'affrontement. Le 8 mai 1941, au large des Hébrides, aux commandes de l'U-110, il décida avec un autre sous-marin, l'U-201, d'attaquer séparément le convoi OB 318. Il se plaça devant celui-ci, tira trois torpilles, mais la quatrième se coinça dans le tube. L'U-110 ne put que se mettre en plongée mais, repéré, il reçut une généreuse ration de grenades sous-marines qui endommagèrent sérieusement sa timonerie et son

---

1. *The Battle of the Atlantic,* p. 153, *op. cit.*

moteur électrique. Lemp tenta de faire sauter les réservoirs principaux, mais il jouait décidément de malchance, et les commandes ne répondirent pas. Le submersible piqua, remonta mystérieusement, émergea et fut reçu par un tir nourri. Le commandant du destroyer *Bulldog* vit là l'occasion de capturer un sous-marin presque intact et se dirigea à toute vapeur vers celui-ci.

Croyant qu'ils allaient être éperonnés, les marins allemands sortirent du kiosque comme des diables de leur boîte et se jetèrent à l'eau. Ils furent prestement recueillis par le *Bulldog* et faits prisonniers. Lemp avait également sauté mais il voulut à la dernière minute remonter à bord pour des raisons évidentes, et son initiative ne lui apporta qu'une volée de balles de la part des marins de Sa Majesté, qui abordaient le submersible et n'avaient pas l'intention de plaisanter.

L'équipage allemand au chaud dans les cales du *Bulldog* et leur combatif commandant envoyé *ad patres*, les Anglais purent fouiller à loisir le bâtiment. Ils découvrirent une machine Enigma intacte ainsi que ses livrets de codes. La Kriegsmarine ne sut jamais ce qui était vraiment arrivé à l'U-110, car cette capture demeura top secret. Malgré les progrès considérables que les décrypteurs britanniques enregistrèrent, cette réussite ne leva qu'un coin du voile sur les codes allemands. D'ailleurs, pour ne pas éveiller les soupçons, les autorités alliées ne changèrent pas immédiatement les parcours des convois, au risque de perdre des navires. C'est ce qui arriva, et ce fut le prix qu'il fallut payer pour protéger le secret de cette capture. Plus tard, les routes furent progressivement modifiées, ce qui permit de sauver une impressionnante somme de tonnage allié, de freiner l'intervention des *wolf packs* et de contribuer à leur élimination.

Le réveil du géant

Entre le printemps et l'automne 1941, un équilibre sembla s'établir. Les Alliés utilisèrent les récepteurs à haute fréquence à recherche directionnelle HF/DF (Huff-Duffs). Ils pouvaient capter les messages radio des submersibles et parvenaient ainsi à déterminer assez bien la position de l'ennemi. De plus, l'aviation, qui prenait de l'importance dans la guerre sous-marine, utilisait le radar, déjà en service sur les corvettes. Connaissant mieux les routes que suivaient les sous-marins, les Alliés purent déjouer nombre de leurs plans. Dans certains cas, afin de ne pas éveiller les soupçons de leurs adversaires, ils ne modifiaient pas l'itinéraire des convois, préférant prendre le risque d'affronter les U-Boote.

Au milieu de 1941, si les sous-marins allemands patrouillaient dans l'Atlantique Nord, ils évitaient de tirer sur des bâtiments américains, car Hitler ménageait les États-Unis en espérant que certains isolationnistes comme le célèbre aviateur Charles Lindbergh, le magnat du pétrole W. R. Davis – un sympathisant de l'Axe ayant conclu une entente avec la Kriegsmarine –, ainsi que le douteux leader syndical John L. Lewis, exerceraient une influence sur la Maison Blanche (ce qui ne fut heureusement pas le cas). Bien avant cette époque, la Marine royale du Canada s'était engagée dans le conflit, en établissant notamment ses quartiers généraux de l'ouest à Saint-Jean, Terre-Neuve.

L'attaque japonaise sur Pearl Harbor, le 7 décembre 1941, permit à Roosevelt d'afficher franchement la couleur et de contrer les isolationnistes troubles et les sympathisants nazis. Suivant l'une de ces formules historiques, parfois apocryphes, l'amiral Isoroku Yamamoto, qui planifia l'attaque japonaise sur Pearl

Harbor, aurait déclaré le lendemain de celle-ci : « Je crains que tout ce que nous ayons réussi à faire, c'est de réveiller un géant endormi et de l'emplir d'une terrible détermination... » Quelques jours plus tard, Hitler, qui n'avait semble-t-il pas eu connaissance de cette phrase prophétique, déclarait la guerre à la plus grande puissance industrielle du monde. Les premiers mois de 1942 furent désastreux pour les Américains, mal préparés, qui virent certaines de leurs unités coulées non loin de leurs côtes. Le 6 mai 1942, l'U-507 coula un navire plein de bauxite, l'*Alcoa Puritan*, au large de Mobile, Alabama. Dans un geste inattendu, le commandant du submersible fit surface pour s'excuser auprès des survivants et leur souhaiter bonne chance.

En compagnie de cinq autres sous-marins patrouillant dans le golfe du Mexique, le même submersible participa à une vraie curée en coulant 41 navires civils. De plus, des saboteurs allemands avaient été débarqués près de Long Island avec mission de faire sauter des alumineries et des ponts de chemin de fer. Ils furent rapidement interceptés par le FBI. L'administration américaine commença à perdre patience face à l'inaction de l'amiral Ernest King, qui jugeait inutile de faire accompagner les convois.

Au début de 1942, les côtes américaines furent témoin d'un jeu de massacre. Le black-out ne se pratiquait pas, et la tâche des Loups gris en était facilitée. Des sous-marins à plus long rayon d'action remplaçaient ceux de type VII, et ces derniers se virent même transformés pour transporter davantage de carburant. Des sous-marins ravitailleurs, cantonnés au centre et dans l'ouest de l'Atlantique, faisaient le reste. Malgré cela, le quartier général de la marine à Washington fit preuve de courte vue et d'une incroyable inertie. N'ayant aucunement l'intention de protéger les convois de l'Atlantique Nord, il préférait simplement s'en abstenir en laissant entendre qu'il était peut-être préférable de ne pas avoir de convoi du tout ou de laisser la chance faire le reste. Le Befehlshaber der U-Boote (BdU), ou commandement en chef des forces sous-marines, ordonna à ses submersibles d'attaquer le long de la côte est des États-Unis, en Floride, dans le golfe du Mexique et dans les Antilles. Pour compléter le tout, le B-Dienst, l'un des services de renseignement allemands, parvint à décoder le code n° 3 de la Royal Navy. Enfin, l'ennemi commença à utiliser sur ses submersibles un nouvel appareil, le Metox, pour détecter les radars alliés. Les torpilles furent également améliorées grâce aux détonateurs magnétiques, et on vit apparaître les premières torpilles dites « à parcours sinueux ».

Ernest King, l'amiral américain obstructionniste, dut changer son fusil d'épaule, mais ce fut avant tout la puissance de production des États-Unis qui permit de faire face à la situation en faisant passer le personnel des chantiers maritimes de 100 000 à 700 000 travailleurs et en employant des femmes dans des métiers traditionnellement réservés aux hommes. « Rosie la riveteuse », une robuste championne du pistolet pneumatique, devint aussi populaire que les stars de l'époque et que les stakhanovistes soviétiques. Les méthodes de fabrication inspirées de la chaîne de montage permirent de construire, entre autres, 2 700 liberty-ships, dont le plus célèbre demanda quatre jours et quinze heures d'assemblage !

L'intraitable amiral Dönitz

Pendant le reste de l'année 1942, les États-Unis construisirent plus de navires que les Allemands ne parvinrent à en couler, et l'amiral Dönitz avait perdu la course au tonnage détruit. À la suite d'un autre geste chevaleresque de l'un de ses commandants, il émit des ordres implacables, dénués d'ambiguïté :

« — Toutes les tentatives de secourir les membres d'équipage d'un navire coulé, de recueillir ceux qui sont tombés à la mer, de leur fournir de l'eau ou des aliments doivent cesser. Le sauvetage des survivants entre en contradiction avec les nécessités élémentaires de la guerre qui sont de détruire les navires ennemis et leurs équipages.

— Les ordres concernant la capture des commandants et des ingénieurs en chef demeurent en vigueur.

— On peut recueillir des rescapés dans le cas où leur interrogatoire peut se révéler de quelque valeur pour les sous-mariniers.

— Soyez impitoyables. Souvenez-vous que lorsqu'il bombarde des villes allemandes, l'ennemi fait peu de cas des femmes et des enfants. »

Le mot est passé. Il faut se montrer impitoyable, d'autant plus que la Kriegsmarine essuie des revers et que la surveillance aérienne des Alliés ainsi qu'un nouveau radar leur permettent de détruire davantage de sous-marins. En Allemagne, la production de ces derniers s'accélère. Les effectifs atteignent presque 300 unités, dont une centaine opèrent dans l'Atlantique Nord. Les efforts que l'on fait pour enrayer l'épidémie semblent vains, d'autant plus que les bases de Lorient et de Brest sont inattaquables.

La nomination au sein de l'Amirauté de l'amiral Max Kennedy Horton va changer la donne. Farouchement déterminé, fin stratège, ce catholique d'ascendance juive n'avait aucune sympathie pour les théories nazies et représentait un adversaire de taille pour Dönitz. Il avait la ferme détermination de faire revivre le slogan *Britannia rules the waves*[1]. Les Britanniques semblaient en effet les marins les plus aguerris. Au cours des six derniers mois de 1942, les groupes d'escorte britanniques n'avaient perdu que 23 navires en accompagnant 63 convois. Les Canadiens en avaient perdu 53 et l'un des groupes d'escorte américains, une bonne dizaine. Malgré leurs pertes, les Canadiens, qui avaient beaucoup à apprendre, réussirent à couler six sous-marins allemands avant la fin de 1942. Ils devaient en couler plus de 20 avant la fin de la guerre.

Le personnel des marines royales anglaise et canadienne et de la flotte américaine était peut-être de l'étoffe des héros, mais les marins de la marine marchande des trois pays ne se montraient pas moins courageux. Les matelots anglais s'enrôlaient pour quelque 22 livres sterling par mois, y compris la prime de danger. Cela représente environ 45 dollars canadiens en ces années-là, soit environ 630 dollars de 2007 (410 €), la vie coûtant environ quatorze fois plus cher de nos jours. Les Américains étaient plus généreux, avec 90 dollars par mois (1 250 dollars de 2007, soit environ 800 €) et une assurance-vie de 10 000 dollars (140 000 dollars de 2007, soit quelque 90 000 €). Ces différences de rémunération entre frères de risque n'étaient pas sans provoquer des arguments véhéments entre marins américains et britanniques – *Yanks* et *Limeys* – dans les ports.

Les prédateurs meurent aussi

La bataille de l'Atlantique faisait toujours rage fin 1942, et, si la Kriegsmarine avait connu de nombreux

---

1. « La Grande-Bretagne règne sur les flots. »

succès, le tournant de 1943 fut le théâtre d'un cuisant échec avec les dégâts subis par l'un des bâtimens de guerre dont elle était le plus fière, le *Hipper*, lors de l'attaque d'un convoi le 31 décembre 1942. Cette défaite mena d'ailleurs à la démission du grand amiral Raeder. La France libre fournit également son effort de guerre grâce à sa corvette *Lobélia*, qui coula le sous-marin U-609, et à sa corvette *Aconit*, qui infligea le même sort à l'U-432. À la conférence de Casablanca, Churchill réclama à cor et à cri des Américains qu'ils livrent d'autres navires d'escorte ainsi que leurs avions Liberator afin de couvrir l'espace au milieu de l'Atlantique, le « trou noir », où les submersibles allemands étaient pratiquement hors de portée. De leur côté, les as anglais du déchiffrage, aidés d'ordinateurs primitifs, réussissaient à percer les nouveaux codes Triton des machines Enigma en quelques heures et non plus quelques jours. La bataille de l'Atlantique était devenue dorénavant une gigantesque partie d'échecs où les convois tentaient d'éviter les meutes de sous-marins et où ces derniers étaient activement pourchassés par l'aviation.

L'avènement de la radiogoniométrie à ondes courtes (HF/DF) permit de repérer les sous-marins lorsqu'ils se transmettaient des informations, mais cela exigeait des opérateurs très perspicaces pour détecter les submersibles croisant à une vingtaine de kilomètres des convois et les approcher pour pouvoir les neutraliser. Il était également important de repérer les sous-marins ravitailleurs allemands de type XIV, ou « vaches à lait », qui donnaient une plus grande autonomie aux submersibles. Jaugeant 1 688 tonnes, ces nourrices pouvaient transporter 700 tonnes de fioul et n'étaient armées que de canons antiaériens. Il était temps car, de l'avis de l'Amirauté britannique, au cours des vingt et un premiers jours de mars 1943

« jamais les Allemands n'avaient été aussi près d'interrompre les communications entre le Nouveau Monde et l'Ancien »... En avril, notamment grâce à une meilleure couverture aérienne des Liberator, 14 submersibles allemands furent coulés, dont 7 par l'aviation. Un sous-marin allait par le fond, contre trois navires de la marine marchande.

Les meutes de Loups gris ne s'en tiraient plus à si bon compte... Ainsi, en mai, lors d'une attaque par une quarantaine de sous-marins allemands contre le convoi ONS 5, qui dura presque une semaine, seuls 12 navires marchands furent coulés. Grâce aux nouvelles techniques radar, 24 attaques furent mises en échec au cours des seules nuits des 5 et 6 mai. À cette occasio, 5 sous-marins furent coulés par des grenades sous-marines ou éperonnés, d'autres furent sérieusement endommagés. Au cours de mai 1943, il se passait rarement un jour sans qu'un sous-marin sombre. Les nouvelles torpilles acoustiques Fido, lancées par les avions, suivaient les submersibles grâce au son émis par leurs hélices ; d'autres techniques comme le radar centimétrique ou les détecteurs d'anomalies magnétiques (Mad) causaient également de sérieux dommages parmi les *wolf packs*. En mai, 41 submersibles furent détruits. L'amiral Dönitz comprit qu'il fallait payer un prix élevé pour chaque navire marchand coulé et redéploya ses effectifs tout en commandant la fabrication de 40 sous-marins par mois et en essayant de contrer les effets désastreux des derniers progrès de la technologie alliée.

La riposte de Dönitz et ses séquelles

Les sous-marins furent équipés de batteries anti-aériennes de 20 millimètres, de mitrailleuses rapides de 37 millimètres et de schnorchels, qui signifie

« renifleur » des tubes « respiratoires » leur permettant d'utiliser leurs moteurs diesel en plongée en profondeur périscopique. Pour remplacer les submersibles conventionnels de type VII et IX, la Kriegsmarine commanda également la production des « super-sous-marins » de type XVII et XVIII, beaucoup plus profilés, qui pouvaient atteindre une vitesse théorique de 30 nœuds. Elle encouragea également la production des types XXI et XXII, qui devaient être plus rapides et pouvoir plonger à plus de 300 mètres. Ces beaux projets avaient du mal à se concrétiser, car le personnel se faisait de plus en plus rare, et les aciéries allemandes devaient également approvisionner l'industrie lourde pour le matériel roulant de l'armée de terre, comme les blindés.

Après ses vains efforts pour détruire les inexpugnables repaires de Brest, Lorient ou Saint-Nazaire, l'aviation alliée se concentra dans le golfe de Gascogne, où elle connut d'appréciables succès en déjouant par des manœuvres acrobatiques le nouvel armement antiaérien des submersibles et en réussissant à en couler un bon nombre. Dönitz décida alors de concentrer ses U-Boote au milieu de l'Atlantique Nord, où ils avaient une moindre possibilité de se faire repérer. Malgré les efforts des prédateurs, leurs succès diminuèrent, les Américains, qui avaient pris du métier et avaient d'excellentes sources de renseignement, semblant toujours se trouver au bon endroit et au mauvais moment pour intercepter les meutes de Loups gris. Les Alliés avaient également appris comment repérer et se débarrasser des *Milchkühe*, ou « vaches à lait », cette dizaine de submersibles-citernes de type XIV, d'un rayon d'action de 12 350 milles, capables d'alimenter une douzaine de leurs semblables en carburant. Privés de fioul, les U-Boote devaient s'approvisionner dans des ports lointains ou prendre des risques plus grands pour trouver des navires ravitailleurs.

Malgré leurs déboires, et bien que la grande majorité d'entre eux n'aient pas été des nazis fanatiques, les sous-mariniers allemands conservèrent un moral inébranlable. Vers la fin de 1943, on remarquait que l'âge moyen des recrues avait considérablement baissé et que les rangs des « as » s'étaient considérablement éclaircis : à force de s'exposer, ils avaient, comme le célèbre Baron rouge, trouvé leur maître. La vie à bord était très pénible. Croupissant comme des taupes dans l'humidité, dans les remugles de carburant diesel et d'huile de moteur, mal nourris, vivant dans la promiscuité d'un espace confiné, passant de longues périodes d'une insoutenable monotonie et des heures de terreur tandis que les grenades sous-marines menaçaient de distendre les tôles de leur bateau, ces chasseurs dorénavant pourchassés savaient que leurs victimes ne leur feraient aucun cadeau.

Auraient-elles seulement quelque compassion pour eux ? L'amiral Dönitz avait donné ordre de se montrer sans pitié, de ne se préoccuper que de destruction. L'irrésolution n'avait aucune place dans cet enfer. Seule devait régner une implacable détermination. Pourquoi les Britanniques (que les Allemands appelaient des *Tommies*, sans nuance péjorative), les Américains ou les Canadiens auraient-ils dû penser autrement ? « C'est la guerre ! » se répétait-on d'ailleurs de part et d'autre. L'une des phrases les plus absurdes que l'on ait inventées était devenue un leitmotiv. Elle justifiait tout. Tout était bon pour parvenir au but. Dans une telle ambiance, seule une excellente formation, une discipline de fer mais aussi une grande camaraderie et des chefs sachant se faire aimer et admirer pouvaient assurer la cohésion des équipages.

Le crépuscule des Loups gris

Au début de 1944, la Kriegsmarine comptait encore 447 sous-marins en service. Ils patrouillaient dans tout l'Atlantique et la mer du Nord. Ceux équipés de schnorchels et armés de torpilles acoustiques étaient redoutables mais beaucoup moins présents que les autres. L'un des protagonistes de la présente histoire, le docteur Peter Heisig, a d'ailleurs confié lors d'une interview que les torpilles acoustiques Zaunkönig étaient loin d'être d'une grande efficacité à cette époque, car les Alliés leur avaient opposé des contre-mesures[1]. Les schnorchels ne donnaient pas toute satisfaction et, s'ils offraient quelque intérêt de nuit, le sillage qu'ils laissaient permettait de les repérer de loin pendant la journée. De plus, lorsque les soupapes de ces tubes se fermaient sous la poussée des vagues, les moteurs diesel continuaient à pomper l'air et les hommes suffoquaient. Enfin, après le *Hedgehog* (« hérisson »), les Alliés mirent au point le *Squid* (« calmar »), une sorte de mortier à triple canon tirant ses projectiles devant les sous-marins, préalablement repérés de manière automatique par un dispositif asdic perfectionné. Au début de 1944, le détecteur d'anomalies magnétiques, ou Mad, faisait merveille dans le détroit de Gibraltar. Des avions Catalina équipés de cette technologie y détruisirent facilement deux sous-marins. Apparut enfin le sonar (*Sound Navigation and Ranging*), qui utilisait des bouées de repérage larguées des airs. Le temps où la Kriegsmarine faisait la loi et où ses sous-mariniers se comportaient comme des chasseurs en faisant mouche sur les

---

1. Le 12 mai 1943, les Alliés lancèrent Fido, la première torpille acoustique aéroportée efficace.

navires alliés sans grand risque appartenait dorénavant à l'histoire ancienne.

Les revers qu'il enregistrait n'empêchèrent pas Dönitz de croire qu'il pourrait encore influencer l'issue de la guerre. Le travail se poursuivait sur les sous-marins de 300 tonnes de type XVII et sur ceux de 740 tonnes de type XXVI, qui devaient atteindre respectivement 20 et 24 nœuds en plongée. Il y avait aussi le type XXI, qui devait théoriquement être en mesure de plonger à 300 mètres, hors de portée des grenades sous-marines. Heureusement pour les Alliés, les chantiers de construction navale connaissaient de sérieux différends avec les concepteurs, et ces nouveaux modèles avaient des défauts que le manque de temps ne permettait pas de corriger. De plus, le bombardement de villes industrielles comme Berlin ou Francfort sapait sérieusement les efforts des fournisseurs de matériel nautique. Les 118 submersibles de type XXI, pouvant atteindre 17,2 nœuds et plonger à 280 mètres, ainsi que les sept bâtiments de type XXIII qui furent construits ne répondaient pas non plus aux objectifs initiaux de leurs concepteurs, et leur fabrication souffrit beaucoup des bombardements.

Du côté allié, la guerre se gagnait avec difficulté dans les airs grâce aux efforts du maréchal de l'air de la RAF, sir John Slessor, qui concentrait ses opérations sur le golfe de Gascogne, très fréquenté par les U-Boote, et sur les réduits de Saint-Nazaire et de Lorient. Si les bombardements effacèrent pratiquement ces villes, au grand dam des Français, les abris à sous-marins demeurèrent intacts. Toutefois les Allemands furent obligés d'abriter leur personnel civil dans des coins reculés de la campagne bretonne. De janvier à mai 1943, une centaine de bombardiers lourds alliés furent détruits, mais les efforts de l'aviation alliée ne faiblirent pas pour autant.

En 1944, être sous-marinier consistait à passer d'une occupation à très haut risque à une opération suicidaire, notamment dans la Manche, la mer d'Irlande, la mer du Nord, où 350 avions quadrillaient un territoire de 20 000 milles carrés. En effet, toutes les trente minutes, un U-Boot qui faisait surface pouvait s'attendre à se faire repérer par un appareil allié. Neuf jours après le débarquement en Normandie, un seul U-Boot parvint à percer les défenses alliées et à couler une péniche de débarquement pour blindés.

Sous l'incitation du chef de projet Otto Merker, les constructeurs d'U-Boote tentèrent d'appliquer des méthodes américaines pour la fabrication des modèles XXI et XXIII. Le travail de gros œuvre se divisait en huit sections de bateau fabriquées en divers points de l'Allemagne puis rassemblées pour montage dans trois chantiers maritimes situés à Dantzig, Hambourg et Brême, mais les canaux sur lesquels transitaient les pièces détachées des futurs submersibles que l'on disait novateurs étaient bombardés, tout comme les chantiers, ce qui retardait la production. Les derniers mois de 1944 furent désastreux pour les U-Boote, qui tentèrent un repli vers la Norvège, mais étaient toujours harcelés par l'aviation alliée.

Il est heureux pour les Alliés que la construction de nouveaux U-Boote ait subi des retards, car ils semblaient redoutables. En effet, en avril 1945, l'unique type XXI à prendre la mer, l'U-2511, sous le commandement du Kapitän Adalbert Schnee, l'un des officiers d'état-major de Dönitz, parvint à échapper à la surveillance de l'asdic d'une corvette en mer du Nord et à filer pendant une heure à une vitesse de 16 nœuds, à la plus grande surprise de ses poursuivants. Après les avoir semés, il se rendit presque jusqu'au Panamá pour y chasser plus facilement mais, le 4 mai 1945, tous les commandants des 43 sous-marins en mer reçurent l'ordre de se rendre. Schnee consulta ses hommes et décida de revenir à sa base. En route, il vit dans son périscope un croiseur. Instinctivement, il décida de l'attaquer et parvint à traverser furtivement les défenses électroniques du bâtiment allié sans se faire détecter. Alors qu'il s'apprêtait à tirer ses torpilles, par conscience ou sens aigu de la discipline, il décida de s'abstenir et de reprendre sa route. C'était la fin d'une époque.

Les derniers mots du grand amiral Dönitz à ses hommes furent pour le moins wagnériens :

« Mes chers sous-mariniers ! Nous avons derrière nous six ans de guerre. Vous avez combattu comme des lions. Une supériorité écrasante en matériel nous a placés dans une situation intenable d'où il n'est plus possible de poursuivre les hostilités. Invaincus et sans tache, vous déposez les armes après un combat héroïque sans précédent. »

Arborant le drapeau blanc de la reddition, 23 bâtiments se rendirent en Grande-Bretagne, trois aux États-Unis et quatre au Canada. Les autres le firent en Norvège ou en Allemagne et, malgré les ordres contraires de Dönitz, l'un d'entre eux fut sabordé au large de Porto, et quelque 200 autres connurent le même sort avant le 5 mai 1945. Deux autres submersibles, dont l'U-977 de l'Oberleutnant Heinz Schäffer, dont nous avons parlé plus haut dans ce livre, atteignirent plus tard l'Argentine. Bien des suppositions furent émises à propos de la présence à leur bord de criminels de guerre nazis en fuite.

Le grand amiral, à qui Hitler avait confié les rênes du Reich, maintint un semblant de gouvernement à l'Académie navale de Mürwik, à Flensburg. On le crédita d'avoir fait passer un maximum de civils et de soldats à l'Ouest avant que les Soviétiques ne déferlent sur une partie de son pays. Le 7 mai 1945, il envoya une délégation signer la reddition à Reims, aux bureaux du général Eisenhower. Il fut arrêté le 23 mai 1945. On le fit comparaître au procès de Nuremberg, où l'un des protagonistes du présent récit témoigna contre lui. Il fut condamné à dix ans de prison et mourut en 1980 à l'âge de 89 ans.

La bataille de l'Atlantique occasionna de lourdes pertes : 2 603 navires marchands alliés totalisant quelque 14 millions de tonnes furent coulés, et 30 250 marins civils perdirent la vie au cours de ces attaques. Les pertes alliées dans la marine et dans l'aviation se comptèrent par dizaines de milliers, et 175 bâtiments de guerre sombrèrent. Mais les sous-mariniers de la Kriegsmarine durent payer cher leurs interventions. Sur les 1 133 sous-marins construits par l'Allemagne nazie, 782 furent détruits, surtout vers la fin du conflit, par les forces aériennes et les navires d'escorte. Sur les 40 900 hommes que l'on avait recrutés pour servir dans les U-Boote, plus de 28 000 périrent et 5 000 furent faits prisonniers.

Le présent récit est un fragment, à hauteur d'homme, de cette longue et titanesque bataille.

« LE SAUVETAGE DES SURVIVANTS ENTRE EN CONTRADICTION AVEC LES NÉCESSITÉS ÉLÉMENTAIRES DE LA GUERRE »

Grand amiral Karl Dönitz

Le fait suivant, largement oublié, permet de mieux comprendre la décision du chef de la Kriegsmarine. Le 1er août 1942, un groupe d'U-Boote portant le nom d'*Eisbär*, ou « Ours polaire », et composé de quatre unités, dont l'U-156, prenait la mer en compagnie d'une « vache à lait », ou sous-marin-citerne, et se dirigeait vers Le Cap. La nuit du 12 septembre, le Kapitänleutnant Werner Hartenstein torpillait le paquebot britannique *Laconia*, jaugeant 19 695 tonnes, à 500 milles de l'île

de l'Ascension. Ce dernier transportait plus de 1 700 prisonniers de guerre italiens capturés en Afrique du Nord, et près de
650 civils, militaires et membres d'équipage. Ayant entendu
parler italien, heureux de libérer des alliés de l'Allemagne, Hartenstein envoya un message au BdU pour lui demander quoi
faire, puisqu'il avait déjà recueilli 90 naufragés sur son pont.
Soucieux de ménager un gouvernement partenaire de l'Axe,
Dönitz appela les U-Boote du groupe « Ours polaire » et leur
ordonna de se rendre au secours des naufragés. Pour sa part,
le 13 septembre à 6 heures, Hartenstein signala dans un
anglais intelligible, sur la bande radio internationale réservée
aux appels de détresse, que tout navire qui aiderait les naufragés du *Laconia* serait épargné par les U-Boote à condition que
ces derniers ne soient pas attaqués par des forces navales ou
aériennes. Il précisa avoir réussi à repêcher 193 hommes sur
son pont et avait donné sa position – 4,52° sud et 11,26° ouest.

Au cours des journées suivantes, l'U-156 parvint à sauver
200 autres naufragés en les laissant accrocher leurs canots au
sous-marin puis en les remorquant. Puis arrivèrent l'U-506,
l'U-507 et le sous-marin italien *Cappellini*. Cette flottille se mit à
traîner des grappes de canots et se dirigeait vers les côtes
lorsque, le 16 septembre, un bombardier américain Liberator
basé sur l'île de l'Ascension signala les U-Boote sauveteurs
qui, ostensiblement, avaient fait flotter des drapeaux de la
Croix-Rouge et ne se montraient aucunement hostiles. La base
américaine ordonna au Liberator de détruire les sous-marins.
Dans la confusion résultant de l'attaque, les sous-mariniers
allemands tranchèrent les liens les reliant aux canots de sauvetage et plongèrent. Les bombes américaines n'atteignirent
pas les U-Boote mais firent des dégâts notables chez les naufragés. Fort heureusement, des bateaux français neutres
venant de Dakar parvinrent à sauver une majorité de survivants, notamment nombre de passagers involontaires de
l'U-156 qui, en plongeant, avait précipité les occupants de son
pont à la mer et malmené des canots italiens. En fin de compte,
seuls quelque 1 500 passagers du *Laconia* survécurent.

À la suite de ce sauvetage épique et du cafouillage de
l'aviation américaine, le 17 septembre, Dönitz donna l'ordre
controversé reproduit précédemment selon lequel toutes les
tentatives pour secourir les membres d'équipage d'un navire
coulé, pour recueillir ceux qui seraient tombés à la mer, pour

leur fournir de l'eau ou des aliments devaient cesser, car le sauvetage des survivants « entrait en contradiction avec les nécessités élémentaires de la guerre, qui sont de détruire les navires ennemis et leurs équipages ».

Cet ordre, nommé « ordre du *Laconia* », hanta Karl Dönitz jusqu'au procès de Nuremberg, en 1946, et pesa lourdement sur sa condamnation. Certains auteurs signalent que la position du grand amiral allemand fut imitée en tous points – et de manière plus impitoyable – par les forces sous-marines américaines au cours de leurs interventions contre les cargos japonais dans le Pacifique.

La Marine royale du Canada dans la bataille de l'Atlantique

Au début de la Seconde Guerre mondiale, la Marine royale du Canada (MRC) comprenait 13 bâtiments : 6 destroyers relativement modernes, 5 petits dragueurs de mines avec chaudières à charbon et 2 navires d'entraînement, dont l'un était un schooner terre-neuvas. Les effectifs comprenaient 366 officiers et 3 477 hommes incluant les forces permanentes, c'est-à-dire 145 officiers et 1 674 hommes, plus des effectifs de réserve provenant de la marine hauturière et de cabotage et représentant 221 officiers et 1 803 hommes.

Une marine d'ordre secondaire ?

La MRC comprenait deux bases, une à Halifax, Nouvelle-Écosse, et l'autre à Esquimalt, en Colombie-Britannique. Le quartier général se trouvait à Ottawa avec des bureaux administratifs dans les principales villes du pays. Au début de la guerre, une telle force n'avait rien pour faire trembler les sous-mariniers des U-Boote qui, propagande nazie aidant, considéraient souvent la MRC comme un pâle calque de sa grande sœur britannique, dont l'état-major de Hitler enviait les capacités tout en en minimisant l'importance. Bref, pour l'ennemi, la MRC ne pouvait être constituée que de « coloniaux » de second rang.

La principale tâche de la marine canadienne consistait à escorter les navires marchands, dont les traversées de l'Atlantique étaient vitales pour la Grande-Bretagne, à l'aide de petits navires de guerre anti-sous-marins polyvalents construits en Angleterre, puis au Canada, connus sous le nom de corvettes et de frégates. Le premier convoi partit de Halifax le 16 septembre 1939. Il était escorté par deux destroyers canadiens qui ne purent le protéger que jusqu'à la hauteur des bancs de Terre-Neuve. Ensuite, c'était le fameux « trou noir », le vide où tout pouvait arriver. La seule protection pour les convois consistait parfois en un vaisseau datant de la Première Guerre mondiale placé au milieu des navires marchands comme une poule au milieu de ses poussins. Ce genre d'antiquité navale était censé dissuader les grands prédateurs comme les cuirassés de poche *Graf von Spee* et *Deutschland* ou encore les grandes unités comme le *Scharnhorst*, le *Gneisenau* ou le *Bismarck*. La protection contre les sous-marins et unités de surface allemands était donc pratiquement nulle, sauf aux abords du Royaume-Uni, où des unités de la Royal Navy prenaient le relais. Au début du conflit, de 1941 au début de 1943, les commandants des U-Boote étaient pratiquement aussi sûrs d'eux que des tireurs dans un tir forain et détruisaient du tonnage sans grand risque, comme en témoignent les terribles pertes alliées durant ces années noires.

Afin de renforcer cette protection symbolique, le gouvernement canadien fit l'acquisition d'embarcations de plaisance que l'on arma rapidement. Trois vaisseaux de type Prince provenant de la compagnie de transports Canadien National, jaugeant 6 000 tonnes, furent transformés en navires marchands armés.

Huit destroyers de la marine américaine sur les 50 faisant partie d'un prêt-bail datant de la Première Guerre mondiale, d'anciens « 4 Pipers », reprirent du service sous le pavillon de la Marine royale du Canada, mais il ne s'agissait en somme que de mesures d'urgence face à une situation de crise. Ce n'est qu'avec la décision de construire des corvettes inspirées des baleinières de la mer du Nord et des *« Cheap and Nasties »* britanniques que la situation changea. Puis ce fut la construction de frégates, de dragueurs de mines, de vedettes de 34 mètres pour les patrouilles des côtes et même de destroyers de classe Tribal, un exploit que l'on disait impossible dans les dominions. En effet, les chantiers maritimes canadiens durent faire des miracles.

Frégates et corvettes pouvaient atteindre une vitesse maximale de 16 à 20 nœuds. Comme mentionné au début de ce livre, la protection de l'asdic procurait un faux sentiment de sécurité mais restait aléatoire. À cause de l'absence de gyrocompas, toutes les corvettes canadiennes construites avant la fin de 1942 n'étaient équipées que d'une boussole magnétique et d'un ancien asdic de type 123A, dont les utilisateurs devaient être très habiles et posséder une rare intuition. Heureusement, le radar et d'autres systèmes de détection sophistiqués redressèrent rapidement la situation. Signalons toutefois que la marine britannique avait à sa disposition des appareils de détection beaucoup plus perfectionnés que sa consœur canadienne.

Corvettes et frégates

Le gros de la force anti-sous-marine canadienne se composait de corvettes et de frégates. Les corvettes furent en quelque sorte des palliatifs qui permirent l'entrée en guerre de bâtiments de plus gros tonnage comme les destroyers. Mais quels palliatifs ! Inspirées des baleinières nordiques, elles ne pouvaient croiser qu'à environ 16 nœuds alors que les sous-marins pouvaient parfois en atteindre 19, mais elles étaient plutôt courtaudes et le dessin de leur coque leur donnait une grande maniabilité en imprimant au bâtiment un tangage particulier que les marins comparaient avec humour à une « roulade sur du gazon mouillé ». Malgré cet inconvénient, elles affrontaient plus facilement les tempêtes et permettaient à leurs équipages d'être opérationnels pendant que ceux des autres navires, mal en point, devaient mobiliser toute leur attention pour simplement garder le cap. Malgré la disponibilité au combat des corvettes, même les vieux matelots avouaient être souvent malades dans ce qu'ils appelaient parfois des « boîtes à caresses ». Les corvettes comprenaient trois classes : les Flower, les Flower modifiées et les Castle. Ces unités utilisaient des grenades sous-marines que l'on pourrait qualifier de primitives par rapport aux *Hedgehogs* et *Squids* qui suivirent.

Les Flower n'avaient qu'une longueur de 62 mètres, jaugeaient 925 tonnes, comprenaient un équipage de 85 hommes et une motorisation alternative développant 2 750 chevaux-vapeur. Leur aspect ramassé et leur faible tirant d'eau en faisaient les corvettes les plus inconfortables, même lorsqu'elles furent modifiées, et leur personnel avait des raisons de se plaindre. Leur équipage se composait surtout de réservistes et de rappelés, et leurs capitaines étaient souvent d'anciens officiers de la marine marchande. Malgré leur maniabilité, ces navires étaient très vulnérables à cause du peu de compartiments étanches, et rares en étaient les survivants. Curieusement, lorsque l'Allemagne envahit la France en 1940, ce pays était en train de construire six corvettes de type Flower. La Kriegsmarine s'empressa de faire main basse sur quatre de celles-ci et de les modifier pour s'en servir à son avantage.

D'une longueur de 76 mètres, les Castle jaugeaient 1 010 tonnes, avaient un équipage de 120 hommes et étaient propulsées par une motorisation alternative à arbre unique totalisant 2 880 chevaux-vapeur. Elles étaient armées d'un *Squid* contrôlé par un asdic 147B. Petits bâtiments très adaptés à la guerre sous-marine, elles avaient vu hâtivement le jour dans des chantiers maritimes trop petits pour construire des frégates de 91 mètres. C'est sur ce genre de corvette que servait le lieutenant-commandant Stanislas Déry. La sienne, le *St Thomas* (matricule K-488), avait été construite dans les chantiers Smith de South Bank-on-Tees, Royaume-Uni, et avait été mise en service en mai 1944.

Les frégates étaient de deux types : les Loch et les River. Les River comprenaient des moyens de détection et des armes de destruction très efficaces pour la chasse sous-marine. Elles firent leur apparition à un moment critique, au cours de l'hiver 1942-1943. Les frégates de conception britannique différaient peu des américaines, qui portaient le nom de « destroyers d'escorte ». Une dizaine de ces dernières avaient d'ailleurs été fabriquées au Canada. Cette distinction étymologique était due à une décision de l'amiral américain Ernest King, dont l'anglophobie était connue et dont les décisions immobilistes se révélèrent malencontreuses pour les marins britanniques et canadiens. Longues de 92 mètres, jaugeant 1 370 tonnes et pourvues d'une motorisation alternative à arbre double de 5 500 chevaux-vapeur, elles avaient un équipage de 140 hommes et pouvaient atteindre 20 nœuds. Le *Seacliff* (matricule K-344), qui accompagnait le *St Thomas*, avait été construite aux chantiers maritimes Davie, de Lauzon, Québec, et mise en service le 26 septembre 1944.

Toujours en 1943, en plus des grenades sous-marines, ou *depth charges* – de gros fûts métalliques munis de détonateurs réglés pour exploser à différentes profondeurs –, les navires bénéficiaient d'une arme éprouvée, le *Hedgehog*. Ce dispositif se composait de 24 petites bombes de 32 kilos de Torpex que l'on tirait de l'avant à une distance de 180 mètres environ à l'aide d'un mortier à multiples bouches pendant que le bâtiment chasseur maintenait le contact avec sa cible au moyen de l'asdic. Les projectiles tombaient dans une zone ovale de 36 mètres sur 42. Ils n'explosaient qu'en atteignant leur cible, et ce jusqu'à une profondeur théorique de 400 mètres. Alors que les grenades sous-marines, ou « *drums* », ne faisaient mouche que dans 6 % des cas, les *Hedgehogs* obtenaient environ 30 % de résultats positifs. Les *Squids* se révélèrent encore plus efficaces, surtout sur les frégates de type Loch et River. Leur objectif était de provoquer des explosions anti-sous-marines tridimensionnelles grâce à un double tir dont les zones cibles se chevauchaient. Ils étaient couplés à un nouvel asdic, le 147B, beaucoup plus efficace que les anciens modèles.

Une épée de Damoclès était constamment suspendue au-dessus des équipages de corvettes et autres bâtiments de guerre. Marcel Guité, maître canonnier dans la MRC, un marin gaspésien qui a fait 18 fois la traversée de l'Atlantique Nord, nous a confié que les hommes s'attendaient à chaque minute à recevoir une torpille et qu'ils couchaient même avec leur « Mae West[1] » (leur gilet de sauvetage), sans toutefois se

---

1. Nommé ainsi en l'honneur de la débordante poitrine d'une actrice américaine, sex-symbol des années 1930.

faire trop d'illusions en cas de torpillage. En effet, le chargement de munitions de ces vaisseaux risquait – comme pour beaucoup de navires de guerre – de les pulvériser en une fraction de seconde s'ils venaient à être touchés. Ce vétéran d'une vingtaine d'années avait déjà des cheveux blancs avant la fin du conflit. Parmi les inconvénients de la navigation hivernale, signalons la glace s'accumulant sur le pont, ce qui déséquilibrait le bateau. Au risque de choir en pleine mer, par gros temps, il fallait casser cette carapace au marteau ou à la hachette. Une vingtaine de corvettes furent victimes de torpilles ou de mines. Selon les lois de ces implacables engagements, les chasseurs pouvaient aussi être des proies.

Si les conditions de vie à bord étaient relativement raisonnables pour les officiers et sous-officiers, il n'en était pas de même pour les hommes, logés à l'avant dans des conditions d'inconfort certain. En 1941, les corvettes transportaient plus d'hommes qu'elles ne pouvaient en recevoir selon les plans originaux. On dormait dans des hamacs mais aussi où l'on pouvait, même dans les placards, pour se réchauffer. Tout comme dans les sous-marins, l'humidité régnait en maître. Les aliments frais, variés et en abondance, ne le restaient que quelques jours et le menu devenait vite d'une monotonie navrante, se bornant souvent à de la purée instantanée et à du corned-beef, ou « singe », comme l'appellent beaucoup de soldats francophones. Les matelots mangeaient toutefois à leur faim et étaient, dit-on, mieux alimentés que dans l'armée. Heureusement pour la MRC, la détermination des hommes palliait les difficiles conditions de vie à bord, surtout au cours des premières années de guerre.

Le 30 avril 1943, la zone dite « canadienne » du nord-ouest de l'Atlantique (par opposition à la zone

« U.S. », contrôlée par les forces armées américaines à partir d'Argentia, Terre-Neuve), passa sous la direction de l'amiral L. W. Murray, dont le quartier général se trouvait à Halifax. Reflet de l'amiral anglais Horton, il était responsable des convois alliés et de la couverture aérienne dans sa zone d'influence. Sous sa direction, les communications et les renseignements se maintinrent à un niveau remarquable, à la plus grande surprise des Américains, souvent portés à minimiser l'importance de la MRC, qui, pourtant, avait largement participé à la défense de la façade orientale du continent pendant que Washington temporisait et subissait d'humiliantes destructions dans ses propres eaux.

Au début de 1943, le Canada marqua des points en mettant cinq submersibles ennemis hors de combat. Ainsi, le *Ville de Québec* détruisit l'U-224, et les sous-marins italiens *Tritone* et *Avorio* connurent le même sort grâce à l'intervention du *Port-Arthur* et du *Regina*. Enfin, la corvette *Prescott* coula l'U-163 et, au large du Portugal, le navire d'escorte *Shediac* envoya l'U-87 par le fond.

Troisième marine alliée au monde

L'expansion de la marine canadienne supposait la formation accélérée d'un personnel souvent issu d'un milieu rural, et ce dans des locaux inadéquats, dont beaucoup étaient de simples baraquements en bois datant du début du siècle. Ainsi, le vétéran Peter Godwin Chance se souvient-il qu'à Halifax les transmissions, qu'on appellerait désormais « communications », furent installées, non sans cocasserie, comme au temps de la marine à voile, au-dessus de la caserne des pompiers, sur laquelle on installa fanions et sémaphores pour l'information des bâtiments.

La croissance subite de la MRC avait provoqué d'énormes problèmes de formation pour préparer les hommes et les femmes à la navigation, ce qui causa des pertes tragiques en personnel et en navires. Il faut préciser aussi qu'on peut attribuer de telles pertes – auxquelles il faut ajouter celles subies par un grand nombre de bâtiments civils – à un certain manque de vision et de volonté politique, en Angleterre, au Canada et aux États-Unis, du moins au début des hostilités. Nous avons mentionné ailleurs dans ce livre l'obstination ou l'esprit borné dont firent preuve certains amiraux, heureusement remplacés ou ramenés à la raison par des homologues plus clairvoyants.

Les Canadiens réussirent à s'organiser et à maîtriser les nouvelles technologies dans des délais si remarquablement courts qu'à la fin de la guerre la Marine royale du Canada était devenue la troisième marine alliée au monde, avec ses 100 000 hommes et femmes et plus de 457 navires et embarcations de guerre. Mi-1945, on dénombrait en effet 3 croiseurs, 2 porte-avions escorteurs, 3 bâtiments Prince de la marine marchande armés faisant office de croiseurs, 2 destroyers, 125 corvettes, 60 frégates, 66 dragueurs de mines, 8 chalutiers, 16 bateaux de plaisance armés, 80 vedettes Fairmile[1], 101 embarcations à moteur, 10 péniches d'assaut et 35 embarcations auxiliaires. À l'exception de 25 d'entre elles, ces unités avaient été construites dans des chantiers canadiens.

---

1. Ces vedettes de 28 mètres déplaçant 59 tonnes comprenaient un équipage de 2 officiers et de 14 hommes, atteignaient une vitesse de 12 à 25 nœuds et étaient armées d'un canon de 3 livres Hotchkiss, de deux mitrailleuses de calibre 303 et de 12 grenades sous-marines. En février 1943, trois d'entre elles furent confiées aux Forces françaises libres à Saint-Pierre-et-Miquelon.

La MRC joua un rôle décisif dans la défaite des sous-marins (U-Boote) allemands, du fleuve Saint-Laurent au cercle polaire, du golfe de Gascogne à la Méditerranée. Cette force contribua grandement à d'autres opérations d'importance, dont le débarquement des armées alliées sur les côtes françaises le 6 juin 1944. Un navire de guerre canadien participa aussi aux dures batailles contre le Japon dans le Pacifique. Au total, la Marine royale du Canada perdit 24 bâtiments pendant la guerre, la plupart dans l'Atlantique.

Le 8 juin 1945, l'agence Presse canadienne pouvait fièrement annoncer qu'au cours du conflit qui venait de se terminer, la Marine royale du Canada avait escorté 25 343 navires marchands transportant 181 643 180 tonnes de matériel et de denrées diverses vers l'Angleterre. Ces chiffres font abstraction des milliers de navires réescortés du Royaume-Uni au Canada et des missions d'accompagnement le long de la façade orientale du continent nord-américain et dans les Antilles. Au cours des neuf mois précédant la fin de la guerre, tous les convois entre les ports nord-américains et le large de Terre-Neuve avaient été escortés par des navires canadiens. La plupart des convois se rendant au Royaume-Uni avaient bénéficié de cet accompagnement. La MRC avait été impliquée dans 165 engagements contre les sous-marins allemands. Elle en avait coulé officiellement 23, et « officieusement » 8 de plus (faute de précisions et de certitudes sur l'identité des U-Boote) : une bonne moyenne pour une marine partie pratiquement de zéro, si l'on considère que son rôle était avant tout défensif et que la totalité des U-Boote détruits par les Alliés s'élevait à 700.

Un matelot canadien au quotidien

Jules Blais, un ancien du *Seacliff*, se souvient fort bien de ses traversées hasardeuses de l'Atlantique, que certains marins appelaient ironiquement « la mare aux harengs ». Il a intégré la Marine royale du Canada en 1943, après deux années particulièrement néfastes, pendant lesquelles les U-Boote avaient agi dans l'Atlantique pratiquement en toute impunité. Après six semaines d'entraînement à Montréal, le temps de bien saisir les ordres en anglais (Jules Blais venait de Sherbrooke et pratiquait assez bien cette langue), il fut envoyé à Terre-Neuve pour subir son entraînement en mer. Son bateau traînait une cible sur laquelle les canonniers d'autres navires s'entraînaient. Il poursuivit sa formation à Halifax et dans les Bermudes, puis fut affecté aux convois de l'Atlantique. Un simple matelot recevait 60 dollars canadiens par mois, nourri et, bien sûr, logé, et personne ne s'en plaignait, surtout lorsqu'on sait que le Canada sortait d'une période de pénurie provoquée par la grande dépression des années 1930.

Il découvrit la rigueur de la discipline, dans la tradition de la Royal Navy. À cette époque, en effet, Ottawa rappelait aux Canadiens qu'ils étaient sujets britanniques et que les traditions militaires, comme bien d'autres, étaient avant tout anglaises. Tout se faisait évidemment dans la langue de Shakespeare, et les militaires trouvaient cela naturel. D'ailleurs, comme on le verra plus loin, Stanislas Déry lui-même, quoique francophone, ne s'adressait à ses hommes qu'en anglais. Il faut dire qu'en temps de guerre, où les décisions doivent se prendre en quelques fractions de seconde, on n'a pas le temps de sacrifier au bilinguisme et aux susceptibilités linguistiques. Et puis, à cette époque, le statut du Français au Canada était considéré comme un peu folklorique, une langue de seconde zone que l'on revalorisa, au Québec comme ailleurs, un combat qui perdure. Même actuellement, dans les forces armées canadiennes, si le français s'impose, il n'en demeure pas moins que, dans certains régiments, l'anglais occupe toujours une place prépondérante.

Au port, sur un navire, ses tâches courantes accomplies, un simple matelot doit s'occuper de faire le ménage et... la peinture. Un vieux dicton de matelot dit que, si quelque chose ne bouge pas, on doit obligatoirement le peindre, et cela comprend le bâtiment bien sûr. Entre les quarts, c'est donc l'entretien qui prédomine, mais on se tient prêt à toute éventualité. On dort dans des hamacs de 50 centimètres de large suspendus au plafond. En dessous se trouvent les tables. Parfois, le copain qui descend de son hamac pose ses orteils dans la boîte de thon de celui qui casse la croûte en dessous de lui, mais on rit de bon cœur de telles mésaventures. Le groupe de Jules Blais fait partie des tribordais, ceux qui servent à tribord. La ventilation est peu efficace. Frégates et corvettes ne sont pas le *Queen Mary.* Les hommes ont trente secondes pour se rendre à leur poste. Aussi dorment-ils tout habillés. Ils trouvent que l'ordinaire est meilleur que la cuisine de chantier de coupeurs de bois, que nombre d'entre eux connaissent bien. Le cuistot et le pâtissier du bord travaillent honnêtement. Si la cuisine n'est guère variée, il n'y a pas de rationnement : la marine comme l'armée marche sur son estomac. Les cigarettes sont disponibles pour les fumeurs et, le midi, les hommes ont droit à leurs deux onces (environ 60 millilitres) de rhum, autre tradition maritime que partagent un peu différemment leurs ennemis des U-Boote qui, eux, consomment de préférence du schnaps (eau-de-vie), mais seulement pour les occasions spéciales. On reçoit du courrier une fois par mois, que l'on ramasse aux escales de Londonderry ou de Terre-Neuve. On ne peut raconter que des banalités à la famille ou à la fiancée, car le courrier est censuré. Pas de nom de lieu, de navire, rien sur les opérations. Votre billet doux risque à tout moment de tomber sous des yeux ennemis. Jules Blais fait office d'écrivain public pour ses compagnons moins instruits et connaît la consigne. Aussi éduclore-t-il d'avance les textes des lettres qu'il écrit avant qu'elles ne soient soumises à l'officier responsable de la censure.

Sur le pont, de chaque côté, on trouve les grenades sous-marines. Elles n'ont de grenade que le nom. Ce sont en fait des barils d'acier bourrés d'explosifs, avec un dispositif réglé pour que ces engins explosent à différentes profondeurs afin de donner le moins de chances possible au submersible pris en chasse. On remonte ces barils de la cale à l'aide d'un monte-charge à chaînes et, lorsque l'ennemi est signalé en plongée, l'équipe de grenadiers les laisse rouler dans l'eau. Souvent, les déflagrations ne font comme victimes que des poissons, qu'on n'a évidemment ni le temps ni le loisir de ramasser. Plus tard, on l'a vu, il y aura les *Hedgehogs* et les *Squids*, des espèces de fusées montées à l'avant de la corvette que l'on tire en poursuivant les submersibles. Ces projectiles, plus précis, sont également réglés pour exploser à diverses profondeurs. Bref, on vit sur une poudrière, mais on n'y pense pas. On est là pour en découdre et on va les dessouder, ces maudits U-Boote !

La traversée de l'Atlantique pouvait durer de douze à dix-sept jours, à environ 12 nœuds à l'heure de moyenne, dans une angoisse constante. Jules Blais a effectué 9 allers-retours, soit 18 traversées. Fin 1943 et en 1944, les convois dans lesquels il se trouvait ont affronté 7 ou 8 U-Boote. Sa propre frégate a été mitraillée par des Messerschmitt, mais on ripostait à la mitrailleuse lourde, avec des bandes de 120 coups. Ses compagnons et lui entretenaient de bonnes relations avec leurs collègues de la marine britannique, avec qui ils naviguaient de conserve, car ils avaient suivi la même formation qu'eux. Ce n'était pas le cas avec les Américains, qui ne semblaient jamais rien prendre au sérieux et considéraient les Canadiens comme les habitants d'une sorte de territoire arriéré, tout juste bon pour la pêche et la chasse, et les Anglais comme des êtres d'une autre époque, au comportement affecté. Les Canadiens comme les Anglais s'entraînaient en permanence et se tenaient sur le qui-vive. Les Américains ne tardèrent pas à remettre les choses en perspective lorsqu'ils subirent de lourdes pertes. Ils furent obligés de corriger leur attitude quelque peu insouciante et de se reprendre en main.

« L'ESPRIT U-BOOT »

Des téléspectateurs de l'une des séries américaines les plus intéressantes jamais réalisées, *The Twilight Zone* (titre traduit fort à-propos par « La Quatrième Dimension »), se souviennent peut-être de cet épisode où le commandant d'un sous-marin allemand contemple depuis le pont de son bâtiment un navire civil achevant de se consumer dans le lointain. Au cours de cette réminiscence, voire de ce cliché de la dernière guerre mondiale, sur la mer souillée, parmi les débris, on voit flotter une petite poupée de chiffon, ce qui laisse penser que le navire civil torpillé transportait des enfants. Pendant cet épisode, au risque de lasser le spectateur, cette scène devient récurrente, et l'officier en habits de cuir, jumelles en main, la revit lui aussi, encore et encore. On apprend à la fin que si, selon le mot de Jean-Paul Sartre, « l'enfer, c'est les autres », eh bien ! le Kapitänleutnant n'a pas fini d'expier son forfait puisqu'il se trouve appartenir au monde des disparus et condamné à revivre éternellement son crime sur le pont de son submersible. Or, chacun sait que l'éternité, c'est long, surtout vers la fin...

Humains, trop humains ?

Les sous-mariniers étaient-ils ces monstres aveugles, fanatisés, dénués de compassion, que trop de gens aiment à décrire ? Comme dans toute arme, il y eut, certes, des personnages troubles dont le comportement frisait celui de criminels de guerre ou de fondamentalistes fanatiques. Chez les Allemands, comme chez les Alliés, l'angélisme n'était pas de mise, et la guerre pouvait libérer les instincts les moins avouables des combattants. Cependant, ceux qui déshonorèrent l'uniforme de l'U-Bootwaffe furent peu nombreux. Lorsqu'on lit des œuvres très documentées comme *Das Boot – Le Styx* en français, un roman tiré de faits réels, puisqu'il raconte la vie de son auteur, Lothar-Günther Buchheim –, ou encore des récits authentiques comme *Iron Coffins* (« Cercueils de fer »), de l'ancien Kapitänleutnant Herbert A. Werner[1], on s'aperçoit que les sous-mariniers allemands n'avaient pas besoin des aboiements du Führer ou de Goebbels pour se motiver. Pour eux, couler des bâtiments alliés était une sorte de chasse, un sport un peu désincarné comme, pour un aviateur, abattre un ennemi en plein vol ou larguer avec succès un chapelet de bombes sur un endroit stratégique. Il n'y avait donc aucune place pour philosopher, et les innocents qui faisaient les frais de leurs attaques étaient considérés comme ce que l'on appelle aujourd'hui des « dommages collatéraux ». Nos militaires modernes pensent-ils autrement ? La seule différence entre les sous-mariniers et les aviateurs, c'est que ces derniers ne pouvaient voir de près les dommages causés par leur victoire et c'est peut-être ce qu'on ne

---

1. Ouvrage publié chez Holt, Rinehart & Winston à New York, en 1969. L'un des livres favoris du lieutenant Stanislas Déry ; il occupait une place de choix dans sa bibliothèque.

pardonne pas facilement aux sous-mariniers, qui montaient parfois sur le pont pour évaluer les dégâts, non sans une certaine fascination.

Enfin, pour dissiper l'idée de fanatisme chez les Loups gris, signalons également que, sous le grand amiral Erich Raeder, alors que la Kriegsmarine se reconstruisait, cette arme se distancia toujours de la politique nazie et, autant que possible, ne tolérait pas l'ingérence de la SS dans ses affaires. Un bon moyen de s'isoler des excès du nazisme consistait notamment à rejeter bon nombre des candidats recommandés par les Jeunesses hitlériennes. Les hauts gradés de l'U-Bootwaffe considéraient d'ailleurs beaucoup de ces jeunes gens comme étant « psychologiquement instables ».

Ainsi, Herbert A. Werner relate comment, alors qu'il était second à bord de l'U-557, trente minutes après avoir donné le coup de grâce à un cargo allié et fait surface à quelques milles de là, il faisait transmettre par la radio de son bâtiment un SOS standard sur la bande internationale afin de s'assurer, en signalant la position des naufragés, que ceux-ci soient secourus. Le même auteur signale aussi comment, à une autre occasion, après qu'il eut endommagé un cargo allié, ce dernier avait lancé des fusées de détresse. Une corvette s'approcha pour recueillir les survivants. L'occasion était unique pour couler un chasseur de sous-marins, mais le supérieur de Werner, un certain commandant Paulssen, décida d'obéir tacitement à une loi du droit coutumier interdisant d'attaquer les bâtiments engagés dans des opérations de sauvetage. Il restait une torpille, explique Werner. Paulssen redirigea son tir vers un cargo de 10 000 tonnes, que d'ailleurs il rata. Vu les circonstances, on se demande si le compatissant commandant ne regretta pas un instant de ne pas avoir coulé la corvette pour rajouter à son tableau de chasse et faire ce que ses supérieurs auraient considéré comme son devoir. Qu'en aurait pensé le BdU ? On pourrait longuement épiloguer sur cette question, mais le geste était certes chevaleresque, voire très *cricket*, comme l'auraient dit les Britanniques.

Toujours dans le même esprit, Werner poursuit avec une anecdote similaire alors qu'il se trouvait sur l'U-230. Une fois de plus, une corvette s'était produite en train de recueillir les survivants d'un torpillage et offrait une cible idéale. Elle ne se trouvait qu'à 800 mètres et était exposée de flanc mais, cédant à la compassion et à la fameuse loi tacite, le commandant, du nom de Siegmann, hurla : « Que ces tas de ferraille [les corvettes] aillent se faire foutre ! Allons plutôt torpiller des cargos. Gouvernail à gauche et en avant toute ! » Encore un geste surprenant, si nous en croyons cet auteur, dont la famille devait d'ailleurs périr sous les bombes alliées.

Le courage de la marine marchande

Mais le plus surprenant, c'est que cet officier de marine comprend mal pourquoi des marins étrangers pouvaient s'exposer ainsi aux périls que les sous-marins allemands créaient sur les mers. « J'avais pitié de ces hommes courageux, réduits à sombrer avec leur bâtiment. Il s'agissait là d'une fin terrible au terme d'une lutte désespérée. Je pouvais comprendre pourquoi les Britanniques persistaient : ils se battaient pour la survie même de leur patrie. J'étais toutefois stupéfait de constater l'entêtement des capitaines et des équipages étrangers. Pourquoi continuaient-ils à naviguer pour les Anglais en défiant nos torpilles et la férocité des engagements ? Peu importe combien les Britanniques les rémunéraient, cela n'aurait jamais compensé les risques que ces gens prenaient, pas plus que leur propre vie ! Le fait que l'Amirauté de Sa Majesté était encore en mesure de recruter des étrangers m'ébahissait au plus haut point… »

Ce n'était certes pas pour la paye, plutôt maigre en ce qui concernait l'Amirauté (inférieure, nous l'avons vu, à celle que versaient les Américains). L'officier Werner ne semblait pas comprendre que ces marins marchands étaient tout aussi déterminés que ses propres hommes : ils avaient non seulement leur métier à cœur, peu importait le risque, mais certains, comme les Grecs ou les Norvégiens, vomissaient le nazisme avec autant de détermination que les combattants polonais de Londres ou ceux de la France libre. Le courage n'était donc pas seulement dans le camp allemand, comme la propagande hitlérienne voulait le faire croire aux multitudes du grand Reich comme à ses troupes d'élite.

Rien ne reflète l'esprit des sous-mariniers comme le discours que prononça le 17 décembre 1943 à Weimar le Kapitän zur See Wolfgang Lüth, l'un des as sous-mariniers de l'U-Bootwaffe (en décembre 1943 il avait été décoré des Feuilles de chêne avec diamants et épées, qu'il arborait avec sa Croix de fer de chevalier) devant un parterre de ses homologues. On lui accordait alors un tableau de chasse officiel de 46 cargos, représentant un tonnage de près de 250 000 tonnes. On lui attribuait également la destruction d'un sous-marin ennemi, des dommages à deux autres navires et à un destroyer et une opération de minage réussie. Commandant les U-13, U-9, U-138, U-43 et U-181, il avait participé à 16 opérations sur des submersibles de type IX et IXD2.

Contrairement à l'un des personnages de notre récit, le docteur Peter Heisig, Lüth était un admirateur des théories nazies et de leur application. Recueilli par le bureau des renseignements de la marine américaine, ce document abrégé montre comment un officier nazi comme Lüth pouvait essayer de se dépasser en compagnie de ses hommes pour tenter de prouver que la « race des seigneurs » – les Allemands, bien sûr – était de beaucoup supérieure aux Anglo-Américains, qui ne pouvaient être, dans son optique, qu'un ramassis de dégénérés influencés par les idées judéo-maçonniques. Cette face plutôt sombre de l'homme, malheureusement conforme au cliché du sous-marinier impitoyable et fanatisé, obscurcit sensiblement les qualités véritables d'un chef de haute stature qui, même en cas d'erreurs des membres de son équipage, assumait personnellement les blâmes susceptibles d'en résulter. Hormis les réserves précédemment mentionnées, ce chef, que l'on surnommait *Grosse Jäger* – « Grand Chasseur » – est un archétype des Loups gris dominants qui assuraient la cohésion et la réputation de l'U-Bootwaffe. Voici son témoignage.

Grand Amiral, Messieurs,

En qualité de commandant de sous-marin, mon travail est de couler des bateaux. Pour y parvenir, il me faut la coopération de la totalité de l'équipage et je dois m'assurer que tout fonctionne parfaitement. Si l'on tient à ce que les hommes collaborent impeccablement, non seulement doivent-ils connaître les détails de leur tâche quotidienne mais également aimer leur travail.

[...] Aucun voyage ne se ressemblait et, à chaque fois, j'étais entouré d'officiers et d'hommes différents. Il n'existe pas de formule pouvant s'appliquer à tous les cas. Au cours de chacune de mes 16 missions, j'ai appris de nouvelles choses. Avant d'assumer la dernière de celles-ci, qui a duré plus de sept

mois et demi, j'avais réussi à acquérir une expérience considérable.

[...] La vie à bord est monotone pendant de longues périodes. Pendant des semaines, il faut être capable d'encaisser des échecs et, lorsque les grenades sous-marines s'ajoutent à ces avatars, la vie devient une véritable « guerre des nerfs », surtout pour les officiers. Nous nous sentons un peu comme un pilote poursuivi en plein vol par, mettons, trois appareils ennemis. L'aviateur doit être conscient de chaque rafale qu'on tire contre lui, même si elle le manque à des centaines de mètres. Voilà pourquoi il ne doit pas seulement tenir compte des projectiles qui font mouche, mais aussi de tous les autres. Toutes ces explosions vous minent à l'extrême. Puis les lumières s'éteignent et vous voilà dans le noir, alors que l'inquiétude des hommes s'intensifie. Contrairement à un avion, nous ne pouvons nous esquiver : il nous faut rester immobiles, incapables de nous défendre ou de riposter, et tout cela exige des hommes particulièrement vaillants.

Un environnement délétère

Ajoutons que, comparativement à la vie de matelot sur un navire de surface, la vie à bord d'un sous-marin n'a rien de naturel ou de très sain. [...] On n'y fait guère la différence entre le jour et la nuit, car la lumière est constamment allumée. Il n'y a ni week-ends ni jours de semaine, pas plus que de changements de saison. La vie est donc monotone et dénuée de rythme, et il revient au capitaine d'essayer de pallier autant que possible ces inconvénients. De plus, il y a les constants changements de climat qui, à la longue, affectent les hommes les plus robustes. Nous passons des régions alizéennes aux régions tropi-

cales, des régions humides aux régions boréales. Bref, nous subissons tous les genres de climats, tout particulièrement lorsque nous nous rendons sur le champ de nos opérations ou que nous en revenons. Il n'y a pas d'heures régulières pour se reposer étant donné que la plupart des engagements ont lieu la nuit. La responsabilité du commandant doit être continuelle pendant des semaines et il doit faire preuve d'une constante vigilance. La puanteur qui sévit à bord, le fracas et les mouvements du bateau ne font rien pour rehausser le moral des troupes. Le tabac et le café fort constituent aussi des facteurs que l'on ne peut passer sous silence. La consommation de ces produits affecte la digestion et les nerfs des hommes, surtout lorsqu'elle a lieu de nuit sur un estomac vide. J'ai vu des jeunes gens de 23 ans ne plus être en mesure de servir sur un sous-marin après deux ans de service. Bien sûr, il n'est pas question de partir trop souvent en bordée lorsque nous touchons au port : il s'agit là d'un luxe qui devrait être réservé au temps de paix. Au cours de mes missions, je n'ai jamais bu ce café que l'on sert au milieu d'un quart de nuit. Il a un goût horrible, car il est beaucoup trop fort. Je n'ai jamais fumé plus de deux cigares par jour et me suis rarement enivré à terre.

Une discipline de fer

Le moral de l'équipage dépend des facteurs suivants :

1. De la discipline à bord.

2. De la réussite. Si un commandant compte des succès à son actif, son équipage l'appréciera, même s'il n'est guère brillant. Le commandant moins chanceux devra avoir à son service des hommes au moral d'acier.

3. D'un train-train quotidien bien organisé.

4. De l'exemple et de l'attitude correcte des officiers.

5. D'un leadership spirituel véritable assorti d'un souci constant du bien-être personnel de l'équipage.

Le devoir d'un capitaine est de s'assurer qu'un bon esprit de corps règne à bord et que les opinions des hommes incompétents importent peu. Son rôle est un peu celui du jardinier qui extirpe les mauvaises herbes et soigne les bonnes plantes. [...] Nous avons également l'avantage d'avoir principalement à bord des ouvriers qualifiés ayant suivi un apprentissage. On ne trouve que peu de désaxés mentaux n'ayant pas complété leurs études secondaires parce qu'ils se sont fait renvoyer ou qu'ils étaient trop stupides pour les poursuivre. De tels sujets peuvent avoir une très mauvaise influence sur les autres. Toutefois, s'ils sont étroitement surveillés, il y a moyen de mettre utilement leurs talents à contribution.

[...] Il faut expliquer aux quartiers-maîtres mariés à quoi l'épouse d'un combattant doit s'attendre. J'ai apprécié d'avoir eu au moins une fois l'occasion d'inviter la plupart des femmes de mes subordonnés à venir chez moi prendre le café. J'ai été heureux de les rencontrer et de leur dire que je m'attendais à ce qu'elles fassent preuve de bravoure. Je crois qu'après cela plusieurs d'entre elles se sentaient mieux capables de soutenir leur fardeau et j'ai demandé à ma propre femme de se tenir de temps à autre en communication avec elles en leur adressant un mot.

Les punitions

[...] Au cours de missions prolongées, je ne suis pas en mesure d'appliquer le règlement avec toute

la rigueur imposée par la discipline, car je ne puis emprisonner qui que ce soit, restreindre sa liberté ou suspendre sa solde. Si je condamne un homme à deux semaines de cellule, il me suffit de lui dire : « Dans quelques mois, nous rentrerons chez nous et tu vas alors en baver… » Mettons qu'entre-temps, nous remportions des victoires, fassions face au danger, que le délinquant prouve sa valeur et que nous rentrions chez nous heureux d'avoir accompli quelque chose. Vais-je l'enfermer pour des offenses commises voilà des mois ? J'estime que ce n'est guère sensé. Malgré cela, nous réunissons des conseils de discipline en mer. Dans les cas graves, tous les officiers sont présents. Je tiens à ce que chacun soit impeccable et en uniforme. Si, par exemple, un homme a fait preuve d'impertinence envers un supérieur ou a commis quelque infraction, passible, par exemple, d'une mise aux arrêts de trois jours, je le prive de sa couchette pendant le même laps de temps. En tel cas, il doit dormir sur le plancher ou sur le pont, sans matelas ni couverture, et je puis vous assurer que cela se révèle plus efficace que trois jours de cellule. Au cours des missions prolongées, les jeunes gens cassent souvent beaucoup d'assiettes. Les remontrances, vous vous en doutez, sont de peu de portée, surtout que les corvées de vaisselle sont particulièrement éprouvantes pendant les périodes de gros temps. Maintenant, chaque semaine, j'organise des réunions de préposés à la vaisselle ; s'ils en ont un peu trop cassé, le cantinier de service est condamné à manger directement dans une boîte de conserve pendant trois jours. Priver quelqu'un de fumer peut représenter un châtiment exemplaire et empêcher un amateur de jeu de cartes de se livrer à son passe-temps favori peut également faire des miracles. Lors d'un certain voyage, nous étions sévèrement rationnés mais, d'une manière peu solidaire, un de nos hommes s'appropria de telles quantités de rations que je dus faire un exemple. Je l'ai puni en le condamnant deux semaines à une conspiration du silence, comme cela se fait chez les cadets. Personne ne lui parla donc pendant ce temps et il dut se reposer sur une couchette sans matelas. Après cela, l'incident fut clos : personne n'en parla plus jamais et la camaraderie reprit pleinement ses droits.

Rééducation ou front de l'Est

Une fois, j'eus à bord un détracteur chronique qui se faisait un plaisir d'être désobéissant envers ses supérieurs, incapables de le contenir. Il critiquait tout. Après avoir essayé pendant plusieurs semaines de le raisonner mais voyant que ses dénigrements risquaient d'affecter le moral de l'équipage, j'ai convoqué une réunion. Après avoir mis le sous-marin en plongée à 40 mètres et confié les commandes et la section où se trouvait le moteur électrique à trois hommes de confiance, je me suis adressé à notre dénigreur en ces termes : « Ou bien tu me reviens en tant qu'ami ou bien, lors de notre prochaine escale, je te fais expédier dans une colonie pénitentiaire sur le front de l'Est... Pour l'instant, tu vas me faire deux semaines de corvées supplémentaires selon un horaire bien défini. » Je lui signifiai mes exigences et les lui fis parapher. Puis je fis imprimer le tout dans le petit journal du bâtiment et l'affichais d'abord sur le tableau d'affichage devant le poste du radio puis à l'arrière, où on pouvait prendre le loisir de le lire. L'homme exécuta les corvées à ma pleine satisfaction. Il tria les pommes de terre pourries, cura les sentines, rangea les approvisionnements et soulagea ses camarades de travaux indispensables mais très déplaisants à accomplir. Il persévéra si bien dans cette veine qu'il a été maintenant décoré de la Croix de fer et que je l'ai même inscrit au tableau de promotion pour me relever en tant qu'homme de barre pendant les engagements.

[...] Une journée après avoir été décoré des Feuilles de chêne, alors que nous étions en mer, l'homme chargé de surveiller l'arrière du bâtiment aperçut un destroyer un peu trop tard. Il ne nous restait plus qu'à plonger et à attendre. Nos réussites avaient été mises en danger et cela nous exposait à d'inutiles dangers. Nous avons dû subir un tel grenadage que nous n'avons pu faire surface pendant plus de quinze heures. Malgré tout, je me gardai de punir cet homme. Les regards que lui lancèrent ses camarades lorsque les grenades commencèrent à exploser le punirent suffisamment. Le fait d'avoir passé l'éponge sur cette erreur s'est révélé constructif. Il se révèle maintenant un excellent élément.

[...] J'ai également eu à bord des hommes ayant déjà fait de la prison et je me suis bien entendu avec eux. Bien sûr, il ne s'agissait pas de voleurs ayant détroussé leurs frères d'armes ou de sous-hommes de ce type. Un jour, un destroyer nous a attaqués à la grenade. Alors que nous étions à une grande profondeur, la soupape d'une pompe de sentine céda, le tuyau éclata et l'eau envahit le bâtiment. Le standard du poste de contrôle principal prit feu et la lumière s'éteignit. Fort heureusement, j'avais à bord un matelot qui avait fait de la prison et tenait à se racheter. Il affronta l'incendie et le maîtrisa. Il fut décoré de la Croix de fer de première classe et promu au rang de maître. Cette

expérience se révéla des plus positives pour nous comme pour lui. Dans la quasi-majorité des cas, l'objectif d'une punition est de rééduquer quelqu'un et non de le détruire et la forte possibilité de se racheter constitue souvent une forte motivation pour une telle personne.

Le respect de soi

[...] Normalement, l'alcool est interdit à bord. Toutefois, les hommes sont reconnaissants de pouvoir prendre une lampée à l'occasion d'événements spéciaux, comme lorsque nous envoyons un cargo par le fond, l'anniversaire de quelqu'un ou lorsqu'un marin se fait détremper en travaillant sur le pont. [...] Je crois qu'il ne faut pas traiter un guerrier expérimenté comme un accessoire. Le vieil adage selon lequel un bon soldat doit avoir confiance en lui ne se dément pas. Un vieux loup de mer doit, autant que possible, endosser davantage de responsabilités que ses camarades plus jeunes. [...] Le succès est agréable, car il améliore le climat général qui règne à bord. Je m'évertue en effet à préserver le moral de l'équipage, même si les choses ne vont pas aussi bien que nous le souhaiterions. Le bon soldat montre son vrai courage dans l'adversité. Lors de missions contre l'ennemi, les choses ne se déroulent jamais aussi bien – ni jamais aussi mal d'ailleurs – que ce que nous anticipons. Il suffit d'avoir suffisamment de tripes pour faire face à la situation. [...] Le sous-marinier ne participe pas de manière directe au combat. Il ne peut se lancer individuellement à l'assaut et se livrer à des actes d'héroïsme individuels. Toutefois, si quelqu'un commet la moindre erreur, le coup longtemps préparé fait long feu et n'atteint pas son objectif.

275

[...] Le bateau doit devenir le foyer du marin. Le rythme d'une vie aussi normale que possible doit être préservé. Les changements entre le jour et la nuit ne pouvant en général pas être ressentis dans un sous-marin, il faut recourir à des artifices. Ainsi, au cours du souper, on baisse la lumière et nous passons des disques de concerts une demi-heure avant le changement de quart de 20 heures et une demi-heure après. [...] Le nettoyage général du bâtiment s'effectue les samedis au son d'une musique entraînante. [...] J'insiste également pour que les hommes se tiennent bien à table, surtout dans le quartier des maîtres. Je n'insiste pas sur ce point pour des raisons esthétiques, mais parce que je crois que l'autorité de ces gens en souffre s'ils ne se surveillent pas en toutes circonstances. J'ai vu des quartiers-maîtres s'asseoir à table avec des mains pleines de graisse, tout débraillés et admonester le préposé au service parce que les assiettes n'étaient pas impeccables. Cette divergence de standards engendre de l'insécurité dans la cantine, cause des frictions et peut être évitée. On doit s'assurer que les hommes ne critiquent que rarement l'ordinaire et seulement lorsque cela est justifié.

Haïr l'ennemi sans réserve. Les interdits

[...] Au plan sanitaire, j'ai toujours encouragé mes hommes à rencontrer le médecin ou le commandant, même pour des affections mineures. Non pas par douilletterie ou tirage au flanc mais, au contraire, pour être en meilleure forme pour se battre. Chaque sous-marinier a le devoir d'être en bonne santé. Mieux vaut traiter un furoncle sur-le-champ que de laisser les choses aller dans la crainte de se faire traiter de poule mouillée. [...] Je

n'ai jamais eu à traiter de problème d'ordre sexuel à bord, même durant une mission pouvant durer sept mois et demi. Pour m'en assurer, j'interdis d'épingler des photos de filles nues sur les cloisons ou au-dessus des couchettes. Si vous êtes affamé, vous ne suspendez pas au mur le dessin d'une miche de pain. Il est également nécessaire de feuilleter les magazines et livres qui se trouvent à bord. Ceux qui traitent de sujets licencieux faisant appel aux plus bas instincts des hommes doivent passer par-dessus bord.

[...] Vous devez prendre un soin particulier des jeunes officiers. Tous ne se ressemblent pas et ils peuvent parfois commettre des écarts. Vous ne pouvez pas les laisser afficher un portrait du Führer à gauche de la cloison du mess des officiers et, à droite, le minois d'une jeune fille provenant d'une boîte de bonbons achetés à Paris, car cela est de mauvais goût. La même chose s'applique s'ils aiment le jazz américain ou anglais. Qu'ils apprécient ou non ce genre de musique importe peu. Ils doivent simplement ne pas l'aimer, de la même manière qu'un Allemand ne doit pas aimer une Juive. Dans une guerre implacable, tout le monde doit apprendre à haïr son ennemi sans réserve. Il est également évident que les obscénités et les blagues salaces n'ont pas leur place au cours d'un si long voyage.

[...] J'ai eu un officier qui avait un tel sens de l'humour et qui était si calme qu'il s'endormait pendant les grenadages sous-marins. Il ne se réveillait que lorsque le matériel lui tombait sur la tête. Étant donné qu'il n'était pas de service, à la suite d'un tel incident, il se rendormit un jour après avoir parlé de « contexte bouleversé ». Lorsque nous avons fait surface, nous nous sommes retrouvés au beau milieu d'un champ de mines. Je lui ai

demandé alors s'il fallait que nous manœuvrions davantage à bâbord ou à tribord. Il me répondit en toute honnêteté : « Peu importe. Si nous nous réveillons demain, cela veut dire que nous avons choisi le bon cap... » Il ne faisait pas preuve d'impertinence. Tel était son tempérament de soldat.

L'endoctrinement nazi

Les hommes doivent savoir pour quoi ils se battent et pour qui ils risquent leur vie. Il est nécessaire que certains d'entre eux se libèrent d'une certaine philosophie passive. Le dimanche, je mets parfois le sous-marin en plongée et organise une réunion pour leur expliquer ce qu'est le Reich et les siècles qu'il a fallu pour l'établir. Le jour de l'anniversaire de notre Führer, je leur parle de sa vie et de la visite que j'ai faite à son quartier général. Une autre fois, je leur parle des problèmes raciaux et de population, toujours dans l'optique des combats à mener pour la réalisation du Reich. [...] Conformément aux ordres, nous évitons de parler de religion. Nous parlons de l'Allemagne, du Führer et de son mouvement national-socialiste.

[...] Nous avions à bord des éditions de 1933 du magazine Die Wochenschau *[« Actualités »], une excellente publication qui montrait dans son premier numéro de janvier 1933 le vrai visage des Juifs. À cette époque, l'équipage n'avait en moyenne que dix ans et n'avait jamais eu conscience de cela. Puis il y eut la prise du pouvoir, l'incendie du Reichstag, Potsdam, les autoroutes, le Service du travail du Reich, etc. Les hommes étaient surpris par nombre de ces illustrations parce qu'ils ne pouvaient pas s'imaginer qu'il y avait déjà eu une époque où les choses auxquelles nous sommes*

maintenant habitués n'existaient pas. Nous avons épinglé des pages de ce magazine sur notre tableau d'affichage et il ne manquait pas de lecteurs. [...] Nos « Nouvelles spéciales sous-marines », notre journal local, sont particulièrement appréciées. Combinées aux nouvelles de la radio, elles nous tiennent au courant de la situation et, après sept mois et demi, nous en savions probablement davantage que les gens de chez nous, dérangés par la multitude des petites obligations de la vie quotidienne.

[...] La bibliothèque du bord doit se composer d'un mélange harmonieux de bons livres et d'ouvrages plus légers. Vu que ces lectures peuvent influencer fortement un homme, elles tombent sous la responsabilité du capitaine. [...] Peu importe le nombre de disques à bord, au cours d'une longue mission, ils peuvent devenir rapidement lassants. Voilà pourquoi je ne permets qu'une heure de musique par jour. Chaque section et chaque homme ont la possibilité d'établir leur programme. Ainsi, il y en a pour tous les goûts. La plus grande partie des programmes se compose de musique facile comme des extraits d'opérettes allemandes. Je m'assure que l'on ne fasse pas jouer trop de chansons sentimentales qui n'entrent pas dans le cadre d'un système où les hommes doivent se montrer inébranlables. Dans les régions où les attaques aériennes ne sont pas trop sérieuses, les hommes qui ne sont pas de quart dans la partie avant du bateau se mettent à chanter, surtout des chansons de marins, car les marches militaires ne sont pas, bien sûr, leur fort. À part les jeux de cartes et d'échecs, nous organisons également des concours de chants et de fanfaronnades, dans l'esprit des contes du baron de Münchhausen, et certains de ces récits mériteraient d'être publiés. Nous organisons égale-

ment des concours de poésie et de dessins sur les incidents cocasses à bord.

[...] Chaque commandant a le devoir d'avoir foi en ses hommes, même s'ils l'ont déçu à un moment ou à un autre, car au-delà de tout cela, nous savons pertinemment que nos jeunes gens veulent en découdre avec un incroyable dévouement. Il s'agit là d'un important avantage sur les Anglo-Américains. Si, unis dans l'esprit national-socialiste, nos jeunes gens sont menés au combat avec une ardeur révolutionnaire, ils accompliront toujours les nouvelles missions et livreront les nouvelles batailles qu'on leur proposera. Voilà pourquoi nous devons les respecter et les aimer.

Si nous faisons abstraction des allégeances politiques inquiétantes de ce Kapitän zur See, ces lignes en disent long sur la dureté des règlements et les qualités de l'officier, un chef exemplaire, dévoué envers ses hommes, les formant, les défendant. Qu'ils fussent, comme lui, nazis bon teint ou, comme c'était fréquemment le cas, beaucoup plus neutres, voire méfiants à l'égard de l'inhumaine idéologie hitlérienne, tels étaient les officiers et les hommes de la Kriegsmarine : des gens d'élite qui, même en hissant le drapeau blanc de la reddition, demeurèrent invaincus dans leur esprit.

Le destin des combattants d'exception est souvent tragiquement ironique. Après avoir été le deuxième as le plus décoré de l'U-Bootwaffe, Wolfgang Lüth, ce héros controversé, ce survivant de 32 ans, ne put suspendre paisiblement sa dague de sous-marinier dans ses foyers. Peu après la fin de la guerre, il fut abattu par erreur par une de ses propres sentinelles !

LA VIE À BORD D'UN SUBMERSIBLE

L'équipage d'un sous-marin allemand pouvait comprendre de 55 à 60 hommes et un peu plus avec les « invités » embarqués. L'équipage comprenait le commandant, l'officier de quart, le chef quartier-maître, le chef mécanicien, le maître d'équipage, les membres du personnel nautique, technique, radio, de défense antiaérienne et les techniciens aux torpilles. Il y avait bien sûr un cuisinier, rarement issu des écoles d'hôtellerie. On pouvait également trouver à bord un médecin ou un « paramédical », un correspondant de guerre (comme le fut Lothar-Günther Buchheim, auteur de *Das Boot*, un roman historique qui fit l'objet d'un grand film), un agent des renseignements (*Dienst*) et même des météorologues.

Les autres passagers étaient rares et pouvaient comprendre, très temporairement, des naufragés amis (pilotes, sous-mariniers ou personnel de navires allemands coulés) et, s'ils étaient susceptibles d'être utiles pour les renseignements qu'ils pouvaient fournir, des officiers ou des civils ennemis. Les sous-marins pouvaient également transporter des espions. Radio-Canada a récemment rappelé comment Werner von Janowski, un agent de l'Abwehr, avait débarqué le 9 novembre 1942 près de New Carlisle, au Québec. Il fut démasqué par une femme de chambre perspicace.

Un autre espion, Alfred Langbein, débarqua près de Saint-Jean au Nouveau-Brunswick et vécut deux ans à Ottawa avant de se rendre. À l'automne de 1943, l'U-537 monta une station météorologique au Labrador, qui informait la flotte d'U-Boote de l'Atlantique. Elle fut si bien camouflée en blanc qu'on ne la découvrit que dans les années 1980, et encore, grâce à l'aide d'un chercheur allemand. Il s'agit de la seule trace d'un débarquement nazi en Amérique du Nord, même si, en 1942, l'U-Bootwaffe semait la terreur dans le Saint-Laurent en coulant 21 navires et en faisant 250 victimes et qu'il y eut des aspirants saboteurs qui débarquèrent aux États-Unis, mais furent rapidement mis hors d'état de nuire.

Imaginons un long tube où l'on peut plus ou moins se tenir debout, mais encombré de tuyauteries, de manettes, de volants, de soupapes, d'appareillages, de munitions, dont des torpilles, qui peuvent couper un navire en deux et que les hommes entretiennent avec une méticulosité tatillonne en les ménageant comme des sortes de déesses de la mort justifiant leur précaire existence. Au milieu de cette microsociété se trouvent aussi des victuailles : salamis, saucisses, jambons suspendus dans tous les endroits disponibles, car il n'existe pas de véritable garde-manger, sinon l'une des deux toilettes, qui, au départ, est condamnée pour pouvoir stocker davantage de provisions. Bon appétit !

Dans cet espace restreint s'agitent une soixantaine d'hommes au rythme des ordres hurlés ou chuchotés, selon les circonstances, par leurs supérieurs. Ils se précipitent souvent à leur poste ou à celui qui leur est désigné de la manière la plus rapide possible, comme si leur vie en dépendait – et elle en dépend. On dirait une petite fourmilière dans laquelle on aurait donné un coup de pied. Les plus agiles évitent les obstacles, mais les plus corpulents se heurtent aux protubérances et n'ont pas le temps de se frotter les bosses et les ecchymoses qui résultent de ces déplacements apparemment anarchiques. Mais chacun sait très bien ce qu'il doit faire dans cette vie en quelque sorte carcérale, où l'on ne se repose que lorsqu'un camarade a fini de dormir et que l'on occupe sa couchette rabattable encore chaude. Personne ne peut prétendre à une couchette privée, sinon le commandant, qui a droit à une minuscule cabine.

Pas de place pour les « dominants » ou les fiers-à-bras. Seule la hiérarchie domine. La discipline légendaire de la marine allemande s'applique dans toute sa rigueur. L'équipe obéit comme un seul homme, car la sécurité de chacun en dépend. Les sous-mariniers sont comme les gladiateurs antiques. Ils saluent avant de mourir leur mère patrie, leur grand amiral ou, s'ils sont adeptes du nazisme – et ils ne sont pas légion –, celui qu'ils appellent leur Führer, leur guide… Personne ne se fait d'illusion, mais on n'est pas fataliste ou kamikaze pour autant. On ne trouve pour l'essentiel dans cette arme que d'âpres combattants, fort peu suicidaires. Dans *Iron Coffins*, Herbert A. Werner explique comment il eut à son bord un enseigne de vaisseau incompétent qui passait son temps à endoctriner les hommes sur les merveilles de l'idéologie national-socialiste et comment il l'avait habilement neutralisé en faisant ressortir son inefficacité et en lui assurant que ses hommes n'avaient pas besoin de discours politiques pour se battre farouchement. Le même auteur signale aussi comment, à la veille de l'invasion de la Normandie, au début de juin 1944, Hitler avait ordonné que, dans un geste sans retour, tous les sous-marins disponibles – c'est-à-dire 15 unités à Brest, 21 dans le golfe de Gascogne, 22 dans les fjords norvégiens – éperonnent les navires de débarquement alliés. Lorsqu'on sait que, dans la Manche, le 6 juin, se trouvaient 800 destroyers, croiseurs et autres navires de guerre, 4 000 péniches de débarquement, 10 000 avions, des divisions entières de parachutistes et de planeurs, on réalise la futilité d'un tel geste. Si le haut commandement de la Kriegsmarine semblait approuver du bout des lèvres l'initiative démentielle de son chef suprême, l'idée devint déliquescente en passant dans les voies hiérarchiques et ne fut heureusement jamais appliquée. Rien qu'en 1943, 237 U-Boote avaient été détruits, et leur élimination se poursuivit en 1944, notamment grâce à l'intervention croissante des avions Liberator et Sunderland. Il faut se rappeler que, si les Allemands construisirent 1 150 submersibles, seuls 842 furent envoyés au combat. De ce nombre, 779 furent coulés, 2 capturés (les autres furent sabordés ou se rendirent). Une attaque aussi insensée n'aurait fait qu'ajouter quelques centaines de morts à la nécrologie des sous-mariniers, qui déploraient déjà 85 % de pertes chez leurs semblables à la fin de la guerre, et quelques milliers de victimes supplémentaires chez les soldats alliés.

Mais revenons à la vie à bord de nos cercueils d'acier. Les effets personnels se limitent au mieux à quelques vêtements et sous-vêtements de rechange. L'éclairage artificiel, brillant en permanence, fait perdre toute notion de temps. Après quelques jours de mer, la conservation des aliments devient aléatoire. Le lourd pain allemand, que l'on cuit parfois sur place, se couvre de moisissure. Les hommes le surnomment « lapin » à cause de ce duvet. On se contente d'enlever ce dernier, mais cette fermentation occasionne souvent des troubles digestifs. De plus, au bout de quelque temps, l'odeur du carburant diesel imprègne cette nourriture de base, comme pour vous rappeler que vous vivez dans un réservoir de fioul qui est aussi une poudrière ambulante. Les conserves et les salaisons ne tardent pas à constituer l'essentiel de la nourriture. Dans cette gastronomie de prison, on voit apparaître une poudre de soja qui, une fois hydratée, donne ce que l'on appellerait aujourd'hui du tofu. On a vu que les cuisiniers ne sont pas, la plupart du temps, des professionnels, mais des volontaires, ce qui, en langage militaire, signifie des hommes désignés d'office pour servir d'exemples à leurs camarades. Manipulant des récipients brûlants, ils doivent accomplir des miracles dans l'espace ridicule où ils travaillent. Une partie de l'équipage peut se retrouver en « patrouille de cuisine », c'est-à-dire de corvée de pommes de terre ou autres, et les cuisiniers eux-mêmes, être envoyés faire le guet dans le kiosque. La polyvalence des fonctions a été mise en œuvre très tôt dans les sous-marins. L'eau est rationnée, et il en émane un subtil arrière-goût de carburant diesel. En effet, pour augmenter l'autonomie des submersibles, certains réservoirs à eau sont parfois remplis de carburant. Lorsqu'on y stocke de l'eau à nouveau, on a beau les nettoyer, il y a toujours des relents.

Dans de telles conditions, l'hygiène laisse à désirer. On ne se lave qu'au strict minimum et on ne fait pas la lessive. Lorsque le sous-marin fait surface, qu'il fait beau et que nul ennemi n'est à l'horizon, les hommes montent sur le pont pour se baigner et prendre un peu de soleil. Ils peuvent également vider leurs intestins au moyen d'une chaise percée du genre « cabinets de campagne » installée sur le bastingage. Cela libère un peu les toilettes, dont le vidage par pompe est aléatoire et interdit pendant la poursuite afin que le bâtiment ne signale pas sa position par ses rejets. La même chose s'applique, bien sûr, en plongée, pendant les attaques de grenades sous-marines. Durant ces interminables attentes, les hommes se soulagent dans des boîtes de conserve qui, parfois, débordent. Leur contenu alimente l'eau de sentine ou de cale, résultant de l'humidité et des paquets de mer qui tombent du kiosque par gros temps. Le tout clapote de façon obscène. Ce cloaque dégage des exhalaisons pestilentielles, et le nettoyage devra attendre un moment favorable. En attendant, il faut vivre dans cette touffeur. Dans son livre *Iron Coffins*, Herbert A. Werner nous donne une idée de l'ambiance lors d'un grenadage de l'U-230 ayant commencé à 16 h 57 et qui s'était poursuivi jusqu'à 4 h 30 le lendemain matin.

« [...] À 20 heures, un nouveau groupe de bâtiments ennemis lança sa première attaque, puis une autre et encore une autre. Impuissants, nous nous trouvions par 265 mètres de fond, les nerfs irrités à l'extrême. Le froid, la tension et la peur raidissaient nos corps. L'insupportable attente nous faisait perdre toute notion de temps et tout désir de nous alimenter. La sentine était remplie d'un mélange d'eau, de fioul et d'urine. Les toilettes avaient été condamnées. Les utiliser revenait à signer notre arrêt de mort, car l'énorme pression extérieure aurait provoqué des résultats opposés à l'évacuation prévue. Des boîtes de conserve circulaient parmi les hommes désirant se soulager. La puanteur des gaz émis par les batteries s'ajoutait à celle des excrétions, de la sueur et du carburant. L'humidité croissante qui se condensait sur l'acier glacial tombait de la tuyauterie, mouillait nos vêtements et s'accumulait à fond de cale. À minuit, le commandant réalisa que les Anglais poursuivraient leur grenadage. Aussi ordonna-t-il la distribution de cartouches de potasse pour faciliter notre respiration. Il ne fallut guère de temps pour que chaque homme se

retrouve avec un pince-nez et une grande boîte de métal sur la poitrine, de laquelle sortait un embout buccal. L'attente se poursuivait... [...] »

Si les expositions des hommes à l'air libre sont des plus appréciées, ce n'est pas le cas lors des quarts passés dans le kiosque par gros temps. Les hommes doivent s'accrocher à l'aide de filins et de sortes de harnais pour ne pas être emportés par-dessus bord ou se fracasser sur les aspérités du pont. Les mitrailleurs antiaériens forment des cibles de choix pour les appareils ennemis, de plus en plus nombreux, qu'ils doivent affronter. Lorsqu'une corvette, une frégate ou un destroyer approche, en une fraction de seconde, les hommes sur le pont doivent littéralement se laisser choir dans le submersible en s'assurant de n'avoir oublié personne, fermer le sas et plonger. La précipitation avec laquelle une telle manœuvre s'effectue provoque souvent des accidents. Malgré leurs habits imperméables, les hommes reviennent souvent détrempés de leur quart, et il leur faut vivre avec cette humidité permanente. Contrairement à ce que l'on pourrait croire, les sous-marins ressentent les effets du roulis et du tangage, et le mal de mer y est plus fréquent que dans les unités de surface.

Bref, naviguer à bord d'un sous-marin n'a rien pour inspirer de joyeuses séries télévisées... sinon des films d'épouvante. Mais la mystique des U-Boote est telle que, même si les chances de survie des hommes sont inférieures à ce qu'elles sont pour les autres marins de la Kriegsmarine si les survivants vieillissent prématurément, rares sont ceux qui désireraient changer d'affectation.

COMPARUTION À NUREMBERG
Certains officiers sous-mariniers
étaient-ils
des criminels de guerre ?

De nombreux récits ont décrit les commandants de sous-marins allemands comme des anges exterminateurs massacrant systématiquement les survivants des torpillages. Cette image, conforme à celle que l'on connaît des nazis fanatiques, est bien faite pour renforcer nos préjugés sur la question. Un film d'action récent, *U-571*, rempli d'erreurs historiques mais bien conforme à l'esprit d'Hollywood, conforte les idées préconçues en montrant un équipage d'U-Boot massacrant à la mitrailleuse une pleine chaloupe de survivants. C'est un peu oublier que, pour bien des hommes de la marine canadienne, les braves marins de la British Navy avaient la réputation d'être *trigger happy*, c'est-à-dire chatouilleux de la détente, et de ne pas faire de cadeaux aux naufragés allemands, même si l'on n'a que très peu de preuves de tels agissements. Les historiens n'aiment guère parler de cette facette peu reluisante des batailles, mais des souvenirs pénibles traînent encore dans les réunions d'anciens combattants et hantent les esprits d'une génération qui s'estompe lentement et préfère ne pas revivre des moments troubles de son séjour sous les drapeaux. Cette occultation fait que les preuves sont ténues et les témoins, réticents. À quoi bon en effet ? Les anciens combattants de tous les pays, ceux qui sont vraiment allés au feu, préfèrent ne pas exhumer leurs souvenirs les plus atroces. Toutefois, si les guerres sont exemptes d'angélisme, les Canadiens et les Américains, dont les civils n'avaient pas souffert directement des bombardements allemands, semblaient enclins à plus de clémence envers les naufragés ennemis. Ce ne fut pas le cas lors de la guerre du Pacifique, où les Américains se montrèrent implacables et ne recueillirent que peu de naufragés japonais, ne serait-ce que par crainte des kamikazes.

La réputation de cruauté des officiers sous-mariniers allemands est principalement due à une déclaration de l'amiral Dönitz, précédemment citée, dans laquelle il interdisait notamment aux commandants des U-Boote de recueillir des naufragés et leur demandait de ne pas oublier que des familles allemandes se faisaient pilonner par l'aviation alliée et que, par conséquent, l'U-Bootwaffe n'avait pas à faire de quartier. Adieu les gestes chevaleresques qui font les belles pages d'histoire ! On comprendra toutefois qu'il était à peu près impossible de recueillir des naufragés dans les sous-marins, sauf pour des raisons d'ordre tactique et de manière très temporaire. Quant aux souffrances des victimes innocentes des bombardements alliés, elles ne représentaient que la rançon malheureuse des exactions perpétrées par le régime nazi en Europe... sur d'autres innocents.

En août 1945, on créa le tribunal international de Nuremberg afin de juger les criminels de guerre. Si la majorité des pays alliés se réjouissaient d'y voir défiler à la barre les responsables des atrocités pour y répondre de leurs actes, plus tard, des esprits se targuant de rectitude politique firent valoir, au grand plaisir des nostalgiques du Reich et de la « Kollaboration », que le fameux tribunal n'était ni international ni militaire, car les accusateurs et les juges appartenaient tous aux puissances alliées victorieuses. Ils déploraient aussi le fait que ceux qui avaient commis des actes répréhensibles en tant que soldats n'avaient pas le droit de porter leur uniforme au tribunal, où ils devaient comparaître dans des vêtements civils ordinaires, ce qui leur ôtait beaucoup de leur ancien prestige. Ces bonnes âmes contestatrices firent également valoir que la procédure de Nuremberg étant nouvelle, elle présentait de sérieuses failles. Enfin, on fit remarquer que les délibérations se faisaient au nom de nouvelles dispositions ayant force de loi avant même leur existence et qu'à Nuremberg on ne jugea que des criminels de guerre allemands et non ceux des pays alliés. En effet, du côté allié, on rapporta des cas d'exécutions sommaires de prisonniers de guerre embarrassants sur le terrain et, si les coupables firent l'objet de quelque jugement en cour martiale, ce ne fut certes pas à Nuremberg. Nos bien-pensants tentaient de mettre en parallèle des actes alliés inacceptables, mais isolés, avec les massacres qui se chiffrèrent par dizaines de millions de victimes en Ukraine, en Russie, sans parler des six millions de morts de la Shoa.

Nos révisionnistes décidèrent donc que le tribunal de Nuremberg avait appliqué la « loi des vainqueurs », ce qui n'est pas inexact. Sans faire de politique-fiction, on pourrait se demander cependant quelle aurait été la « loi des vainqueurs » à la suite d'une victoire totale de l'Allemagne hitlérienne. Il suffit de regarder le film du procès truqué que les nazis menèrent contre Claus von Stauffenberg et les autres organisateurs de l'attentat du 20 juillet 1944 contre Hitler pour imaginer quel genre de parodie de justice aurait sévi et combien de dizaines de millions de morts auraient continué à combler sans procès ravins et fosses communes et à être incinérés pour satisfaire les lois raciales et la prétendue supériorité ethnique de la « race des seigneurs ».

Le grand amiral Karl Dönitz, à qui Hitler avait transmis les rênes du pouvoir avant son suicide, lutta jusqu'au bout et épargna des souffrances à beaucoup d'Allemands en évacuant de nombreuses personnes qui ne voulaient pas tomber sous la domination soviétique. Être l'héritier d'un gouvernement criminel n'est pas un legs enviable, mais on s'aperçut rapidement au procès de Nuremberg qu'on ne pouvait considérer ce soldat, au sens où le définissaient les nouvelles lois, comme ayant vraiment commis des crimes contre l'humanité. Tout au plus était-il coupable de crimes contre la paix et contre la loi militaire. Le tribunal estima pourtant que les interventions des U-Boote revenaient à des actes de piraterie et que les déclarations radicales de Dönitz concernant le sort du personnel des navires coulés incitaient à commettre des actes inhumains. Qu'auraient fait en pareil cas des sous-mariniers alliés ? N'y avait-il pas eu d'abandon de naufragés par les Alliés pendant la bataille de l'Atlantique ? C'est donc là qu'on peut parler de ce *vae victis* moderne que fut Nuremberg.

La défense du chef de guerre était assurée par le *Flottenrichter* Otto Kranzbühler, un juge de la Kriegsmarine. Dönitz se souciait peu de sa personne mais tenait à ce que la marine allemande et son bras le plus destructeur, l'U-Bootwaffe, ne sortent point salies de cette guerre comme des groupes militaro-policiers d'ignoble mémoire comme les SS. Au tribunal, Kranzbühler adopta une attitude digne d'un officier prussien. Il donnait à l'accusé son titre de grand amiral et ne l'appelait pas simplement Karl Dönitz, comme les juges l'auraient souhaité. Lorsque l'avocat se présenta la première fois dans la salle dans son uniforme d'officier de marine, arborant ses galons de commandant, les plantons russes se mirent au garde-à-vous et lui présentèrent les armes.

Les allégations de piraterie ne tardèrent pas à tomber lorsque le commandant en chef des forces américaines du Pacifique, l'amiral Chester Nimitz, expliqua que, depuis le début du conflit, les sous-marins américains avaient mené une lutte sans merci contre la marine de guerre nippone. On ne pouvait donc accuser Dönitz d'avoir mené une guerre illégale. On ne pouvait toutefois laisser échapper celui qui avait hérité des rêves de l'Allemagne à la chute de Hitler. Il représentait pour le monde la fin d'un régime honni et jouait le rôle d'un capitaine coulant avec son navire. On le condamna donc pour avoir conduit une guerre offensive à l'aide de bâtiments et d'hommes dûment préparés – rien de surprenant pour un officier supérieur. Selon cette logique, tout membre d'un état-major risquait d'être « coupable », peu importe le pays auquel il appartenait. Bref, on avait trouvé une bonne raison pour condamner le dernier représentant du gouvernement allemand. Comme on ne pouvait l'accuser de conspiration, on déclara qu'il était coupable de crimes contre la loi martiale. Ces derniers consistaient principalement à n'avoir pas annulé les ordres de Hitler concernant l'exécution sommaire – et illégale bien sûr – de commandos alliés capturés après que Dönitz fut devenu commandant suprême de la Kriegsmarine. Le hic est qu'aucun membre de la marine allemande ne captura jamais de commando, et donc n'en exécuta. (Ce qui ne fut pas le cas des SS, notamment en Normandie.)

NE TIREZ PAS !

Cette faille dans l'argumentation ne sembla pas perturber le tribunal, qui persista et signa. L'incongruité fut d'ailleurs relevée par de grands spécialistes anglo-saxons du droit maritime, dont le professeur H. A. Smith, de l'université de Londres, qui écrivit dans son livre *Law and Custom of the Sea*[1] :

« La maladresse et l'absurdité de tels propos sont une indication de l'embarras ressenti par les membres du tribunal lorsqu'ils ont traité du cas Dönitz et, à partir du reste du jugement, il n'est pas facile de s'assurer des faits précis pour lesquels on l'a condamné. »

Après la condamnation de son client, le *Flottenrichter* Kranzbühler n'a pas manqué de remarquer :

« Cette condamnation est le résultat d'un dilemme dont l'enjeu était d'incarcérer ou non le grand amiral pour des raisons politiques. Comme je l'ai appris plus tard, le conseiller juridique américain a fait une proposition au bureau de contrôle allié pour faire annuler le verdict. »

Selon le professeur Smith, Dönitz s'est retrouvé condamné car les puissances victorieuses ne pouvaient se payer le luxe de laisser le dernier représentant de l'Allemagne vaincue sortir libre de la salle d'audience. Elles devaient le condamner et le mettre sous les verrous pendant un bon moment, ne serait-ce que pour justifier leur désapprobation et leur dégoût pour les actes impardonnables commis par le régime nazi.

Le grand amiral fut donc condamné à dix ans d'incarcération solitaire, une sentence très sévère,

---

1. Sᴍɪᴛʜ H. A., *Law and Custom of the Sea* (« Législation et droit coutumier de la mer »), Stevens & Sons, Londres, 1948.

même dans le contexte de l'après-guerre. Cette condamnation fit l'objet de commentaires hargneux de la part de bien des individus d'extrême droite dans plusieurs pays, mais pas moins de 120 amiraux américains considérèrent également cette sentence comme injuste envers un homologue, fût-il ennemi. Dans sa prison, Dönitz reçut plus de 400 messages d'appui de la part de ces hauts gradés ainsi que d'historiens, de parlementaires, de journalistes influents des quatre coins du monde, que l'on ne pouvait taxer d'entretenir des sympathies crypto-nazies. L'un des héros du présent récit, le lieutenant-commandant Stanislas Déry, correspondit également avec l'ancien ennemi, dont il admirait les qualités d'officier et de marin.

Après avoir purgé sa peine, l'amiral Dönitz se retira dans une petite ville près de Hambourg. Il consacra son temps à rédiger ses mémoires et à répondre obligeamment aux journalistes et historiens désireux d'élucider certains aspects maritimes de la Seconde Guerre mondiale. Lorsqu'il mourut, en 1980, certains amateurs de scandales tentèrent de noircir sa mémoire ou de déformer les faits dans le même esprit que les négationnistes des atrocités nazies, mais ces ragots rejoignirent d'autres énormités dans les poubelles des faits divers, et les plus grands historiens s'efforcent encore de comprendre la personnalité complexe de Karl Dönitz, que bien des Allemands considèrent comme leur sauveur. Pour les survivants de l'U-Bootwaffe, il est « le Grand Lion » ou « Oncle Karl » et, dans les forces armées allemandes actuelles, on le considère comme le plus grand stratège naval et l'un des plus brillants amiraux de la Seconde Guerre mondiale, sentiment partagé dans les états-majors alliés.

On ne peut, bien sûr, oublier sa proximité avec Hitler. Ne pourrait-on pas reprocher la même chose aux autres hauts gradés allemands qui ne furent pas inquiétés pour avoir, selon la formule trop connue, « obéi aux ordres » ? Sur le plan politique, on connaissait surtout ce chef admiré et respecté comme quelqu'un qui n'adhérait pas de manière fanatique aux idées les plus perverses du national-socialisme. C'était néanmoins un antibolcheviste convaincu, mais, avant tout, il s'agissait d'un soldat, prêt à bien des compromis par dévotion envers son pays.

Militaire, oui. Boucher, non.

L'historien renommé Timothy P. Mulligan cite dans l'un de ses livres les plus connus[1] trois rencontres qui expliquent clairement la position délicate dans laquelle se trouvait Dönitz. Le 3 janvier 1942, Hitler recevait à Berlin l'ambassadeur japonais Hiroshi Oshima pour discuter des effets de l'attaque de Pearl Harbor. La conversation porta peu de temps après sur la bataille de l'Atlantique Nord. Hitler fit alors remarquer à son interlocuteur que, pour décourager l'engagement d'hommes dans la marine marchande américaine, il était nécessaire de supprimer les survivants en mer. « Je dois donner des ordres en ce sens, avait-il annoncé, car, étant donné que, pour des raisons évidentes, les U-Boote ne peuvent pas faire prisonniers les marins étrangers après avoir torpillé leurs navires, ils doivent donc faire surface et mitrailler les embarcations de sauvetage… » Ce souhait du dictateur, qui n'étonne personne, fut interprété comme étant celui de tous les marins de l'U-Bootwaffe.

---

1. MULLIGAN Timothy, *Neither Sharks nor Wolves. The Men of Nazi Germany's U-Boot Arm 1939-1945*, Chatham Publishing, Londres, et United States Naval Institute Press, Annapolis, 1999.

Toutefois, aucun ordre ne fut donné officiellement en ce sens, et ce n'est que le 14 mai 1942, lors d'une réunion en Prusse orientale, à laquelle assistaient Raeder et Dönitz, que Hitler ramena la question sur le tapis. Il demanda au grand amiral si l'on pouvait faire quelque chose pour réduire le nombre de survivants lors du torpillage de navires marchands alliés. Non sans diplomatie, Dönitz répondit que la conception de torpilles nouvelles et plus destructrices permettrait d'atteindre ces objectifs en coulant plus rapidement les navires. Hitler accepta cette réponse, et la conversation en resta là. Si le grand amiral Dönitz avait pu obtenir la torpille miraculeuse qui aurait littéralement effacé de la surface terrestre tout navire marchand ennemi, contenant et contenu, il ne l'aurait probablement pas refusée – et les Alliés non plus d'ailleurs.

Toujours selon Timothy P. Mulligan, le 28 septembre 1942, lors d'une autre réunion entre Hitler, Raeder et Dönitz, prenant pour prétexte l'incident du *Laconia*, le Führer, après avoir remarqué qu'il était insensé d'offrir des provisions aux survivants dans leurs canots ou de leur fournir des indications pour rentrer chez eux, ordonna fermement que « les navires et que leurs équipages soient détruits, même les matelots dans les embarcations de sauvetage ». Un témoin rapporta la réaction de Dönitz en ces termes :

« Non, *Mein Führer*. Cela va à l'encontre de l'honneur d'un marin de tirer sur les survivants d'un naufrage. Je ne peux donner un tel ordre. Mes sous-mariniers sont des volontaires, qui mènent une éprouvante lutte de manière honorable pour une bonne cause. Un tel ordre saperait leur moral au combat. Je dois donc vous demander de retirer cet ordre. » C'est alors que Hitler bredouilla dans le dialecte viennois qui lui était familier : « Faites ce que bon vous semble… mais n'offrez surtout ni assistance ni indications aux naufragés ! » Très peu de hauts gradés peuvent se vanter d'avoir ainsi tenu tête au dictateur.

À Nuremberg, à la suite de la sévère sentence dont il fut l'objet, Dönitz déclara : « J'ai consacré ma vie à ma profession et, par conséquent, au peuple allemand. En qualité de dernier commandant de la Kriegsmarine et de dernier chef d'État de mon pays, je me sens responsable envers mon peuple pour tout ce que j'ai accompli comme pour tout ce que je n'ai pas réussi à accomplir… »

PETER HEISIG TÉMOIGNE
AU PROCÈS DU SIÈCLE

Officier tranquille ne briguant guère les honneurs, Peter Heisig se retrouva malgré tout sous les projecteurs de l'actualité, témoin dans ce que l'on devait appeler le « procès du siècle ». Après être intervenu en vain – et trop tard – pour sauver un compagnon d'armes, August Hoffmann, assistant du commandant de l'U-852, Heinz-Wilhelm Eck, condamné à mort avec ce dernier et un autre de ses officiers pour avoir mitraillé les survivants du cargo grec *Peleus*, Peter Heisig s'était en effet retrouvé au tribunal de Nuremberg pour témoigner malgré lui contre son ancien chef suprême, le grand amiral Karl Dönitz. À la défense de Heinz Eck et de ses hommes (les seuls sous-mariniers allemands jamais condamnés pour de tels crimes de guerre), Peter Heisig avait en effet allégué avec un autre officier, l'as sous-marinier Karl-Heinz Möhle (21 navires à son tableau de chasse), qu'en 1942, à plusieurs reprises, Dönitz avait laissé entendre qu'il fallait tuer les équipages civils ennemis afin qu'ils ne reprennent pas du service sur d'autres bateaux. Möhle fut d'ailleurs condamné à cinq ans de prison pour avoir transmis l'ordre dit « du *Laconia* » à ses hommes (il sera libéré en 1949). Le texte qui suit décrit le témoignage de Peter Heisig et son contre-interrogatoire par l'habile avocat de Dönitz, Otto Kranzbühler. Voici un extrait représentant la quatrième partie d'un texte, qui en comporte cinq :

Procès des principaux criminels de guerre allemands comparaissant à Nuremberg du 7 au 19 janvier 1946

33ᵉ jour d'audience : lundi 14 janvier 1946

GREFFIER : L'accusé, Karl Dönitz

Monsieur le président, je voudrais appeler le premier témoin, Peter Heisig

Le témoin est à la barre

LE PRÉSIDENT DU TRIBUNAL
Question : Veuillez décliner votre identité.
Réponse : Je m'appelle Peter Heisig.
LE PRÉSIDENT : Répétez : « Je jure par le Dieu tout-puissant et omniscient de dire la vérité, toute la vérité et de ne garder ou de retenir pour moi quelque information que ce soit. »

Le témoin répète le serment en allemand

EXAMEN DIRECT PAR LE COLONEL PHILLIMORE
Question : Peter Josef Heisig, êtes-vous un Oberleutnant zur See allemand ?
Réponse : Oui, je suis Oberleutnant zur See dans la marine de guerre allemande.
Q. : Avez-vous été capturé le 27 décembre 1944 et détenu comme prisonnier de guerre ?
R. : Oui.
Q. : Avez-vous fait une déclaration sous serment le 27 novembre 1945 ?

R. : Oui.

Q. : Est-ce là votre signature ? *(Il montre un document portant le n° D-566 au témoin.)*

LE COLONEL PHILLIMORE : Monsieur le président, il s'agit là du document D-566.

R. : C'est bien le document que j'ai signé.

LE COLONEL PHILLIMORE : Je dépose ce document comme pièce à conviction n° GB 201.

Q. : Vous souvenez-vous de l'automne 1942 ? Quel grade aviez-vous alors ?

R. : J'étais enseigne de vaisseau dans la deuxième division de formation des sous-mariniers.

Q. : Vous suiviez donc des cours ?

R. : Je participais au stage de formation des élèves officiers sous-mariniers.

Q. : Vous souvenez-vous du dernier jour de ce cours ?

R. : Le dernier jour de ce cours, le grand amiral Dönitz, qui était alors commandant en chef des forces sous-marines, a passé en revue la deuxième division de formation de notre arme.

Q. : Pouvez-vous dater cette visite ?

R. : Je ne m'en souviens que de manière approximative. Ce devait être à la fin de septembre ou au début d'octobre 1942.

Q. : Maintenant, en parlant lentement, pouvez-vous rapporter ce que l'amiral Dönitz a dit lors de cette conférence.

R. : Le grand amiral Dönitz a déclaré que les succès remportés par les U-Boote avaient diminué par suite des mesures de rétorsion aérienne de l'ennemi. Nous avions mis au point de nouveaux canons de DCA qui, à l'avenir, devaient permettre de riposter à ces attaques. Hitler avait personnellement assuré à son état-major que les U-Boote seraient équipés prioritairement de canons antiaériens. Cette initiative était censée nous assurer d'atteindre à nouveau, en quelques mois, la réussite que nous avions connue dans le passé. Puis le grand amiral Dönitz nous a parlé des bonnes relations qu'il entretenait avec Hitler et nous a parlé du programme d'armement allemand.

Il a répondu à une question concernant un article paru dans un quotidien selon lequel les Alliés étaient en train de construire pour plus d'un million de tonnes de navires marchands chaque mois. Il se montra d'abord dubitatif quant à la crédibilité d'une telle estimation et souligna qu'il s'agissait là de données fournies par le président Roosevelt. Puis le grand amiral Dönitz parla de la personnalité de Roosevelt, du programme de guerre américain et du potentiel d'armement des États-Unis. Il mentionna en outre que les Alliés éprouvaient de grandes difficultés à recruter du personnel navigant, car les marins marchands considéraient l'Atlantique comme extrêmement dangereux à cause de la présence des sous-marins allemands qui coulaient un grand nombre de navires alliés. De nombreux marins avaient d'ailleurs été victimes de torpillages plus d'une fois. De telles nouvelles se répandaient et semaient la terreur chez ces gens, qui refusaient de reprendre la mer. Certains d'entre eux se défilaient même avant de traverser l'Atlantique, si bien que les autorités alliées devaient les retenir à bord de force. De telles observations étaient favorables aux Allemands. Il y avait, bien sûr, le fait que les Alliés redoublaient d'efforts pour construire des bateaux et, deuxièmement, qu'ils éprouvaient énormément de difficultés à recruter du personnel navigant pour le rendre opérationnel. Le grand amiral Dönitz en a conclu que le recrutement de personnel représentait un sérieux problème pour les Alliés. Premièrement, les pertes de marins constituaient un net recul pour eux et, deuxièmement…

Q. : Je ne voudrais pas vous couper la parole, mais a-t-il mentionné quoi que ce soit à propos des opérations de sauvetage ? Vous nous avez parlé des pertes alliées et de l'importance de celles-ci…

R. : Oui, il a parlé des opérations de sauvetage, mais j'aimerais y revenir plus tard. Le grand amiral Dönitz a mentionné que les pertes alliées étaient lourdes, tout d'abord parce que les Alliés n'avaient pas de relève et, deuxièmement, que l'entraînement de nouveaux matelots prenait beaucoup de temps. Il lui était difficile de comprendre comment les sous-marins…

Le président : Colonel Phillimore, un instant. Je ne pense pas que nous ayons envie d'entendre la conférence de l'amiral Dönitz dans son intégralité. Nous tenons seulement à entendre ce qui se rapporte au sujet qui nous concerne.

Le colonel Phillimore :

Q. : Maintenant que vous avez traité de la question des pertes alliées, voudriez-vous en arriver à l'aspect essentiel de cette communication, qui se situe vers la fin, et traiter de cette question ? Qu'a dit alors le grand amiral ?

Le docteur Thoma (conseiller juridique de l'accusé Rosenberg) : Le témoignage du témoin ne me regarde pas directement, mais j'éprouve un certain malaise. En effet, selon le droit allemand, le témoin doit dire tout ce qu'il sait de la question. Lorsqu'on lui demande de parler d'un discours prononcé par le grand amiral Dönitz, il ne devrait pas, toujours selon les dispositions du droit allemand, ne rapporter au tribunal que les aspects qui, selon l'opinion de l'accusation, peuvent se révéler défavorables à l'accusé. Je crois que ce principe devrait s'appliquer au cours des présentes procédures ainsi que chaque fois que l'on interroge un témoin.

Le Président : Ce tribunal n'est pas assujetti au droit allemand. J'ai déjà dit que nous n'avions pas l'intention d'entendre ce témoin nous exposer la totalité de la conférence de l'amiral Dönitz.

Q. : Combien d'officiers étaient-ils présents lors de cet exposé ?

R. : Je ne pourrais le préciser et ne peux vous fournir qu'une réponse approximative. Je dirais environ 120 officiers.

Le colonel Phillimore : Monsieur le président, le témoin est prêt à être contre-interrogé.

Le Président : Le procureur des États-Unis désire-t-il poser d'autres questions ?

(Pas de réponse)

Le procureur soviétique ?

(Pas de réponse)

Le procureur français ?

(Pas de réponse)

Maintenant, n'importe lequel des avocats des accusés peut contre-interroger le témoin.

Le docteur Kranzbühler (avocat de l'accusé Dönitz) : Je représente le grand amiral Dönitz.

Le Président : Monsieur le conseiller juridique comprendra que la remarque que j'ai faite au docteur Thoma n'avait pas pour but d'intervenir dans votre contre-interrogatoire. Elle n'avait comme seul objectif que d'épargner du temps. Le tribunal n'avait guère envie d'écouter les passages peu pertinents de la communication de l'accusé Dönitz. Par conséquent, je ne tenais pas à les entendre exposés par le témoin. Toutefois, vous êtes libre de poser toute question que vous jugerez utile.

* *CONTRE-INTERROGATOIRE PAR LE DOCTEUR KRANZBÜHLER*

Q. : Oberleutnant Heisig, vous avez vous-même pris part à un engagement contre l'ennemi ?

R. : Oui.

Q. : Sur quel bâtiment naviguiez-vous et quel était votre commandant ?

R. : Je me trouvais à bord de l'U-877 et mon commandant était le Kapitänleutnant Findeisen.

Q. : Avez-vous remporté une victoire ?

R. : Notre bâtiment a été coulé alors qu'il se trouvait dans la zone de combat.

Q. : Avant donc que vous ne parveniez à couler un navire ennemi ?

R. : Oui.

Q. : Votre bâtiment a été coulé à l'aide de quels projectiles ?

R. : Par grenadage. Deux frégates canadiennes nous ont repérés et ont détruit notre bâtiment à l'aide de grenades sous-marines.

Q. : Votre témoignage d'aujourd'hui diffère légèrement de la déclaration que vous avez faite le 27 novembre [1945], et ceci sur un point essentiel. Comment en êtes-vous arrivé à faire cette déclaration le 27 novembre ?

R. : J'ai fait cette déclaration pour venir en aide à mes camarades qui comparaissaient devant une cour martiale à Hambourg ; ces derniers ont été condamnés à mort pour avoir abattu des marins naufragés.

Q. : Dans votre déclaration sous serment, vous commencez par affirmer que l'on vous avait rapporté que des marins allemands étaient accusés de meurtre et qu'il était de votre devoir de produire un tel document assermenté. Que vous a-t-on rapporté et quand ?

R. : Au début des procédures qui eurent lieu à Hambourg contre le Kapitänleutnant Eck et ses officiers[1], j'étais prisonnier de guerre en Angleterre. Si j'en jugeais par les nouvelles radiodiffusées et par les journaux, ceux-ci allaient être condamnés. Connaissant fort bien l'un des accusés, un certain lieutenant Hoffmann, et ayant discuté de cette question avec lui au moins à deux ou trois reprises, j'ai estimé qu'il était de mon devoir de lui venir en aide grâce à mon témoignage.

Q. : Lors de l'audience du 27 novembre, vous a-t-on signalé que la sentence contre Eck et Hoffmann avait déjà été prononcée ?

R. : Je ne sais pas si c'était le 27 novembre. Je sais seulement qu'on m'a informé ici que la sentence de mort avait été exécutée. Je ne peux me souvenir de la date exacte. J'ai assisté à plusieurs audiences, vous savez[2]…

Q. : Ayant connaissance de ces relations, pouvez-vous encore soutenir que l'allocution prononcée par le grand amiral Dönitz contenait des remarques concernant l'élimination des naufragés par mitraillage ?

R. : Non, mais c'est ce que nous avons déduit de ses propos. Selon ses allusions aux bombardements dont les populations étaient victimes, nous devions mener une guerre sans merci contre les navires ennemis et leurs équipages. Nous avons tenu tout cela pour acquis et j'en ai d'ailleurs parlé à mes camarades à l'issue de la conférence. Nous étions convaincus que c'était ce que l'amiral Dönitz voulait dire, même s'il ne l'a pas exprimé ouvertement.

Q. : À l'école, avez-vous soulevé cette question avec l'un de vos supérieurs ?

---

1. Voir plus loin : « Les criminels de guerre avérés de l'U-852. »
2. Heinz Eck a été exécuté avec deux coaccusés le 30 novembre 1945 à Hambourg.

R. : Le jour même où j'ai quitté l'école. Je me souviens que l'un de mes supérieurs, dont je ne me souviens pas du nom, pas plus que des circonstances dans lesquelles nous avons abordé cette question, nous en a parlé. On nous a dit cette dernière en des termes similaires. On nous avait prévenus que les officiers devaient se tenir sur le pont, prêts à abattre les marins naufragés si l'occasion se présentait et si cela se révélait nécessaire.

Q. : Et c'est ce que vous a dit un de vos supérieurs ?

R. : Oui, mais je ne puis toutefois préciser dans quelles circonstances ni en quels lieux. J'ai reçu une foule de conseils de mes supérieurs et sur plusieurs sujets.

Q. : Était-ce à l'école ?

R. : Non, j'ai quitté l'école le jour même.

Q. : À l'école, vous a-t-on mis au courant des règlements permanents de guerre ?

R. : Oui, nous en avons été informés.

Q. : Parmi ces règlements, y avait-il un seul mot laissant entendre que les marins naufragés devaient être abattus et leurs embarcations de sauvetage détruites ?

R. : Dans ces règlements, on ne mentionnait rien de tel, mais selon une allusion du capitaine Rollmann, qui était alors le chef de notre groupe d'officiers, je me suis senti en droit de croire que, peu avant cela, un ordre avait été transmis par télégramme signalant que les opérations de sauvetage étaient interdites et que, d'un autre côté, la guerre sur mer devait se dérouler selon des moyens radicaux. En d'autres termes, nous devions la mener de façon plus impitoyable.

Q. : Pensez-vous que cette interdiction de mettre en œuvre des opérations de sauvetage équivalait à mitrailler les marins naufragés ?

R. : Nous en sommes arrivés à un point où…

Q. : S'il vous plaît. Répondez à ma question : Cela a-t-il la même signification ?

R. : Non.

LE DOCTEUR KRANZBÜHLER : Merci. Je n'ai pas d'autre question.

On remarquera l'habileté du *Flottenrichter* Kranzbühler, qui combine l'utilisation de son rang, supérieur à celui de Peter Heisig – et donc les automatismes de la légendaire discipline militaire allemande –, avec un talent de criminaliste pour neutraliser le témoignage du témoin. Il est évident que Dönitz n'a jamais parlé ouvertement de supprimer les naufragés, mais l'amiral a obéi aux ordres du Führer qui, avec toute la rage et la haine dont il était capable, lui avait ordonné de ne pas faire de survivants et donc de ne pas s'encombrer de scrupules en laissant en vie des gens qui, demain, reprendraient peut-être la mer. Dönitz souscrivait-il à une telle politique ? Sur le plan humain, nous avons vu qu'il ne soutenait pas de telles actions, ne serait-ce que pour ne pas saper le moral de ses hommes. Sur le plan stratégique, il en approuvait probablement les idées principales et, trop prudent pour les afficher ouvertement, mais ne voulant pas avoir l'air de ne pas suivre les ordres du Führer, il parlait devant les jeunes officiers de « guerre totale » et jouait sur la corde sensible des hommes en leur rappelant les bombardements alliés, qui ne ménageaient guère leurs familles. Peter Heisig l'avait nettement ressenti et, ayant voulu se porter, en vain, à la défense d'anciens compagnons d'armes, fusillés comme criminels de guerre, il avait soumis à l'attention du public le fait que tous les officiers avaient reçu des ordres du grand amiral en personne. Sa confrontation avec Kranzbühler était une lutte du pot de terre contre le pot de fer car, évidemment, les règlements de l'école pas plus que l'allocution de Dönitz ne contenaient explicitement des incitations à commettre de tels carnages.

Toujours dans le cadre de Nuremberg, au 129e jour du procès, le mardi 14 mai 1946, comparaissait un certain commandant Günther Hessler, gendre de l'amiral Dönitz et as sous-marinier ayant coulé, notamment avec son U-107, 21 navires pour un total de 118 000 tonnes. Il expliqua comment l'utilisation d'un système d'évaluation par disquettes – un genre de machine à calculer – permettait de cibler rapidement les navires ennemis et d'épargner les neutres. Contre-interrogé par le même docteur Kranzbühler, qui lui demandait quelle attitude ses professeurs lui avaient conseillé de prendre à l'égard des survivants d'un naufrage lorsqu'il suivait ses cours en 1940, il avait répondu ce qui suit :

« Le sauvetage des survivants lors d'un engagement naval est une réalité et doit être exercé lorsque les conditions le permettent. Toutefois, dans la guerre sous-marine, il est totalement impossible de sauver des survivants, c'est-à-dire de recueillir l'équipage d'un navire à notre bord, car l'espace exigu dont nous disposons dans les submersibles ne permet pas une telle opération. D'autres mesures de sauvetage consistant notamment à s'approcher des embarcations de sauvetage, à recueillir des marins tombés à la mer et à les installer dans celles-ci, à fournir des provisions et de l'eau aux naufragés sont, en règle générale, impossibles à mettre en œuvre, car le danger que court l'U-Boot est très élevé dans la zone d'opération. Aucune mesure ne peut donc être mise en pratique sans faire courir de grands risques à notre bâtiment. »

Après avoir avoué qu'il se hâtait de laisser les naufragés à leur sort pour quitter par les moyens les plus rapides la zone de combat par crainte de représailles ennemies, notamment de l'aviation, il mentionna avoir par deux fois aidé les survivants de deux navires grecs, le *Papalemos* et le *Pandias*, alors que son sous-marin ne courait nul danger.

Günther Hessler est-il crédible ? Une chose est certaine : ses excuses sont pertinentes et pourraient s'appliquer à tous les sous-mariniers du monde. De plus, en 1940 et 1941, alors que les U-Boote régnaient en maîtres, Hitler n'avait probablement pas décrété ses ordres de destruction totale des équipages ennemis. En effet, Hessler fut muté dans les bureaux de l'U-Bootwaffe en 1941. D'un autre côté, sa parenté avec l'accusé Dönitz et son utilisation par l'avocat de ce dernier comme témoin à décharge permettent d'atténuer la portée de son témoignage.

LES CRIMINELS DE GUERRE AVÉRÉS DE L'U-852

S'il y eut, peut-être, des criminels de guerre discrets parmi les sous-mariniers allemands ou alliés, trois d'entre eux ne purent ensevelir leurs victimes dans l'oubli des flots. Le Kapitän-leutnant **Heinz-Wilhelm Eck,** le docteur **Walter Weisspfennig** et le lieutenant **August Hoffmann** payèrent de leur vie les méfaits présumés des autres. Hoffmann était connu de Peter Heisig, qui tenta de le soustraire au peloton d'exécution en plaidant que les officiers d'U-Boote avaient reçu de leur grand amiral ordre de mener une « guerre totale », selon les termes évoqués précédemment, et que ces ordres venaient de haut.

Le 13 mars 1944, le cargo grec *Peleus* fut torpillé en soirée par l'U-852, commandé par Eck, à 300 milles à l'est de la route reliant Freetown à l'île de l'Ascension. Le cargo, qui comprenait 35 membres d'équipage, coula à pic. Quelques survivants prirent place à bord de radeaux de sauvetage. On fit monter le troisième officier, Agis Kephalas, à bord du sous-marin pour interrogatoire, puis on le renvoya sur son radeau. Alors que le sous-marin s'éloignait, Eck eut un conciliabule avec Hoffmann, le second officier, Weisspfennig, le médecin du bord, ainsi qu'avec le premier officier et le chef mécanicien, Gerhard Colditz et Hans Lenz. Selon Eck, les radeaux du *Peleus* auraient permis à l'aviation alliée de repérer leur U-Boot et de le détruire. Il fallait ainsi effacer toute trace du naufrage. Le submersible revint donc lentement vers les radeaux...

Eck fit monter deux mitrailleuses sur le pont, à bâbord et à tribord. Colditz et Lenz protestèrent, mais Eck insista. Heinz Lenz descendit dans les entrailles du bâtiment, laissant ses compagnons sur le pont, mais remonta plus tard. On raconte qu'Eck donna l'ordre de couler les radeaux seulement et de ne pas tirer sur les survivants. Toutefois, sans radeaux, ces derniers étaient condamnés de toute façon. Les rafales de mitrailleuses devaient facilement avoir raison des flotteurs, apparemment pneumatiques. Ce n'était pas le cas : ils étaient faits de matière insubmersible. La nuit était tombée, une nuit apparemment sans lune, d'autant plus noire que les survivants avaient éteint toutes leurs lampes en voyant le sous-marin s'approcher d'eux. Le médecin mitrailla un radeau qui se trouvait environ à 70 mètres. Weisspfennig ouvrit le feu mais sa mitrailleuse s'enraya. S'ensuivit une série d'actes erratiques.

Les radeaux surnageant toujours, on essaya de les couler à coups de canon de 20 millimètres, on approcha à 10 mètres et Hoffmann jeta des grenades qui tuèrent deux marins. Les esquifs furent également éperonnés par l'U-Boot. Eck pensait que, depuis longtemps, les naufragés avaient sauté à l'eau. Deux d'entre eux surnageaient effectivement et furent abattus. Ce lamentable travail de destruction se poursuivit le 14 mars en matinée. Mais l'U-852 avait déjà perdu plus de cinq heures à essayer d'effacer toute trace de son passage. Eck décida de partir. Il aurait certes mieux fait de s'en aller après le torpillage du navire au lieu de perdre son précieux temps en s'acharnant sur les survivants, d'autant plus qu'il semblait tout mettre en œuvre pour se faire repérer ! Restaient deux radeaux et quatre naufragés horrifiés. Trois d'entre eux survécurent et furent retrouvés trente-cinq jours plus tard par un cargo portugais ! Ils furent interrogés par les services de renseignement britanniques, qui classèrent l'affaire puisqu'ils ne connaissaient pas l'identité du sous-marin responsable.

Le 2 mai 1944, l'U-852 fut repéré par des bombardiers anglais à l'extrémité sud du golfe d'Aden. Ils le mitraillèrent, et le submersible fut ébranlé par six grenades sous-marines. Poursuivi par l'aviation, Eck parvint à sauver la plus grande partie de son équipage en échouant son bâtiment près de Ras Hafun, sur les côtes de la Somalie, mais ne réussit pas à le saborder. L'évacuation du sous-marin sous le feu ennemi se déroula dans le désordre le plus complet. Les bombardiers mitraillèrent les dinghies de sauvetage, et Eck perdit encore de nombreux hommes. Le jour suivant, les survivants furent faits prisonniers par des commandos britanniques aidés par une unité de combattants somaliens à dos de chameau. Les Britanniques s'empressèrent, bien sûr, de fouiller l'épave de l'U-852 et y trouvèrent le *Kriegstagebuch*, ou livre de bord, qu'Eck avait oublié de détruire, ce qui se révéla une funeste erreur de sa part.

Entre-temps, grâce à ce document compromettant, une coopération anglo-américaine permit de relier l'odyssée des trois marins grecs du *Peleus* à l'U-852 et au massacre qui s'en était suivi. Enfin, on tenait des sous-mariniers la main dans le sac, des archétypes de mitrailleurs de civils sans défense ! Les hommes de l'U-852 impliqués dans cette affaire subirent un procès à Hambourg au cours duquel les avocats des accusés invoquèrent la « nécessité opérationnelle », chère aux Britanniques, en prétextant la puissance de feu de l'aviation alliée sur ce théâtre des opérations (ou quatre sous-marins de type IXD/2 avaient déjà été détruits) et le besoin de s'en prémunir. Dans cet enjeu, c'était la peau des Allemands ou celle des marins du *Peleus...* L'un des avocats plaida pour ses clients l'homicide involontaire car, obéissant aux ordres le 13 mars 1944, ceux-ci se trouvaient sous la loi militaire allemande.

On ne manifesta guère de sympathie pour le docteur Weisspfennig, qui n'avait pas reçu ordre de tirer et qui, malgré son état de médecin, avait trahi son serment d'Hippocrate en devenant tueur. August Hoffmann, l'homme aux grenades, ne fit pleurer personne. Quant au commandant Eck, il récolta les fruits de ses tristes décisions. Le jury déclara les trois hommes coupables et ils furent condamnés à mort. Le 30 novembre 1945, le trio fit face au peloton d'exécution. Le chef mécanicien Hans Lenz et Wolfgang Schwender écopèrent respectivement de l'emprisonnement à perpétuité et de quinze ans de prison. On les libéra au début des années 1950. Ils avaient enduré pas moins de six ans d'incarcération.

Les vétérans de l'U-852 firent évidemment valoir que la sentence qui frappait leur chef et leurs coéquipiers était le résultat d'une « justice de vainqueurs » et des relations privilégiées que la Grande-Bretagne entretenait avec la Grèce, dont la majorité de la population avait souffert de l'occupation nazie. Certains commandants de sous-marins allemands défendirent Eck, d'autres le condamnèrent pour son très piètre jugement mais firent néanmoins remarquer que les aviateurs alliés n'avaient pas été accusés de crimes de guerre en pilonnant les villes allemandes et en faisant des victimes civiles par milliers. On en revenait aux « nécessités opérationnelles » des Anglo-Saxons, une réalité qui rappelle ce qu'on nomme aujourd'hui, par euphémisme, les « dommages collatéraux ». Bref, si ce trio de sous-mariniers n'avait rien fait pour susciter la compassion, il paya la note pour tous les militaires inconnus, ennemis comme alliés, qui se rendirent coupables de crimes de guerre.

Dans les annales, on ne parle guère de la liquidation de prisonniers allemands encombrants par certains commandos britanniques et américains, ni de ces militaires canadiens du Loyal Edmonton Regiment qui, en 1943, selon Mitcham et Stauffenberg[1], dans le feu de l'action abattirent, croit-on, des prisonniers allemands à Leonforte (Sicile), pas plus que de ces autres Canadiens des Argyll & Sutherland Islanders of Canada qui, en 1945, brûlèrent plutôt gratuitement des habitations à Friesoythe, en basse Saxe, dans le nord de l'Allemagne. L'histoire de ces régiments d'élite dont le Canada, l'un des pays les plus respectueux des droits de la personne, s'enorgueillit, passe pudiquement sous silence ces « bavures ». Il convient toutefois de se reporter au contexte de l'époque. La découverte des charniers et des camps d'extermination nazis représentait des atrocités d'une ampleur si rarement atteinte dans l'histoire que les victimes et les Alliés n'étaient guère

---

1. Mɪᴛᴄʜᴀᴍ Jʀ Samuel W., Sᴛᴀᴜꜰꜰᴇɴʙᴇʀɢ Friedrich von, *The Battle of Sicily. How the Allies Lost their Chance for Total Victory*, Orion Books, 1991. Notons que l'un des auteurs, von Stauffenberg, appartient à une vieille famille aristocratique allemande, celle du colonel antinazi Claus Schenk von Stauffenberg, l'homme-clé de l'attentat du 20 juillet 1944 contre Hitler, exécuté sommairement avec 200 autres personnes.

portés à s'apitoyer sur le sort des « boches », des *krauts*, dont le chef avait déclenché l'un des plus grands massacres de tous les temps dans sa démence expansionniste et raciste.

D'ailleurs, avant la fin de la guerre, les autorités alliées discutèrent même de la possibilité d'exécuter sommairement les criminels de guerre, y compris les dirigeants allemands, à la suite de leur passage devant un tribunal militaire. On ne mentionne pas ce fait dans les livres d'histoire destinés aux scolaires. Bien des gradés soviétiques ne s'embarrassaient guère de scrupules lorsqu'ils libéraient des camps de la mort : ils faisaient comparaître les gardiens et tortionnaires qu'ils avaient pu capturer devant un tribunal formé de détenus. Les individus qui avaient commis des atrocités étaient liquidés sans jugement, et seuls ceux qui avaient manifesté quelque humanité dans leur sinistre besogne étaient épargnés. Toutefois, des méthodes aussi expéditives n'étaient guère conformes aux principes démocratiques occidentaux. C'est pourquoi les criminels de guerre bénéficièrent d'une « justice de vainqueurs », qui se révéla aussi équitable que possible dans les circonstances. Malgré les inévitables imperfections de cette dernière, les esprits vétilleux peuvent aujourd'hui ratiociner *ad nauseam* sur des points de droit. En effet, si, selon le mot de Winston Churchill, la démocratie est le pire des régimes politiques… à condition de faire abstraction de tous les autres, elle représente surtout une entité instable qui doit retrouver constamment son équilibre. Dans cette perspective, après une guerre, plus que jamais, la justice éprouve beaucoup de difficultés à définir son moyen terme.

CRIMES DE GUERRE OU « BAVURES MODULÉES » ?

L'imagination populaire et le cinéma ont volontiers diffusé une image peu flatteuse des sous-mariniers allemands, que l'on appelait les Loups gris. Prétendument assoiffés de sang, voire sadiques, ils rejoignent souvent dans la petite histoire les personnages les plus répugnants du régime nazi. Et pourtant, sur les quelque 1 100 submersibles et 40 000 combattants de l'U-Bootwaffe, on ne dénombre guère qu'environ huit cas où le comportement de ces marins fut discutable et, comme on le verra, certains sous-mariniers alliés ne firent guère mieux mais bénéficièrent du préjugé favorable attaché aux vainqueurs. Le crime de guerre est parfois comme la « bavure » pour un policier. On prétexte le feu de l'action, les réactions imprévisibles de l'ennemi, les circonstances. On qualifie parfois ces bavures de « modulées », un terme inepte mais branché, comme « dommages collatéraux » en parlant de victimes civiles ou « vitrification partielle » en évoquant un bombardement nucléaire limité, signifiant par là qu'on a fait preuve de violence sans toutefois massacrer tous les opposants.

Du côté allemand, le cas le plus documenté, dont nous avons déjà parlé, est celui du Kapitänleutnant (K.L.) **Heinz-Wilhelm Eck** qui, avec son **U-852**, coula le cargo grec *Peleus* le 13 mars 1944 et mitrailla la plupart des survivants « pour des questions de sécurité ». Retrouvé après la guerre, il fut jugé et fusillé en compagnie de deux de ses officiers. D'autres incidents du genre survinrent mais ne furent pas sanctionnés faute de preuves irréfutables ou parce que les auteurs de ces actes avaient péri au combat.

Le 23 août 1940, le torpillage du navire britannique *Severn Leigh* par l'**U-37** du K.L. **Victor Oehrn** fut suivi du mitraillage d'un canot de sauvetage pendant sa mise à l'eau. L'excuse fournie fut qu'il s'agissait là d'une bavure, car le commandant de l'U-Boot avait cru qu'une partie de l'équipage avait l'intention de se servir d'un canon. Près de 80 % des marins anglais furent tués.

Le 28 février 1942, le K.L. **Werner Hartenstein**, un as sous-marinier aux commandes de l'**U-156**, aurait mitraillé l'équipage en fuite du cargo américain *Oregon* après un canonnage du navire. Hartenstein ne sembla pas s'acharner sur les naufragés puisqu'on ne déplora que sept victimes.

Le 3 mars 1942, un autre super-as allemand, le K.L. **Erich Topp**, coula à bord de son **U-552** le navire américain *David H. Atwater*. L'équipage fut mitraillé pendant qu'il mettait des canots à la mer. Il n'y eut que 3 survivants sur 27.

Le 8 mars 1942, le K.L. de l'**U-126**, **Ernst Bauer**, mitrailla, selon les survivants, l'équipage en fuite du pétrolier panaméen *Esso Bolivar*. On eut à déplorer huit victimes.

Le 24 juin 1942, **Carl Emmermann**, K.L. de l'**U-172**, aurait mitraillé l'équipage du navire colombien *Resolute*, réfugié dans un canot. Les pertes se chiffrèrent à 60 % des effectifs. Paradoxalement, le 15 juillet 1943, l'U-172 coula le navire britannique *Harmonic* au large de Rio de Janeiro. Emmermann laissa aimablement l'équipage s'installer à bord des canots et lui fournit toutes directions utiles pour qu'il rejoigne la terre. On n'eut à déplorer qu'une seule perte de vie.

Le 28 juillet 1942, le K.L. de l'**U-754**, **Hans Oestermann**, coula le navire de pêche américain *Ebb* et aurait mitraillé l'équipage jusqu'à la dernière minute.

Après l'affaire Heinz-Wilhelm Eck, le 13 mars 1944, exactement 14 jours plus tard, le 27, on eut à déplorer le massacre quasi total des 54 hommes de l'équipage du navire britannique *Tulagi* par l'**U-532** du Fregatenkapitän (F.K.) Ottohenrich Junker. Il n'y eut que sept survivants. Le physique arrogant et le comportement impitoyable de Junker servirent d'archétype aux rôles de méchants sous-mariniers « boches » que le public aimait tant haïr au cinéma.

Au nom de l'empereur

Si certains Loups gris allemands firent du zèle ou commirent des bavures – relativement peu en regard du nombre d'U-Boote qui sillonnaient les mers –, les atrocités commises par des commandants fanatisés de sous-marins japonais sont beaucoup plus nombreuses. Une dizaine de cas de cruauté sont documentés. On sait combien les militaires de l'empereur Hirohito pratiquaient souvent une sauvagerie systématique à l'égard des prisonniers alliés et comment ils ne faisaient pas exception à la règle sur les mers. Nous n'entrerons pas dans les détails d'une guerre qui dépasse le cadre de la bataille de l'Atlantique. Qu'il suffise de dire que les sous-marins japonais sévirent principalement en 1943 et 1944.

Les victimes se trouvaient principalement sur les navires britanniques *Daisy Moller*, *British Chivalry*, *Sutlej*, *Ascot*, *Nancy Moller* et *Nellore*. On compte également le navire hollandais *Tjisalak* et les navires américains *Jean Nicolet*, *Richard Hovey* et *John A. Johnson*.

Les cas de traitement les plus horribles sont le fait du commandant **Tetsunosuke Ariizumi**, du submersible **I-8**. Surnommé « le Boucher », cet homme bestial commit ses pires exactions le 26 mars et le 2 juillet 1944 lors des torpillages du *Tjisalak* et du *Jean Nicolet*. Entre 85 et 95 % des naufragés de ces bâtiments furent massacrés à coups de barres de fer et de clés à écrous, noyés, éventrés à la baïonnette avec un sadisme digne de films d'horreur. Cet officier dépravé, qui croyait ainsi bien servir son empereur, disparut à la fin de la guerre et on n'a jamais été fixé sur son sort véritable.

Pas de quartier !

Si les Alliés ne se comportèrent pas de manière aussi abjecte, un séduisant officier américain et super-as sous-marinier, **Dudley W. Morton**, aux commandes de l'**USS Wahoo** (SS-238), ne se montra guère miséricordieux envers les équipages de trois navires japonais le 26 janvier 1943. Il s'agissait du *Fukuei Maru*, du *Buyo Maru* et d'un autre *Maru* non identifié. Après une chasse intense et avoir fait surface, Morton donna l'ordre de mitrailler les naufragés dans leurs canots. Le massacre fut total. On raconte que la haine de cet officier envers les Japonais était extrême. Il n'en fut pas moins décoré de la Navy Cross à trois étoiles d'or et de la Distinguished Service Cross (DSC). Un destroyer, le DD 948, porte même son nom. En combattant d'élite, Morton périt en mer dans le détroit de La Pérouse vers octobre 1943, emportant son secret avec lui. À ce jour, la controverse subsiste, car on soutient qu'à cause de son comportement, il ne put recevoir la Médaille d'honneur, la plus haute distinction décernée par le gouvernement américain à un combattant à titre posthume.

Le 4 juillet 1941, le lieutenant-commandant du sous-marin anglais *HMS Torbay* N 79, Anthony Cecil Capel Miers, aurait fait surface pour achever les survivants de deux petits bateaux transportant des permissionnaires allemands dans le détroit de Doro, en mer Égée, et fit en sorte que pas un ne survive. Le 9 juillet de la même année, dans la même région, il récidiva sur une goélette et des caïques allemands. Malgré la réticence de ses hommes à tirer, il les força à mitrailler nageurs et occupants des canots de sauvetage. Il n'y eut que très peu de survivants. Miers fut semoncé vertement par l'Amirauté. Malgré ses erreurs et un caractère irascible, on accorda à cet as sous-marinier le bénéfice du doute, et les autorités étouffèrent les critiques qui auraient pu ternir la gloire de ce combattant à la feuille de route impressionnante. Il reçut le Distinguished Service Order (DSO) en 1941, la croix Victoria en 1942 et, en 1956, devint vice-amiral !

Haro sur les Polonais

Entre le 26 et le 28 septembre 1939, le sous-marin soviétique **SZCZ 303** attaqua le *Metallist*, un cargo… russe ! On déplora la perte de cinq citoyens de l'URSS. Le sous-marin félon s'en prit également à un autre bâtiment frère, le *Pionnier*, mais heureusement, ses torpilles ne le touchèrent pas. Il s'agissait d'un coup monté : les services de propagande staliniens et nazis pouvaient ainsi commodément accuser les Polonais, dont l'équipage d'un de leurs sous-marins, l'*Orzel*, de ce méfait. Ces accusations cadraient fort bien avec les termes du traité de non-agression germano-soviétique signé le 23 août de la même année. (Ce traité, appelé également Ribbentrop-Molotov, se proposait de démembrer la Pologne au profit des deux puissances. Il fut annulé *de facto* avec l'invasion de l'Union soviétique par Hitler le 22 juin 1941.) Étrangers à ces méfaits, l'*Orzel* et son vaillant équipage parvinrent à gagner l'Angleterre et combattirent courageusement sous pavillon allié avant de disparaître au combat sous le feu de l'aviation allemande.

LES PRISONNIERS

Une fois les ennemis désarmés – et certains liens humains établis – on se demandera peut-être quelles étaient les mesures prises pour disposer des combattants vaincus. On garde à l'esprit la façon dont, *manu militari*, les Anglais ont emmené l'équipage de l'U-Boot en détention : à coups de pied au derrière en proférant imprécations et insultes. Les rudes commandos britanniques n'avaient probablement pas l'envie – ou la capacité – de réciter des sonnets de poètes élisabéthains à leurs prisonniers. Chaque pays a ses soudards, même dans les corps d'élite, et ils ne laissent que de mauvais souvenirs à ceux qui doivent les subir. Les Allemands, capables d'encaisser les pires infortunes dans leurs cercueils d'acier, ne s'en offusquèrent pas mais regrettèrent de ne pas avoir été emprisonnés jusqu'à la fin de la guerre par ces Canadiens auxquels ils avaient eu le temps de s'habituer.

Le rapport qui suit est celui du lieutenant-commandant J. E. Harrington, du *Seacliff*, à ses supérieurs. Il ne s'agit évidemment que d'une partie des prisonniers, parmi lesquels aucun n'a été blessé. Les autres se trouvaient sur le *St Thomas*.

Information sur les prisonniers en rapport avec la destruction de l'U-877

Nous vous soumettons respectueusement les informations suivantes :

1) Conformément à la directive C.B. (Can) 03074, les prisonniers n'ont pas subi d'interrogatoire et on ne leur a pas posé de questions dans cet esprit.

2) Leurs papiers personnels ont été examinés ; ils ont permis de s'assurer de la date à laquelle leur sous-marin a pris la mer ainsi que du bon numéro matricule de leur bâtiment.

3) Selon les bribes d'informations recueillies par mon officier aux transmissions, le lieutenant Atkinson, qui parle assez bien allemand, nous en avons déduit que leur mission devait durer cent vingt jours et qu'ils devaient patrouiller dans les régions côtières canadiennes.

4) L'un des officiers prisonniers a admis l'existence des schnorchels, mais nous avons compris que lui et ses camarades de tous rangs avaient pour instructions de ne pas parler en cas de capture.

5) Ils sont persuadés que l'Allemagne peut encore gagner la guerre mais admettent avoir été ébranlés par les dommages causés par les attaques aériennes alliées. Selon eux, si l'Allemagne perdait la guerre, ce serait la fin de leur patrie en tant que puissance mondiale et ils sont persuadés qu'elle deviendrait un pays d'importance très mineure.

6) Tous les prisonniers étaient en excellente santé. Leur équipement était loin d'être confectionné dans des produits de remplacement ou ersatz. Ces vêtements étaient en fait d'excellente qualité. Leurs pantalons, leurs blousons et leurs gants étaient tous en cuir doublé de lainage. Leurs bottes de sous-mariniers

étaient de bonne qualité mais la semelle semblait être faite d'une combinaison de bois et de fibres textiles.

7) À l'arrivée au port, tous les prisonniers ont été remis aux autorités compétentes avec leurs papiers et leur équipement.

Ce texte donne une idée des détails permettant aux états-majors d'en apprendre davantage sur l'ennemi, des dates de départ des bateaux à la qualité des équipements. Les précisions sur le moral des troupes sont également importantes. On découvre ainsi comment les sous-mariniers, évoluant en vase clos, désinformés, sont toujours persuadés que Hitler pourra établir son « Reich de mille ans », malgré la levée de boucliers du monde libre. La propagande les a également convaincus que, hors du nazisme, aucun salut n'était possible pour l'Allemagne. Malgré les déboires et les destructions occasionnés par la « peste brune », malgré la partition, c'était être pessimiste quant aux capacités de récupération de ce pays qui a repris rapidement une place prépondérante dans le concert des nations.

Nous avons également retrouvé d'autres documents se rapportant au traitement des prisonniers et à leur réception par un officier (non identifié) du *St Thomas*.

Réception des prisonniers

Lors de leur arrivée à bord, les deux blessés graves (le commandant et le navigateur, un *Feldwebel*) ont été emmenés à l'infirmerie. Les autres prisonniers se sont fait confisquer tous leurs effets personnels. Nous leur avons demandé de se déshabiller et leur avons fourni des vêtements secs prévus à cet effet. Après le petit déjeuner, nous avons demandé à chacun d'entre eux de décliner son identité et d'identifier ses biens. Ces derniers ont été mis sous enveloppes scellées et nous leur avons donné un reçu. Ils se sont montrés satisfaits de cet arrangement.

Les officiers ont été installés dans le carré. Nous avons permis à l'un d'entre eux de rencontrer les blessés et il s'est dit satisfait de voir que nous nous en étions bien occupés. La majorité des prisonniers semblait toutefois en état de choc.

Nous leur avons ensuite expliqué qu'ils devaient bien se tenir et ne pas causer de problèmes en leur faisant comprendre qu'ils seraient surveillés par une sentinelle dûment armée. Nous leur avons appris que leurs effets personnels leur seraient rendus une fois à terre et leur avons précisé que leur commandant recouvrerait la santé. Si l'on en juge par l'inquiétude qu'ils manifestaient à son égard, ce chef semblait jouir d'une appréciable popularité auprès de ses hommes.

Fort heureusement, le premier lieutenant allemand parle bien le français et nous avons un matelot qui parle passablement l'allemand. Le commandant et son second parlent un bon anglais. Les deux blessés ont subi de vilaines blessures au cuir chevelu et nous devrons garder le médecin à bord pendant quelque temps. Les blessés devraient néanmoins être en état de se déplacer de façon autonome à notre arrivée au port.

Les officiers allemands nous ont exprimé leur satisfaction concernant notre manière de traiter leur équipage. L'un d'entre eux nous a fait savoir que si certains de leurs hommes nous causaient quelque ennui, il suffisait de lui signaler le problème pour qu'il y remédie personnellement.

HMCS St Thomas
Le 3 janvier 1945

Informations sur les prisonniers

Le commandant

A servi sur des vaisseaux anti-sous-marins dans la Baltique avant de se joindre à l'U-Bootewaffe. S'est dit surpris de constater que les Russes s'étaient si peu servis, de leur imposante flotte de sous-marins. Il n'a jamais eu à affronter de sous-marins soviétiques et la navigation allemande dans la Baltique n'a jamais été perturbée par ceux-ci. Lorsque je lui ai demandé de regarder notre bâtiment pour nous expliquer en quoi, selon lui, l'équipement allemand était supérieur au nôtre, il s'est contenté de me demander à voir notre dispositif de lancement de grenades sous-marines.

À la moindre question, aussi innocente fût-elle, soucieux de ne rien dévoiler, il nous lançait un regard glacial et prudent avant de répondre.

Le temps joue contre l'Allemagne. Ils n'ont pas suffisamment de carburant et d'acier et les Allemands estiment que, pour parvenir à leur objectif, ils doivent gagner la guerre dans les six mois qui viennent.

Premier lieutenant

Selon lui, dans trois mois, l'Allemagne doit lancer un nouveau type de sous-marin plus rapide que nous en surface, ce qui risque de nous désavantager. Les torpilles allemandes ne peuvent pas toucher les bateaux et les sous-marins allemands. En approchant de ces derniers, elles changent automatiquement de cap.

Prisonniers les plus enclins à fournir de l'information
Oberleutnant Peter Heisig
Obermaschinist Wilhelm Reinshagen

Prisonnier soupçonné d'être un agent de la Gestapo
Obersteurmann Heinz Brüren (blessé)

MINISTÈRE DE LA DÉFENSE NATIONALE
Rapport d'opérations
anti-sous-marines

Le 27 décembre 1944

Description

À 0615 (+ 2) h le 27 décembre 1944, [le convoi] HX-327 se trouvait à la position 46°25' N, 36°38' O. Les vents étaient SS-O de force 2, la mer à 21, la visibilité à 10 milles. Le *HMCS St Thomas* en position « G ».

À 0615 h l'asdic a relevé un écho en position 150° à 1 200 yards et le cap a été immédiatement modifié pour nous diriger vers la source du signal. À 0620 h, le contact a été qualifié de douteux mais il a cependant été décidé d'en tenir compte et de se préparer à attaquer au moyen de projectiles *Squids*.

Le contact était très difficile à garder. Les conditions de l'eau étaient si médiocres que nous ne parvenions à capter qu'une transmission sur trois ou quatre. De plus, le relais d'entraînement ne fonctionnait pas convenablement et il fallait le recalibrer manuellement.

À 0626 h nous avons commencé à patrouiller au-dessus de la zone suspecte à 6 nœuds. Le contact indiquait 265° à 1 150 yards. Alors que nous poursuivions, nous maintenions presque constamment notre position. Le Doppler était de faible à modérément bas, RSA 3 nœuds. Le relevé indiquait que le cours du contact était de 240° à 3 nœuds. L'écho était parfois nettement discernable et parfois plus feutré, mais le Doppler demeurait bas. On pouvait percevoir un effet de sifflet.

La trace maîtresse ne s'est pas évanouie et le contact n'a pas été amélioré, pas plus sur le Q que sur le 147B. Les *Squids* ont été déployés en position de mise à feu à 100 pieds. Une explosion s'est fait entendre 9,5 secondes après la mise à feu et une autre, beaucoup plus forte, quelques secondes plus tard.

La première salve a été tirée à 0635 h.

Une fois les *Squids* mis à feu, le 147B a repris contact à 520 pieds et les enregistreurs ont été réglés pour opérer en profondeur pour la prochaine attaque.

Le contact n'a pas été retrouvé lors du balayage de poupe, puis il a été perdu jusqu'à 0706 h ; nous l'avons repris lorsque sa position était à 275° à 1 550 yards.

La deuxième attaque a commencé à 6 nœuds.

Deuxième attaque

Au cours de notre second passage, la position était légèrement basse à 5 nœuds. À 840 yards, le relevé suggérait que le cap du sous-marin était de 285° à 2 nœuds. À 520 yards, un contact formel a été établi sur Q, et à 400, le 147B a établi le contact à 450 pieds, ce qui était beaucoup plus prometteur, car jusqu'à ce moment-là nous le considérions comme douteux. Ce réglage a été inscrit sur les enregistreurs juste avant que les contacts aient été repris à 0717 h.

Le contact a été retrouvé par balayage de poupe avec position à 095° et retenu jusqu'à 1 350 yards lorsqu'à 0731 h l'écho a commencé à se fragmenter.

À 0734 h, le contact a été perdu et n'a pas été retrouvé.

Au cours de la recherche subséquente, un effet de sifflet, semblable à celui que font les bancs de poissons, a été entendu. Toutefois, les contacts effectués par 147 et par Q étaient si prometteurs que nous avons décidé d'effectuer des recherches dans le secteur avant de réintégrer le convoi.

À 0830 h, la recherche n'ayant donné aucun résultat, nous étions en train de remettre le cap sur le convoi lorsque l'U-Boot a fait surface, positionné à 305° à quelque 2,5 milles de nous. Ordre a été donné de nous rabattre sur l'ennemi et nous avons alors ouvert le feu avec le canon de 4 pouces à 0831 h.

À 1 700 yards, l'asdic a repris le contact et nous nous sommes préparés à attaquer l'U-Boot par déploiement de *Squids* à 50 pieds. À 0833, à 1 400 yards de portée, nous avons aperçu le sous-marin qui commençait à couler par l'arrière. Parvenus à 1 000 yards, nous avons vu que l'équipage avait abandonné le submersible et que ses membres mettaient à l'eau des radeaux pneumatiques. L'attaque a cessé et deux fortes explosions ont retenti sous l'eau à 0835 h.

Note

L'un des officiers de l'U-Boot a rapporté qu'une explosion s'est produite lors de notre deuxième passage derrière le kiosque et que le bâtiment s'est fendu de l'arrière jusqu'au kiosque.

Le sous-marin, qui gardait sa poupe vers nous, ne semblait faire aucune manœuvre pour se sauver. L'effet de sifflet s'est fait entendre du début à la fin de l'opération.

Il est intéressant de remarquer qu'au cours de l'utilisation des *Squids*, l'une des salves s'est avérée mortelle lorsque nous maintenions un bon contact avec le Q et une lecture de profondeur précise obtenue au moyen du 147B.

L'ÉQUIPAGE DU U-877

Nom	Prénom	Rang allemand	Né le	Notes Unité d'appartenance et statut
Baukus	Horst	FkOGfr		U-877. PG*.27.12.44
Besslich	Walter	MechOGfr		U-877. PG.27.12.44
Blumen-berg	Fritz	MechOGfr		U-877. PG.27.12.44
Braun	Herbert	MtrOGfr		U-877. PG.27.12.44
Brüren	Heinz	Ostrm		U-603. U-877. PG.27.12.44
Dewenter	Reinhold	MaschGfr		U-877. PG.27.12.44
Fehlberg	Paul	MaschMt (E)		U-877. PG.27.12.44
Findeisen	Eberhard	KpLt	25.05.1916	U-877. Commandant. PG 27.12.44 Né à : Leipzig Promotion de 1936
Fricke	Helmut	MaschMt (D)		U-877. PG.27.12.44
Frommelt	Willi	BtsMt		U-877. PG.27.12.44
Gausch	Rudolf	BtsMt		U-877. PG.27.12.44
Gerber	Willi	MtrOGfr		U-877. PG.27.12.44
Giesen	Johann	MtrOGfr		U-877. PG.27.12.44
Gottwald	Johann	MaschOGfr		U-877. PG.27.12.44
Hammer	Bernhard	MtrOGfr		U-877. PG.27.12.44
Hammer	Johann-Albrecht	MtrOGfr		U-877. PG.27.12.44
Heisig	Peter Josef	Olt.z.S		U-21. U-977. U-232. U-877. Commandant en second PG.27.12.1944
Herrmann	Willi	MtrGfr		U-877. PG.27.12.44
Himmel-reich	Günter	MtrGfr		U-877. PG.27.12.44
Hoffmann	Friedrich	MaschMt (D)		U-877. PG.27.12.44
Hoffmann	Hermann	FkMt		U-318. U-505. U-877. PG.27.12.44
Höfner	Anton	MtrOGfr		U-877. PG.27.12.44
Höft	Alfred	MtrGfr		U-877. PG.27.12.44

Jooss	Heinz	MtrGfr		[U-877. PG.27.12.44
Kettenbeil	Helmut	FkOGfr		U-877. PG.27.12.44
Kleinert	Gustav	MechMt		U-877. PG.27.12.44
Kögel	Max	MechGfr		U-877. PG.27.12.44
Kolb	Fritz	MaschHGfr		U-877. PG.27.12.44
Koppe	Kurt	MaschMt		U-877. PG.27.12.44
Kratzke	Günter	MaschOGfr		U-877. PG.27.12.44
Liedtke	Herbert	MaschOGfr		U-877. PG.27.12.44
Lorenz	Günter	MaschGfr		U-877. PG.27.12.44
Lüdicke	Rudolf	MaschMt (Z)		U-877. PG.27.12.44
Lüg	Rolf	MaschOGfr		U-877. PG.27.12.44
Lührs	Edgar	OfkMt		U-34. U-673. U-877. PG.27.12.44
Maier	Edmund	MaschOGfr		U-877. PG.27.12.44
Meyer	Günter	MtrOGfr		U-877. PG.27.12.44
Mildenstein	Friedrich	Lt.z.S		U-631. U-877. PG.27.12.44
Mück	Heinz	BtsMt		U-877. PG.27.12.44
Peukert	Herbert	MaschOGfr		U-877. PG.27.12.44
Reinshagen	Wilhelm	OMasch		U-877. PG.27.12.44
Risse	Karl-Heinz	MtrOGfr		U-877. PG.27.12.44
Rölke	Hans	MaschGfr		U-877. PG.27.12.44
Ross	Albert	FkGfr		U-877. PG.27.12.44
Rossmann	Werner	MaschMt (E)		U-877. PG.27.12.44
Schäfer	Helmut	MaschOGfr		U-877. PG.27.12.44
Schenk	Heinz	OMasch		U-877. PG.27.12.44
Schlünz	Heinz	MtrOGfr		U-877. PG.27.12.44
Schneider	Karl	MaschOGfr		U-877. PG.27.12.44
Schubert	Werner	MaschOGfr		U-877. PG.27.12.44
Steinmann	Walter	San		U-877. PG.27.12.44
Tusch	Paul	Lt.z.S		U-105. U-481. U-877. PG.27.12.44
Wessel	Walter	MtrGfr		U-877. PG.27.12.44
Wolf	Gerhard	MaschMt (Z)		U-877. PG.27.12.44
Zink	Herbert	Lt. Ing		U-8. U-60. U-877. PG.27.12.44

* PG = prisonnier de guerre.

Glossaire et abréviations de termes utilisés durant la Seconde Guerre mondiale et dans la Marine royale du Canada

AA – Pour *anti-aircraft* ou DCA (« défense contre avions » ou défense antiaérienne). Un AA signifiait, dans la marine canadienne, un marin, un servant de pièce et même le fait de canonner un objectif aérien.

AB – Pour *Able bodied seaman*. Marin breveté de deuxième classe.

Admiralty, Amirauté (l') – Quartier général légendaire de la marine britannique à Londres, dont les responsabilités administratives pouvaient s'étendre aux marines alliées, principalement celles croisant dans les eaux sous juridiction du Royaume-Uni.

A/S – Anti-sous-marin. L'équipement et la tactique (ASM dans la marine française).

Asdic (*Allied Submarine Detection Investigation Committee*) – Dispositif de détection des ondes acoustiques sous-marines par ultrasons. Appelé aussi sonar (*Sound Navigation and Ranging*) par les Américains.

Bases allemandes de sous-marins en France – Elles avaient pour objectif d'empêcher la libre circulation des navires alliés dans l'Atlantique et furent construites au prix de travaux titanesques. Les plafonds de certaines de ces bases atteignaient sept mètres d'épaisseur. Certaines furent dotées d'un double plafond permettant au premier de s'écrouler avant que le deuxième ne soit atteint. Ces bases n'étaient donc pas destructibles par les bombes de l'époque, dont les plus grosses, comme *Big Boy*, atteignaient tout de même les 5,5 t ! Ces bases, qui faisaient partie du « mur de l'Atlantique », comprenaient Brest (15 alvéoles), Lorient-Keroman (24 alvéoles), Saint-Nazaire (14 alvéoles), La Pallice-La Rochelle (10 alvéoles) et Bordeaux-Bacalan (11 alvéoles).

BdU (*Befehlshaber der Unterseeboote*) – Quartier général des U-Boote transféré d'Allemagne à Paris, puis à Lorient.

Bletchley Park – Service de décryptage et école du chiffre britannique, installés dans un vaste manoir et ses dépendances. Ce complexe employait plus de 10 000 personnes, dont des polyglottes, des linguistes, des mathématiciens, des érudits travaillant dans le plus grand secret. Toute trahison était passible de la peine de mort.

Bos'n (ancienne appellation : *boatswain*) – Maître d'équipage responsable du pont supérieur.

BR (*Books of Reference*) – Manuels et modes d'emploi non tenus pour « secrets ».

Captain (Capitaine) – Responsable de plusieurs bâtiments dans un commandement ou dans un port important. Il reste souvent à terre. Peut avoir également le titre de commodore dans les bases importantes.

Cat gear – Dispositif canadien antitorpilles acoustiques, installé à l'arrière d'un navire de guerre, servant à faire dévier les torpilles se dirigeant vers l'hélice du bâtiment.

CB (*Confidential Book*) – Manuel d'instructions « top secret ».

Cdr (*Commander*) – Abréviation de commandant ; LCdr = lieutenant-commandant ; Lt = lieutenant ; SLt = sous-lieutenant.

Corvette – Petit bâtiment de guerre anti-sous-marin qui a constitué longtemps pour les Canadiens l'arme essentielle contre les U-Boote, du moins au début des affrontements ; 107 de ces navires ont été construits au Canada pour la MRC.

Cox'n (*Coxswain*) – Premier maître d'équipage. Sous-officier senior responsable du gouvernail. En français : « barreur » ou « patron ».

Depth charges (charges de fond) – Grenades sous-marines. Fûts métalliques contenant environ 135 kilos d'explosifs activés par un dispositif appelé « pistolet », réglé à la profondeur où on désire les mettre à feu. Ils étaient lestés de gueuses métalliques ou de blocs de béton. Lorsqu'un sous-marin avait été repéré, on les lançait par groupes, parfois en les faisant rouler par-dessus bord. Cette technique, inventée en 1915, n'avait guère évolué trente ans plus tard. Ces grenades ont grandement gagné en efficacité avec l'avènement du *Hedgehog* et du *Squid* (voir ces mots).

Destroyer – Les plus importants des navires de guerre canadiens. Quoique efficaces pour la guerre sous-marine, ils étaient rarement disponibles pour ces missions et laissaient cette tâche aux corvettes et aux frégates.

Dienst – Le service de décryptage de la marine de guerre allemande. Les Anglais avaient un service similaire sis à Bletchley Park.

Doppler – Effet Doppler-Fizeau. Variation de la fréquence d'une onde lorsque la source de la vibration est en mouvement par rapport à un observateur. Permet de repérer l'écho d'un objet qui se déplace et de déterminer sa direction.

DSO, DSC (*Distinguished Service Order* et *Distinguished Service Cross*) – Décorations navales d'origine britannique décernées par l'Amirauté ou la royauté elle-même.

EG (*Escort group*) – Groupe de navires de soutien tactique affectés à l'escorte des convois et désignés par un numéro (EG-6, EG-7, etc.). Les convois eux-mêmes portaient un numéro, précédé d'une lettre indiquant leur nationalité (C pour canadien, E pour anglais, A pour américain). Ces navires d'escorte étaient en majorité des corvettes.

Frigate (Frégate) – Version plus large de la corvette, ce navire comportait un asdic beaucoup plus efficace, transportait trois fois plus de grenades sous-marines et comprenait un armement amélioré. Remplaçait avantageusement les destroyers lorsque ceux-ci n'étaient pas disponibles.

Gestapo (*Geheime Staatspolizei*) ou police secrète d'État – Police politique du Parti national-socialiste. Fondée par Göring en 1933 et prise en main par Himmler en 1936, comme tout organisme dictatorial, elle avait des pouvoirs illimités et des méthodes particulièrement inhumaines (torture, camps d'extermination, massacres collectifs). À ce titre, elle fit régner la terreur en Allemagne comme dans les pays occupés. Ses principales victimes furent les opposants politiques, les résistants et les personnes jugées par les nazis comme appartenant aux « races inférieures » : Juifs, Slaves, Tziganes, etc. Cette organisation fut jugée criminelle au procès de Nuremberg et ses dirigeants, condamnés.

HE (*Hydrophone Effect*, effet d'hydrophone) – Un hydrophone est un transducteur électroacoustique utilisé pour l'émission et la réception d'ondes acoustiques dans l'eau. Grâce à ce phénomène, dans la chasse aux sous-marins, le bruit de ses moteurs ou celui d'une torpille qui vient d'être lancée peut être repéré par l'asdic.

Hedgehog (Hérisson) – Type de grenades sous-marines. Au milieu de la guerre, on utilisa ce genre de mortier qui tirait 24 projectiles d'une trentaine de kilos à 200 mètres devant le navire pendant que l'asdic conservait le contact avec la cible. La technique était différence de celle des plus grosses « grenades » ou fûts métalliques de 135 kilos que l'on jetait à l'eau alors que le navire poursuivant passait au-dessus du sous-marin qu'il désirait toucher.

HF/DF (*High Frequency Direction Finding*) ou « Huff-Duff » – Dispositif permettant de détecter les transmissions radio effectuées par un submersible.

HMCS – His (or Her) Majesty's Canadian Ship.

Kaleunt – Abréviation pour Kapitänleutnant (KpLt). Lieutenant commandant d'un U-Boot. Les hommes répondent habituellement à leur chef en disant : « Herr Kaleu ! »

Killick – *Leading seaman*. Matelot de première classe.

Knot (Nœud) – Unité de vitesse équivalant à un mille marin, soit 1 852 mètres.

Kriegsmarine – Marine de guerre allemande. Les rangs des officiers correspondaient approximativement aux grades canadiens suivants : *Kapitän zur See (K.S.)* = capitaine ; *Fregattenkapitän (F.K.)* = sans équivalent dans la MRC, sinon « capitaine junior » ; *Korvettenkapitän (K.K.)* = commandant ; *Kapitänleutnant (K.L.)* = lieutenant-commandant ; *Oberleutnant zur See (Olt.z.S.)* = lieutenant breveté ; *Leutnant zur See (L.z.S.)* = sous-lieutenant junior.

MRC – Marine royale du Canada (RCN en anglais).

Oerlikon – Mitrailleuse lourde antiaérienne et anti-sous-marine fabriquée par une société suisse. Tirait des projectiles explosifs de 20 millimètres. Pouvait être montée seule ou en paire. Utilisée également sur les U-Boote. La société est devenue allemande (Rheinmetall) et fabrique encore ces armes.

Olt.z.S – Abréviation de Oberleutnant zur See. Lieutenant breveté, commandant en second sur un U-Boot.

QGSNC – Quartier général du Service naval canadien.

RCN (*Royal Canadian Navy*) – Marine royale du Canada (MRC).

RCNR (*Royal Canadian Naval Reserve*) – Marine marchande.

RCNVR (*Royal Canadian Naval Volunteer Reserve*) – Réserve volontaire de la Marine royale du Canada.

RN (*Royal Navy*) – Marine royale britannique.

R/T – Transmissions par radiotéléphone. S'oppose à W/T (*Wireless Telegraphy*), transmissions en morse.

Snowflake – Fusée éclairante utilisée par un navire marchand pour illuminer tout sous-marin tentant d'émerger dans son voisinage.

Sono-buoy – Balise flottante lancée d'un avion et équipée d'un sonar pour détecter toute présence sous-marine et retransmettre ses coordonnées à l'appareil.

Squid (Calmar) – Système de grenades sous-marines lancées devant la proue du navire chasseur de submersibles. Chaque projectile pèse environ 135 kilos. On les remonte de la cale arrière, où ils sont alignés sur des berceaux rappelant un casier à bouteilles de vin, par un système de poulies. L'élévation des tubes du mortier, à bâbord comme à tribord, peut varier afin de provoquer une triangulation favorable pour couvrir un maximum de terrain. On peut tirer six projectiles à la fois selon la couverture souhaitée. Le *Squid* touche l'eau à proximité du navire lanceur. La première salve est réglée pour détonner le plus profondément. La seconde pour détonner une quinzaine de mètres plus haut. Les viseurs tentent d'encercler la cible afin que les explosions simultanées aux deux niveaux disjoignent les tôles du sous-marin, le forçant ainsi à remonter ou… à couler.

TBS (*Talk Between Ships*) – Littéralement : « conversation entre navires ». Radio VHF à courte portée pour communications tactiques d'une passerelle ou d'un pont à l'autre.

U-Boat, U-Boot – Sous-marin, submersible ennemi durant la Seconde Guerre mondiale. Tiré de l'allemand *Unterseeboote*. Pluriel : U-Boote.

U-Bootwaffe – Force sous-marine allemande.

UK (*United Kingdom*) – Royaume-Uni. Englobait les zones opérationnelles de l'Angleterre, de l'Écosse et de l'Irlande du Nord.

Ultra – Information que parvenaient à obtenir les décrypteurs de Bletchley Park en déchiffrant les messages qu'envoyaient navires et sous-marins allemands. Cette information était toujours classée *top* *secret* et n'était communiquée qu'aux commandants en chef du plus haut rang.

W/T (*Wireless Telegraphy*, télégraphie sans fil) – Inclut en général toutes les communications non verbales, dont l'une des plus utilisées est le code morse.

BIBLIOGRAPHIE

BERGERON Caroline, BERNARD Yves, *Trop loin de Berlin. Des prisonniers allemands au Canada (1939-1946)*, Éditions du Septentrion, Sillery (Québec), 1995.

BUCHHEIM Lothar-Günther, *Das Boot,* Cassel, 1973 ; *The Boat,* Londres, 1999.

CHANCE Peter Godwin, *Before It's Too Late, B4its2L8, A Sailor's Life, 1920-2001,* Autopublication, 235 pp., Sydney, Colombie-Britannique, 2001.

COLLECTIF (BAUER Eddy *et al.*), *The Marshall Cavendish Encyclopædia of World War II,* Marshall Cavendish Corp., New York, 1972.

COLLECTIF (sous la direction de MORGAN Jean-Louis), *Encyclopédie du Canada,* Éditions internationales Alain Stanké, Montréal, éditions 1985 et 2000.

COLLECTIF, Archives britanniques (non publiées), Naval Historian's Files ADM 199, *Royal Canadian Navy Monthly Review,* janvier 1943-août 1945.

DOUGLAS W. A. B, SARTY Roger, WHITBY Michael, *Rien de plus noble,* Vanwell Publishing Limited, St Catharines, Canada, 2003.

DUNMORE Spencer, *In Great Waters. The Epic Story of The Battle of the Atlantic,* McClelland & Stewart, Toronto, 1999.

DE GMELINE Patrick, *Sous-marins allemands au combat. 1939-1945,* Presses de la Cité, Paris, 1997.

HADLEY Michael L, *U-Boats Against Canada,* McGill-Queen's University Press, Kingston (Ontario), 1985.

HUGUES Terry, COSTELLO John, *The Battle of the Atlantic,* Dial Press/James Wade, New York, 1977.

MACBETH Jack, *Ready Aye, Ready. An Illustrated History of the Royal Canadian Navy,* Key Porter Books, Toronto, 1989.

MACKAY Donald, *Anticosti, The Untamed Island,* McGraw-Hill Ryerson Limited, Toronto, 1979.

McKee Fraser et Darlington Robert, *The Canadian Naval Chronicle 1939-1945*, Vanwell Publishing Limited, St. Catharines (Ontario), 1998.

Macpherson Ken, Burgen John, *The Ships of Canada's Naval Forces 1910-1981. A Complete Pictorial History of Canadian Warships*, Collins, Toronto, 1981 ;

Macpherson Ken et Barrie Ron, *The Ships of Canada's Naval Forces 1910-2002*, Vanwell Publishing Limited, St. Catharines (Ontario), 2002.

Milner Marc, *North Atlantic Run, The Royal Canadian Navy and the Battle for the Convoys*, University of Toronto Press, Toronto, 1985.

Milner Marc, *U-Boat Hunters, The Royal Canadian Navy and the Offensive Against Germany's Submarine*, University of Toronto Press, Toronto 1994.

Mitcham Jr Samuel W., Stauffenberg Friedrich von, *The Battle of Sicily. How The Allies Lost their Chance for Total Victory*, Orion Books, New York, 1991 ; Stackpole Books, 2007.

Mulligan Timothy P., *Neither Sharks nor Wolves. The Men of Nazi Germany's U-Boot Arm 1939-1945*, Chatham Publishing, Londres, & United States Naval Institute Press, Annapolis (Maryland), 1999.

Schull Joseph, *Far Distant Ships. An Official Account of Canadian Naval Operations in World War II*, Stoddart, Toronto, 1987.

Shirer William, *The Rise and Fall of the Third Reich*, Simon & Schuster, New York, 1960.

Smith H. A., *Law and Custom of the Sea*, Stevens & Sons, Londres, 1948.

Taylor Pamela, *Enemies Become Friends*, Book Guild Ltd., Brighton, 1997.

Taylor Telford, *Procureur à Nuremberg*, Éditions du Seuil, Paris, 1995.

Tucker Gilbert Norman, *The Naval Service of Canada. Its Official History*, vol. II, *Activities on Shore During the Second World War*, King's Printer, Ottawa, 1952.

Werner Herbert A., *Iron Coffins*, Holt, Rindart & Winston, New York, 1969.

On peut aussi consulter l'excellent site Internet www.uboat.net, qui, à maintes reprises, nous a permis de contre-vérifier nos sources.

Remerciements

Nous tenons à remercier les familles Déry et Heisig pour leur accueil chaleureux et leur participation à cette aventure ; le Musée naval de Québec/Musée Stanislas-Déry et son directeur, André Kirouac ; le Elgin Military Museum et, enfin, tous les anciens combattants qui, grâce à leurs témoignages, nous ont permis de dresser un tableau réaliste – nous l'espérons – de cette belle histoire.

Table

Cet ouvrage a été composé
par Atlant' Communication
aux Sables-d'Olonne (Vendée)

Impression réalisée sur CAMERON par

La Flèche (Sarthe)
en avril 2008
pour le compte des Éditions de l'Archipel
département éditorial
de la S.A.R.L. Écriture-Communication

Imprimé en France
N° d'impression : 46885
Dépôt légal : mai 2008